PROFUMO
DI LAVANDA

PAOLO BROSIO

PROFUMO DI LAVANDA

Medjugorje, la storia continua

a cura di
ALDO INNOCENTI
ALESSANDRO BONOCORE

PIEMME

Le foto interne di questo volume sono di: Aldo Innocenti, Sergio Paradiso, Matteo Pizzi, Nicola Ughi e archivio fotografico Paolo Brosio.

Redazione: *Edistudio, Milano*

I Edizione 2010

Cara Kornelya e cara mamma Anna,
vi voglio molto bene, un mondo di bene e sono certo, anzi, assolutamente certo, che andare d'accordo con voi è sicuramente impossibile. Prima di tutto vediamo di capire perché è difficile il rapporto con te, cara suor Kornelya, piccola grande, tenace e cocciuta missionaria delle Sorelle della Famiglia Ferita.

Hai un cuore di una bontà infinita e il tuo amore lo effondi a dosi giganti a tutti quei bimbi e a quegli anziani abbandonati ai quali hai salvato la vita, obbedendo al Signore.

Hai seguito la strada tracciata da quell'angelo custode in Cielo, quella grande santa di tua sorella Josipe, percorrendo un sentiero stretto, pieno di sassi, spine e difficoltà come la salita del Krizevac. Hai intrapreso questo sentiero facendo attenzione a rimanere sempre nel nascondimento, nell'anonimato, nell'ombra e nell'umiltà, mettendo in primo piano la luce del Signore e della Gospa.

Oggi, mercoledì 22 settembre 2010, proprio all'ultimo tuffo, quando il libro ormai era già in stampa, ti stavo per chiedere un sacrificio, perché, dopo tanto cercare e dopo tanto discutere, su 21.209 fotografie, una sola era la più bella, emozionante, vera e piena di sentimento da mettere in copertina: quell'abbraccio, quell'in contro tra me e te, tra il mio passato pieno di peccati e di cadute morali e il tuo sorriso di pace e i tuoi occhi pieni di gioia.

È la foto della mia vita, della mia nuova vita, perché tu, tuo malgrado, fai parte della mia famiglia e ti voglio bene come a mia madre, Anna. Stamani alle 10.00 ho saputo, benché tuo fratello Kornelyo fosse d'accordo, che se avessi pubblicato la tua foto in copertina mi avresti tolto per sempre il tuo saluto e il tuo affetto. Ho fatto allora marcia indietro per rispettare le tue scelte, venendo così meno ai miei doveri di giornalista. Ero affranto perché nessuna foto rendeva l'idea del significato del titolo *Profumo di lavanda* così come il tuo abbraccio. Ho pregato tanto che il Signore mi ispirasse per una scelta diversa e altrettanto significativa. A mezzogiorno, all'ultima possibilità rimasta per stampare la copertina in tempo utile con una mia idea, mi ricordo (ma questo è lo Spirito Santo che ci soccorre) di quella foto miracolosa o inspiegabile, per chi non ha fede, fatta il 2 febbraio 2009 da due ragazzi calabresi diventati amici di Medjugorje: Luca Simerano di Cosenza, 37 anni, e Raffaele Canonaco detto "Lello" di Vadue di Carolei, di 38. Per entrambi una vita difficile risolta poi grazie alla Madonna di Medjugorje (vedi pagg. da 138 a 140, *A un passo dal baratro*).

Erano insieme a te quel giorno, cara Kornelya, nel piazzale dell'orfanotrofio, accanto alla rete dei campi da basket: a un tratto tutti e tre avete avuto la grazia di assistere a un fenomeno incredibile che si manifesta di colpo nel cielo. Il sole si spegne nel tramonto con un rosso fuoco all'orizzonte, dal quale sorge con gli stessi colori, arancione e rosso vivo, una croce infuocata che si staglia nel cielo, come se fosse disegnata in un film di fantascienza. Come sempre, così per i tuoi bambini, così per me e per il mio lavoro, all'ultimo minuto la Divina Provvidenza è intervenuta per salvare l'immagine del libro, regalandomi un'idea meravigliosa e al contempo per rispettare il tuo desiderio, quello di non apparire in prima pagina.

Ti voglio un bene infinito e so che mi hai accettato e mi vuoi bene non perché ti ho portato i soldi, grazie all'aiuto di tanti amici e anche di tanta gente semplice per l'orfanotrofio, bensì perché tu conosci benissimo tutta la mia vicenda di conversione e ben sai "quanta festa si faccia in Cielo per un solo peccatore che si converte".

Da trentacinque anni faccio il giornalista e se il Signore mi ha dato il carisma di saper scrivere e parlare, allora questo è il mio compito e per adempierlo al meglio, per questo secondo libro, dovevo solo fare una cosa: raccontare la storia tua e di suor Josipe, perché come ha detto fra Iko Skoko nella prima pagina del libro dedicato a Josipe, «Nel nostro mondo contemporaneo i mass media ci fanno conoscere prevalentemente brutte notizie, enfatizzando il male che incombe sull'umanità. Ed è per questo motivo che non si devono dimenticare le persone che con la loro vita diffondono il bene. Gesù infatti ha detto: "Che la vostra luce risplenda davanti agli uomini perché vedano le vostre opere buone e rendano gloria al vostro Padre Celeste"».

Tutto questo, cara Kornelya, e tu lo sai bene, lo puoi leggere nel Vangelo di Matteo al capitolo 5 versetto 16. Da parte mia, senza sapere un bel niente di Vangeli e di Bibbie, per un anno sono andato in giro per l'Italia a dire basta alla supremazia della cronaca nera, d'ora in poi voglio solo far risaltare le vicende delle persone che fanno del bene come te. E queste idee sono solo merito della conversione.

Ti mando un bacio grande e spero di poter esser con te e con la mia piccola Iva, insieme a mia mamma, anche per questo Natale 2010.

Con te, cara mamma Anna, invece, i conti li facciamo tutti i giorni e purtroppo, come sempre, non tornano mai. Abbiamo due caratteri testardi e siamo sempre a discutere su tutto. Anche tu sei un po' come suor Kornelya. Lei croata e tu toscana. Dalla padella alla brace.

Ma, da quando mi sono avvicinato a Dio, i nostri rapporti sono migliorati tanto, dopo le bufere del passato scoppiate prima e dopo la mia separazione, e credo che il titolo di questo libro abbia colto nel segno. *Lavanda*, infatti, significa "armonia, pace e serenità". *Profumo di lavanda* prende spunto da una serie di miracoli incredibili di guarigioni fisiche: il caso di Bruno, la vicenda di Pasquale, la strabiliante storia di Ivo Juricic, i rosari misteriosi piovuti dal cielo e ancora tanta cronaca inspiegabile. Ma *Profumo di lavanda* non è solo guarigione fisica, è anche la forza di Dio e dello Spirito Santo di infondere coraggio anche a quelle famiglie che il miracolo non hanno potuto ottenerlo e i loro figli sono stati stroncati dal male. Mi riferisco a quella coraggiosa famiglia di Fiera di Primiero in Trentino: il papà e la mamma di Enrico Zeni, il bimbo di nove anni ucciso da una terribile leucemia. Mi riferisco anche ai genitori di Anna Maria Murolo, quella ragazzina dodicenne di Cava dei Tirreni, che sono andato a trovare più volte e che ha lottato disperatamente fino all'ultimo con una serenità e una vicinanza a Dio che non avevo mai visto in vita mia.

Che coraggio questi genitori. Quanta fede. Quanta armonia e quanta pace in queste famiglie devastate dalla sofferenza ma forti nella preghiera. Dunque *Profumo di lavanda* è sinonimo di pace e di gioia anche e soprattutto nelle difficoltà. Questo è il vero miracolo. Tante storie e tante vicende tutte collegate tra loro da quei mille fili d'oro che la Madonna ci lancia dal Cielo e ai quali dobbiamo aggrapparci per sfuggire al male.

Buona lettura, cari amici.

Paolo Brosio

Capitolo 1
LA PROFEZIA DI IRONÌ

La TAC, le ricadute e il risotto di Livorno

«Tu dovevi morire. Eri condannato da due tumori. Uno al fegato e un altro ai polmoni, ma Dio ha revocato la condanna e ti ha restituito la vita, guarendoti le ferite.»

Ho avvertito subito un senso di nausea. Mi girava la testa e ho avuto tanta paura, paura di morire, di non vedere più i miei amici, mia madre, di non riuscire a portare a termine ciò che sentivo di fare ancora nella vita con tanto entusiasmo.

Ero troppo giovane per morire così, tra atroci sofferenze di una malattia terribile come questa, la stessa che ha stroncato mio padre, morto sotto i miei occhi impotenti dopo più di quaranta giorni di agonia. Ucciso da un tumore al fegato.

Ecco, vedete: quando sentite squillare il campanello dell'ultima chiamata della vita, tutto sembra avvenire troppo presto, maledettamente in fretta.

Ero incredulo di fronte a ciò che mi stava dicendo uno dei più potenti intercessori di grazie per conto di Dio: Ironì Spuldaro, 44 anni, brasiliano dello stato del Paranà.

Mi trovavo a Rimini, era venerdì 1° maggio del 2009 e stavo partecipando, sul palco principale, sotto i grandi capannoni della Fiera, alla XXXII Convocazione Nazionale del Rinnovamento nello Spirito Santo, davanti a trentamila persone che stavano ancora pregando e cantando, dopo tre ore passate a invocare lo Spirito, intonando canti di guarigione insieme a questo grandissimo figlio prescelto da Dio.

Un figlio che veniva da tanto lontano e, senza conoscermi, mi rivolgeva la parola guardandomi dritto negli occhi e sbattendomi in faccia una verità atroce con la risoluzione immediata per una malattia drammatica che, altrimenti, sarebbe stata incurabile: gli amici del Rinnovamento, e tra tutti l'avvocato Piergiorgio Merlo di Brescia, mi avevano preannunciato che l'incontro con questo carismatico sarebbe stato sconvolgente. Non pensavo fino a tal punto.

Prima di spiegarvi che cosa significa quella frase lanciata come un sasso nello stagno della mia vita, cerchiamo di capire chi è Spuldaro.

Ironì è nato il 23 gennaio 1966 a Chopinzinho ma oggi è residente con la famiglia a Guarapuava; è sposato con Roziclèia ed è padre di due figli: Lucas e Gabriel.

È un importante ministro laico del culto cattolico, poiché da ventidue anni fa parte del Movimento Carismatico del Brasile ed è attualmente membro del Comitato Nazionale di Servizio del RCCB (Rinnovamento Carismatico Cattolico Brasiliano); è inoltre coordinatore della Conferenza Nazionale dei Vescovi Cattolici Brasiliani.

Ironì esercita il ministero di predicatore in Brasile, in tutti gli stati del Sud America, del Centro America, in Messico, negli Stati Uniti, in Canada e si trova spesso in Europa. A volte la sua presenza è richiesta anche in Estremo Oriente.

Mi pare di avere ancora in mente le parole che mi avevano bisbigliato nell'orecchio Salvatore Martinez e Marcella Reni, rispettivamente presidente e direttore generale del Rinnovamento nello Spirito Santo, poco prima che Ironì cominciasse la sua preghiera d'invocazione per le guarigioni: *«Tra qualche minuto vedrai la potenza dello Spirito Santo operare tra i fedeli»*.

Rimasi a bocca aperta e, come ho ampiamente descritto nell'ultimo capitolo del libro *A un passo dal baratro*, Ironì Spuldaro, dopo aver a lungo pregato, cantato e ballato insieme ai pellegrini sulle note di varie canzoni a tema, alternando lo schieramento dei fedeli seduti a destra del capannone a quello di sinistra, a un tratto, di colpo, ha cessato di parlare raccontando, o meglio facendo la cronaca, di ciò che Gesù stava compiendo in quel momento: una pioggia di grazie, miracoli di guarigione fisica, psichica e anche tante conversioni o liberazioni spirituali per le persone afflitte dal male. Ciechi che ritrovano la vista, malati che guariscono, ragazzi in carrozzella che camminano, sordi che riacquistano l'udito. Una cosa mai vista prima, una cosa, per me, che aveva dell'incredibile.

Una specie di animatore, come Fiorello quando lavorava nei Club Mediterranèe, però spirituale. Qui a Rimini, infatti, Ironì aveva il compito di curare l'anima dal peccato e dal male che colpisce fisico e psiche.

Lo schema è sempre rigorosamente lo stesso: Gesù che agisce e sempre Ironì che racconta ciò che vede mentre il Signore è all'opera.

Terminato questo spazio per la preghiera di guarigione, il carismatico brasiliano si siede nelle poltroncine della tribuna d'onore dopo aver abbracciato affettuosamente il cardinale Hummes, già arcivescovo di San Paolo, e tutti gli altri vescovi e sacerdoti presenti, mentre la gente, ancora festante, cantava inni al Signore in segno di ringraziamento per le guarigioni dispensate sotto gli occhi di una folla immensa.

Fin qui tutto bene, sennonché Ironì decide di sedersi proprio accanto al sottoscritto e, subito dopo la messa, si rivolge a Milagros, l'interprete, e le dice in portoghese: *«A este homen diga a ele que quando sair daqui devo referir a uma coisa importante sobre a sua vida» ("Dì a quest'uomo che quando usciamo di qui gli devo dire una cosa importante sulla sua vita." N.d.A.).*

Con queste parole ho praticamente concluso il primo libro, lasciando tutti con la curiosità di attendere l'uscita di *Profumo di lavanda*, per andare a fondo alle analisi mediche e capire esattamente che cosa fosse successo dentro di me, in questi ultimi anni.

Ed eccoci, finalmente, al racconto di tutto ciò che è successo nell'arco di un anno e qualche mese.

Secondo Ironì, durante il tempo dell'eucaristia di quella Santa Messa a Rimini, si sarebbe verificata su di me una situazione soprannaturale.

Il carismatico brasiliano descrisse alla signorina Milagros, che traduceva in tempo reale dal portoghese all'italiano, tutto ciò che aveva visto nel giro di quei sette, otto minuti, il tempo necessario a distribuire le ostie sante sul palco e, subito dopo, la comunione.

Ironì fu molto chiaro, sintetico e mi disse che, mentre ero inginocchiato, Gesù Cristo, sceso dall'alto, si era chinato su di me e con la grazia e la potenza della Sua divina misericordia aveva riversato l'acqua dal Suo costato e il sangue delle piaghe e delle Sue ferite sul mio corpo, sanando due mali incurabili che di lì a pochissimi anni mi avrebbero ucciso.

Milagros e la signora Beatriz Vargas, vicepresidente nazionale del Rinnovamento nello Spirito Santo in Brasile erano accanto a Ironì, che continuò: «*Questo signore è stato graziato da Gesù, perché il suo destino era già segnato dalla malattia, un cancro che nessuno sarebbe riuscito a fermare. Il male lo aveva attaccato al fegato e al polmone.*

Ora lui diventerà testimone vivente della grazia del Signore operata dentro il suo corpo malato.

La sentenza di morte era già scritta nel Cielo per la sua vita, per tutto ciò che lui aveva fatto e per il male che lui stesso si era provocato.

Egli deve fare immediatamente degli accertamenti clinici. Deve fare le lastre per verificare ciò che gli ho detto, perché i medici gli diranno che hanno trovato delle cicatrici in questi organi. Questo è sicuro perché il Signore me lo ha fatto vedere e io, su questa visione chiara e lineare, non ho alcun dubbio.

In quest'uomo oggi è stato operato un grande miracolo di guarigione fisica, perché il Signore lo ha scelto come testimone della Sua grande opera di misericordia.

Ma non è tutto. C'è dell'altro. Avvertilo che stasera saprò comunicargli anche le parole di profezia che ho avuto in dono per lui da Dio. Per adesso gli posso già annunciare la prima parola, quella di Geremia».

Ed ecco la prima parola di Dio che Ironì ha avuto come dono di profezia:

Geremia 1, 4-10
Oracoli contro Giuda e Gerusalemme, al tempo di Giosia. Vocazione di Geremia.
4Mi fu rivolta la parola del Signore: 5«Prima di formarti nel grembo
materno, ti conoscevo, prima che tu uscissi alla luce, ti avevo consa-
crato; ti ho stabilito profeta delle nazioni». 6Risposi: «Ahimè, Signore
Dio, ecco io non so parlare, perché sono giovane». 7Ma il Signore mi
disse: «Non dire: sono giovane, ma va' da coloro a cui ti manderò e
annunzia ciò che io ti ordinerò. 8Non temerli, perché io sono con te per
proteggerti». Oracolo del Signore. 9Il Signore stese la mano, mi toccò
la bocca e il Signore mi disse: «Ecco, ti metto le mie parole sulla bocca.
10Ecco, oggi ti costituisco sopra i popoli e sopra i regni per sradicare
e demolire, per distruggere e abbattere, per edificare e piantare».

Quando Milagros smette di tradurre le parole di Spuldaro, mi sento a pezzi e ho la stessa sensazione di uno che si è infilato in una lavatrice con il programma "centrifuga" in acqua bollente: sudo ma ho freddo, mi gira la testa e mi sento in pericolo; anzi, no: scampato pericolo. Mi sento incerto se vivere nell'incubo della malattia, ritenendola ancora in atto, oppure affidarmi completamente a quest'uomo di Dio dalla fede forte e dai carismi talmente potenti da annunciare i miracoli di Dio in diretta.

E io, i miracoli, li ho visti per davvero con i miei occhi insieme ad altre trentamila persone. E allora perché temo per la mia salute? Ma non ero già stato salvato dalla Madonna dal precipizio morale?

E allora di quante prove abbiamo ancora bisogno per affidarci completamente? Sono proprio le prove della vita che ci mettono in gara, che ci temprano quando esiste una difficoltà.

Altrimenti, se non ci fossero i momenti di tempesta, provocati nel 99 per cento dei casi dai comportamenti sbagliati nostri o delle persone che ci stanno vicino, la nostra fede sarebbe sempre molto teorica e poco reale. Una fede da libro, una fede da chiacchiere davanti alla gente, una fede senza la tempra del dolore.

E allora mi ricordo le riflessioni che sono volate nella mia mente di fronte al volto serioso e allo sguardo sereno ma severo di Ironì Spuldaro nel momento in cui mi diceva queste cose. Pensavo tra me e dicevo: *«Ho trovato la fede, la sbandiero a tutti con gioia e ne sono veramente convinto e allora che problemi ci sono? Ironì parla con Dio e Dio gli dice che mi ha guarito e quindi devo essere felice. Io non sapevo nulla di questa malattia in atto. Io non sapevo nulla di Ironì Spuldaro. Ironì non sapeva nulla di me e non mi aveva mai incontrato prima, e lui stesso era da poco atterrato in Italia dal Brasile».*

Ma noi siamo come san Tommaso e gli altri apostoli prima della discesa dello Spirito Santo. Tanta fede ma di quella umana, che di fronte alle difficoltà vere diventa fragile e così sfuma nelle paure e nelle angosce della vita che sono le prove più dure, quelle che fanno subito vacillare tutti i buoni propositi.

Tuttavia mi rendo conto, leggendo attentamente questi versetti di Geremia, che Dio mi ha dato la forza di parlare e di scrivere, davanti all'opinione pubblica, dei miei fatti più privati.

Prima ho provato il disgusto per il peccato, la nausea per ciò che mi stavo facendo in continuazione. Usavo la trasgressione per fuggire dalla realtà che nei fatti mi era ostile: la morte di mio padre, le liti violente nella famiglia con le persone più care, la fuga della donna più amata di sempre con una separazione traumatica che mi ha schiacciato il cuore e l'anima.

E poi, il rimorso della coscienza che mi suggeriva continuamente le mie colpe e cioè di non essere mai stato un buon marito, di non essere mai stato un bravo padre, perché non ho saputo dare un figlio a mia moglie e perché non le ho mai dato la serenità con i miei comportamenti irrazionali, al di fuori del lavoro.

Dio, nel versetto 8, mi ha dato la forza e il coraggio di parlare di queste piaghe sociali, facendo riferimento alla mia vita con efficacia, senza comunicare nozioni generali ma specificando bene la situazione concreta che riflette tantissimi casi simili nella società di oggi, dilaniata dalle separazioni e dai divorzi che hanno messo in ginocchio la famiglia, l'istituzione basilare della società civile insieme alla cellula della Chiesa che è la parrocchia. E oggi posso dire, dopo aver fatto decine di testimonianze in giro per l'Italia che, là dove funzionano bene la parrocchia e soprattutto l'oratorio per i giovani, il quartiere è più sano di altri.

Non sono io a dire che famiglia e parrocchia sono basilari nella società: lo dice da trent'anni consecutivi la Madonna di Medjugorje nei messaggi che lascia ogni giorno ai veggenti per l'umanità.

La gravità del disagio giovanile si ritrova spesso nella tragedia della droga, della cocaina, dell'ecstasi e degli stupefacenti sintetici che girano a fiumi nei locali, nelle scuole, nelle case private, nelle piazze delle città, nelle feste, nei rave party, dove poi accadono tragedie inenarrabili come quella di Duisburg, in Germania, con morti e feriti.

Come fermare queste situazioni drammatiche?

Cominciando dalla famiglia, cominciando dai genitori che mettono al mondo figli che devono proteggere con l'istruzione e la preghiera comunitaria, ossia la preghiera praticata in casa, costruendo un piccolo altarino e pregando il rosario e la coroncina della divina misericordia tutti insieme: i grandi con i piccoli, i nonni con i nipoti, i genitori con i figli.

Senza lo scudo spirituale della preghiera la famiglia è in balia degli attacchi del Maligno, che si materializzano con le tentazioni, i tradimenti, il sesso, il piacere e il divertimento sfrenato, il benessere oltre misura.

Io l'ho capito tardi, dopo una vita con obiettivi falsi, idoli materiali che sono crollati quando ho sbattuto la faccia violentemente contro il muro del dolore della mia esistenza che si è materializzato davanti a me, all'improvviso, quando ho raggiunto il giro di boa dei cinquant'anni.

Questo dolore mi ha piegato in due e mi ha fatto passare dalla disperazione all'impotenza di risolvere i problemi con la testa, con la ragione.

Da qui ho scoperto l'incapacità di aggiustare le storture della vita, le deviazioni della mia mente, schiacciata dalla difficoltà.

Quando ero per terra ho scoperto l'umiltà, un sentimento di semplicità che mi ha fatto arrivare lontano fino a chiedere aiuto alla Madonna, perché non ce la facevo più.

Al versetto 9 si dice: «*Il Signore stese la mano, mi toccò la bocca e il Signore mi disse: "Ecco, ti metto le mie parole sulla bocca"*».

E così ho scoperto, grazie a Ironì, per quale motivo ho avuto la sensibilità, l'intelligenza, la capacità di trasmettere emozioni a duecentomila persone che hanno comprato un libro nel quale avevo trovato il coraggio di comunicare la vita vera, quella che non vede nessuno e nessuno può sapere. Oggi lo so, cari amici lettori, Dio ha volto lo sguardo su di me e mi ha suggerito tutto attraverso lo Spirito Santo.

Non ero io quello che parlava e scriveva *A un passo dal baratro*: era il Signore che si serviva di me per lanciare messaggi di speranza a tutti, poiché, dopo il dolore e le difficoltà, c'è sempre la gioia della resurrezione.

Anche voi potete essere strumenti di Dio, perché ognuno nella sua persona può esserne servo fedele, mettendo a disposizione i suoi carismi, ma per farlo dovete aprire una fenditura del vostro cuore, altrimenti lo Spirito non può entrare, perché Dio, pur essendo onnipotente, ci ama talmente tanto da concederci la libertà di decidere il nostro destino.

È questo il dono del libero arbitrio: essere artefici della propria vita, perché, se lo vogliamo, Lui ci può guidare e farci già vivere in terra così come vivremo accanto al Padre in Cielo.

Ecco, fin qui tutto bene. Sono assolutamente certo che questi concetti siano dettati dallo Spirito, non è farina del mio sacco. Ma rimane un dubbio umano, che s'insinua dentro di me e fa a pugni con la fiducia assoluta nella fede: perché proprio io? Io che vengo da un mondo diverso, lontano anni luce dalla riflessione spirituale; un mondo che affonda le sue radici in una vita materiale, che si nutre del consenso della gente, che si basa sull'immagine, sui contratti televisivi, sul successo personale delle copertine dei giornali, degli speciali della tv e in genere sull'affermazione del proprio "Io". Perché Ironì parla di me per bocca di Dio dicendomi che sarò profeta delle nazioni? Che cosa c'entro io con le nazioni e con il dono della profezia, cioè di saper trasmettere la parola di Dio a tutti? Ma vi rendete conto? Perché non un'altra persona più preparata di me, meno fragile di quanto lo sia io in questo momento, per resistere alle pressioni e alle tentazioni? Tutte domande che potrebbero rimanere per sempre senza risposte se non fosse entrato nel mio cuore e nella mia seconda vita un elemento nuovo che ha finito per rivoluzionarmi l'esistenza: lo Spirito. Quello Spirito alimentato dalla preghiera del cuore, quella prima preghiera spontanea che mi ha portato sollievo quando stavo morendo, spegnendomi fisicamente e spiritualmente, sovrastato e schiacciato dal dolore. Solo lo Spirito Santo, solo Lui può spiegare la metamorfosi e chiarire il perché del mio coinvolgimento così totale e radicale.

Ma torniamo ora a quei giorni convulsi di Rimini.

Il venerdì sera ci ritroviamo tutti a cena all'hotel Bellevue, un albergo vicino al mare, dove era presente anche il cardinale Claudio Hummes, 76 anni, brasiliano, originario di Montenegro della arcidiocesi di Porto Alegre. Il 31 ottobre del 2006 Giovanni Paolo II lo nominò prefetto della Congregazione per il Clero. È arcivescovo emerito di San

Paolo e ha ricevuto una formazione spirituale e teologica francescana. È considerato una tra le più importanti figure della Chiesa brasiliana.

Hummes si è trattenuto a lungo con Martinez e Spuldaro, e poi li ha congedati, visibilmente soddisfatto della giornata di preghiera che ha raccolto più di trentamila persone.

Più tardi, prima di ritirarci nelle camere per riposare, dopo una giornata intensa di preghiera e, per me, ricca di emozioni e di colpi di scena, chiedo a Ironì di spiegarmi bene la seconda parte delle rivelazioni che riguardano la mia vita secondo la profezia della parola di Dio.

E così il carismatico brasiliano mi ha svelato gli altri riferimenti alla Bibbia che ha ricevuto durante la preghiera, affinché io possa essere cosciente del ruolo e delle responsabilità che mi attendono. Non solo, ma, in una saletta dell'hotel Bellevue, assieme a una mia amica, meglio nota come la "dama nera" (vedi *A un passo dal baratro*, pagg. 245 e 246. N.d.A.), ha pregato su di noi con un "canto in lingue di liberazione", scoprendo un altro dettaglio della mia vita privata, che non poteva in alcun modo sapere.

Ma andiamo per ordine. Prima vediamo le altre profezie e poi vi racconto per esteso anche questo particolare che avevo anticipato nel primo libro.

Ecco la seconda parola di profezia:

Sofonia 3, 14-20
Salmi di gioia a Sion
14Gioisci, figlia di Sion, esulta, Israele, e rallegrati con tutto il cuore, figlia di Gerusalemme!
15Il Signore ha revocato la tua condanna, ha disperso il tuo nemico. Re d'Israele è il Signore in mezzo a te, tu non vedrai più la sventura.
16In quel giorno si dirà a Gerusalemme: «Non temere, Sion, non lasciarti cadere le braccia!
17Il Signore tuo Dio in mezzo a te è un salvatore potente. Esulterà di gioia per te, ti rinnoverà con il suo amore, si rallegrerà per te con grida di gioia, 18come nei giorni di festa.
Ho allontanato da te il male, perché tu non abbia a subirne la vergogna.

19Ecco, in quel tempo io sterminerò tutti i tuoi oppressori. Soccorrerò gli zoppicanti, radunerò i dispersi, li porrò in lode e fama dovunque sulla terra sono stati oggetto di vergogna.
20In quel tempo io vi guiderò, in quel tempo vi radunerò e vi darò fama e lode tra tutti i popoli della terra, quando, davanti ai vostri occhi, ristabilirò le vostre sorti, dice il Signore».

In sostanza si riferisce al popolo ebreo e gli comunica che è finito il tempo della tragedia, delle persecuzioni e della schiavitù: *«Il Signore ha revocato la tua condanna»*.

Questa è la parola chiave. È finito il tempo del dolore e del baratro ed è stata revocata la mia condanna (versetto 15), e cioè la condanna a morte che era stata emessa nei miei confronti per effetto del tumore ai polmoni e al fegato e per il male che mi ero fatto come conseguenza di tutto ciò che avevo patito e sofferto quando ero lontano da Dio, lontano dalla preghiera.

Non avrò più paura di nessuna sventura (versetto 15) perché oggi ho la fede nel cuore che mi protegge da qualunque dolore potrà ancora aggredirmi.

Ecco, ora, la terza parola di profezia di Isaia.

Isaia 45, 14-17; 22-25
Conversione dei popoli pagani
14Così dice l'Eterno: «Il frutto delle fatiche dell'Egitto e le merci dell'Etiopia e dei Sabei, uomini di alta statura, passeranno a te e saranno tuoi, essi cammineranno dietro a te, verranno in catene si prostreranno davanti a te e ti supplicheranno, dicendo: "Certamente Dio è in te e non c'è alcun altro; non c'è altro Dio"».
15In verità tu sei un Dio che ti nascondi, o Dio d'Israele, o Salvatore.
16Saranno tutti quanti svergognati e confusi, sì, se ne andranno tutti insieme coperti di vergogna i fabbricanti di idoli.
17Ma Israele sarà salvato dall'Eterno con una salvezza eterna; voi non sarete svergognati o confusi mai più in eterno.

Dio, signore di tutto l'universo
22Volgetevi a me e siate salvate, voi tutte estremità della terra. Poiché io sono Dio e non c'è alcun altro.
23Ho giurato per me stesso, dalla mia bocca è uscita una parola di

giustizia, e non sarà revocata: ogni ginocchio si piegherà davanti a me e ogni lingua giurerà per me.
24Si dirà di me: solo nell'Eterno ho giustizia e forza. A lui verranno tutti quelli che erano accesi d'ira contro di lui e saranno svergognati.
25Nell'Eterno sarà giustificata e si glorierà tutta la progenie d'Israele.

Ironì si raccomanda e mi dice: *«Qui dovrai fare bene attenzione a ciò che leggerai perché tu potrai verificare nella realtà che un certo ambiente sociale rimarrà scosso e rifletterà grazie alla tua testimonianza. Sii di esempio e loro ti seguiranno»*.

Questa segnalazione dal Cielo indicata da Ironì (versetti 14-17), mi commuove, mi incoraggia e mi carica di responsabilità, perché non vi è dubbio che i ricchi e i potenti di quel tempo (le ricchezze d'Egitto, le merci dell'Etiopia e i Sabei dall'alta statura) sono riferibili alla società contemporanea, quella di oggi, in particolare agli imprenditori, ai commercianti e alle persone benestanti di *«un certo ambiente sociale»*; i personaggi cosiddetti famosi, i vip, mi daranno fiducia per cominciare ad aprire i loro cuori e mi daranno credito per aiutarmi a realizzare opere di carità per i poveri.

Qui si parla di conversione dei popoli pagani e quindi non dovranno esistere altri dei se non un unico Dio. Basta con gli idoli materiali che generano illusioni e non danno quelle certezze che sono riconducibili solo alla vita spirituale.

Questi concetti antichi devono passare attraverso i secoli per ricongiungersi alla mia vita, anzi alla mia seconda vita. Gli idoli di oggi sono denaro, sesso, potere e la cura ossessiva di se stessi e dei propri beni. Ma, da soli, questi idoli non possono bastare a giustificare l'esistenza di una vita.

Dobbiamo recuperare soprattutto la dimensione spirituale che è quella che accudisce e nutre l'anima e che ci consente di vivere meglio e con più moderazione la quotidianità.

Dio saprà darmi la parola per comunicare tutti questi messaggi che scriverò nei libri attraverso la mia esperienza personale, vagabondando per l'Italia e all'estero, sulle tracce dell'esistenza di un altro mondo che sta sopra di noi e che ci dimentichiamo sempre di consultare, troppo presi dagli impegni di tutti giorni.

Ma c'è una penultima parola della Bibbia ricordata da Ironì.

Deuteronomio 30, 11-14
Ritorno dall'esilio e conversione
[11]Questo comandamento che oggi ti prescrivo non è troppo difficile per te, né troppo lontano da te. [12]Non è in cielo, perché tu dica: «Chi salirà per noi in cielo per portarcelo e farcelo ascoltare, perché lo mettiamo in pratica?». [13]Non è di là dal mare, perché tu dica: «Chi passerà per noi di là dal mare per portarcelo e farcelo ascoltare, perché lo mettiamo in pratica?». [14]Ma la parola è molto vicina a te; è nella tua bocca e nel tuo cuore, perché tu la metta in pratica.

Questi versetti sarebbero una conferma che il comando pervenuto per il tramite di Ironì sarà per me facilmente realizzabile, perché non è né troppo lontano, né troppo in alto per le mie forze. Non è nel Cielo e non è al di là del mare e quindi significa che è alla mia diretta portata, anzi, Dio mi dice già tutto, poiché questa parola è molto vicina a me. È infatti *«nella tua bocca e nel tuo cuore, perché tu la metta in pratica»*.

La mia bocca rappresenta la facilità della parola, perché è lo strumento principale della mia professione: comunicare, parlare e scrivere.

Riguardo ai contenuti anche qui, ormai, credo di aver capito: Lui suggerisce, ispira, protegge e mi consiglia gli argomenti che devo illustrare in televisione, in radio e nelle interviste. Mi dice tutto ciò che devo testimoniare quando sono in giro per l'Italia e devo parlare davanti a tante migliaia di persone che mi stanno invitando ovunque.

Quando mai, anche nel momento della mia massima popolarità televisiva, avrei potuto movimentare una simile moltitudine di persone e dar luogo a una reazione così imponente di interviste, incontri, testimonianze, dibattiti televisivi e radiofonici con decine di migliaia di persone che ogni giorno mi scrivono lettere, e-mail e sms?

Qui siamo di fronte a un qualche cosa che non so ben definire, ma sicuramente sono in grado di capire da dove arriva.

Siamo dinanzi a un'ispirazione divina che sento nel mio cuore e che mi è stata donata dal Cielo dopo che mi sono aperto a Dio. Da quel momento grandi cose sono successe nella mia vita.

Per recepire queste ispirazioni, attraverso il dono della parola e della scrittura, devo pregare tanto ed essere tutti i giorni vicino a Dio, affinché possa cogliere non solo la Sua parola sulla mia bocca ma percepirne il significato più profondo.

Infine, questa è l'ultima parola profetica ricevuta da Ironì per me: è quella del profeta Giosuè che riceve l'incarico di condurre il popolo ebraico nella Terra Promessa e deve essere forte e coraggioso e quindi non deve mostrare paura perché Dio è con lui.

Leggiamola insieme, come Ironì me l'ha prospettata.

Giosuè 1, 6-9
Conquista della Terra Promessa: i preparativi.
6Sii forte e coraggioso, perché tu metterai questo popolo in possesso del paese che giurai ai loro padri di dare loro. 7Solo sii forte e molto coraggioso, cercando di agire secondo tutta la legge che Mosè, mio servo, ti ha prescritto; non deviare da essa né a destra né a sinistra, affinché tu prosperi dovunque andrai. 8Questo libro della legge non si diparta mai dalla tua bocca, ma meditalo giorno e notte, cercando di agire secondo tutto ciò che vi è scritto, perché allora riuscirai nelle tue imprese, allora prospererai. 9Non te l'ho io comandato? Sii forte e coraggioso; non aver paura e non sgomentarti, perché l'Eterno, il tuo Dio, è con te dovunque tu vada.

Questa parola è riferibile al mio comportamento attuale, al lavoro professionale che svolgo tutti i giorni e che mi porta sempre di più a testimoniare, a parlare di Dio e a rinvenirne le tracce ovunque io mi trovi.

Devo essere forte e coraggioso perché Gesù è con me e mi ha consegnato questo lavoro da svolgere.

Ma devo stare ben attento a un aspetto fondamentale: mi devo attenere alla legge, alla parola di Dio, al Vangelo, agli ammonimenti dei messaggi mariani che non sono altro che un ribadire e un esemplificare ciò che Gesù ha detto duemila anni fa.

In parole povere, e per questo molto comprensibili per tutti, mi devo comportare bene e cioè, come dice Dio al profeta nei versetti 6-9, devo essere forte e coraggioso per osservare e mettere in pratica tutta la legge che è prescritta.

Non devo deviare dalla legge, né a destra né a sinistra, e così avrà successo ogni mia impresa.

Che significa questo?

Che non sono più ammesse quelle cadute e quelle scivolate nelle tentazioni che sono il mio tallone d'Achille: il sesso nel suo aspetto più trasgressivo, alimentato dai comportamenti sfrenati.

Perché quando ricevi la grazia che ti allontana dal male e ti salva la vita, vivi una condizione di grande serenità, ragionevolezza, amore per gli altri, umiltà, pazienza, forza d'animo e tenacia, che ti consente di raggiungere risultati insperati, ben al disopra delle tue possibilità.

La caduta ci fa purtroppo apprezzare le cose negative: è un passo indietro, un clamoroso autogol lungo la strada che porta alla pace del cuore e tende alla santità.

Come ho detto quest'anno più volte nel corso di decine di testimonianze, sia nei convegni spirituali dove ero stato invitato davanti a migliaia di persone sia in quelle televisive davanti a milioni di spettatori: quando arriva la conversione non si crea uno spartiacque netto tra il bene e il male, ma la linea di contiguità, il confine tra la preghiera e le tentazioni è sempre molto sottile. E il pericolo del travalicare il confine è sempre presente. Naturalmente parlo attraverso la mia esperienza personale e non a nome di tutti. Chi si può rivedere in me può usarmi come termine di paragone, può chiedermi tutto ciò che vuole, può scrivermi e può incontrarmi in giro per l'Italia nelle testimonianze che farò. Basta documentarsi attraverso le informazioni del mio sito www.paolobrosio.it, oppure contattarmi scrivendo a paolobrosio@paolobrosio.com.

Ho sempre cercato, nei limiti del possibile, di accontentare tutti perché ora so che cosa vuol dire, nella vita, patire le difficoltà. Gli anni che ho passato dal 2006 al 2008 sono stati il tritacarne del mio cuore, della mente e soprattutto dell'anima. Ma le date fatidiche – 3 gennaio a Torino per la confessione nel santuario della Consolata e dal 2 al 5 febbraio 2009 per il primo viaggio a Medjugorje – non hanno rappresentato una vera barriera definitiva contro il peccato. Infatti, a partire da quelle date, nonostante un intenso impegno personale nella preghiera, nella confessione, nell'eucaristia, nel digiuno, nella lettura dei Vangeli e della Bibbia, dopo mesi trascorsi in serenità e in pace con me stesso, proprio alla vigilia della partenza per la Bosnia in occasione del ventinovesimo anniversario delle apparizioni, sono caduto in una notte che purtroppo mi ha ricordato quelle più brutte di due anni fa. Un incontro con una ragazza bellissima, una serata trasgressiva, una notte folle capitata per caso, e con le valigie già pronte per Medjugorje.

Mi sono sentito un verme, per me e per lei e ho desiderato soltanto di arrivare alla mattina dopo, presto, per correre in chiesa e sentire vicino a me Gesù attraverso la voce del mio sacerdote. Una confessione liberatoria che mi ha dato poi la possibilità di riscattarmi davanti a Dio. Quando ti sei trovato a risolvere nella vita problemi così gravi, non è facile uscirne in maniera netta a partire da una data come fosse un appuntamento fissato.

La lotta è durissima e le tentazioni ti avvolgono nei momenti cruciali per metterti alla prova. Sapete quante volte ho resistito a questo desiderio con la gioia di svegliarmi la mattina con l'anima leggera? Molte volte. Ma basta poco, anche un solo giorno tra tanti normali, per distruggere tutto il bene che hai faticosamente costruito fino a quel momento di debolezza.

Ecco, se dovessi raffigurare questa sensazione la definirei un tira e molla tra il bene e il male, dove l'unica barriera che ti ripara in modo costante sono la preghiera e la Santa Messa con la comunione.

Ma questa barriera deve essere collegata direttamente alla volontà e alla ragione, che devono essere orientate per una scelta personale verso Dio e verso il bene. L'antidoto contro il veleno del peccato è la confessione che oggi definisco "liberatoria". Non dimenticherò mai quell'immagine che mi ha regalato uno dei miei più grandi e amati padri spirituali: don Giovanni D'Ercole, ordinato vescovo ausiliario della diocesi dell'Aquila il 12 dicembre 2009 dal cardinale Tarcisio Bertone, in quella terra d'Abruzzo, tormentata dal tragico terremoto di quello stesso anno.

Ricordo benissimo quella sera a Roma all'albergo dei pellegrini Casa Tra Noi, sopra il Vaticano. Eravamo in una saletta attigua alla cappella e gli chiesi in un incontro a metà strada tra confessione e riflessione tra padre e figlio spirituale: *«Don Giovanni, quanta fatica faccio, tante volte, a resistere alle tentazioni che il mio ambiente mi propina quotidianamente.*

Quante volte mi sovviene prepotente il peccato degli anni più scapestrati della mia vita e quante visioni di tentazioni devo affrontare anche di notte quando non sono sereno. E ho paura, tanta paura di non farcela, di ricadere e di non alzarmi più».

«Caro Paolo» dice don Giovanni *«il rapporto che c'è tra noi, Dio e il peccato è simile a quello di due persone che reggono un filo teso tra di loro. Ogni volta che si scivola dalla tentazione al peccato quel filo teso che ci collega con Gesù, si spezza, e noi abbiamo la grande possibilità di riannodarlo solo perché Lui è morto in croce per noi. Lo possiamo fare sentendo il disgusto per il peccato che abbiamo commesso,*

chiedendo perdono e andandoci poi a confessare. Allora quel filo spezzato si rigenera, e torna teso ma, ogni volta che si rompe e viene riannodato, diventa sempre più corto e così facendo ci riavvicina sempre di più a Dio.

Ricordati che Lui è sempre lì, quando noi cadiamo nel peccato è l'uomo che si allontana da Dio, non è il Signore che prende le distanze.»

Quella sera vado a riposare con questa immagine nel cuore, certo di avere riannodato il mio rapporto con Dio.

E quelle cinque cadute, in un anno e mezzo, per cinque volte mi hanno fatto avvicinare di più al Signore?

Nel momento in cui mi sforzo di dare il massimo, per quanto posso fare, per essere gradito a Gesù, mi ritrovo sempre a fare i conti con una clamorosa promessa mancata, proprio quando si alza il livello della sfida. Allora capisco, sulla mia pelle, che non si può giocare al ruolo del santo, perché quando vuoi esagerare o ritieni di essere arrivato in alto ti accorgi che la sfida col male è impari: da solo, ne uscirai sconfitto.

Meglio un'umile e sensata politica dei "piccoli passi": mai fare proclami di lungo termine, ma accontentarsi di arrivare alla fine della giornata e, prima della notte, chiedersi se Dio sarà contento di noi.

D'altra parte: chi vuole diventare santo? Per me è impossibile, ma il desiderio è quello di provare a imboccare quel percorso che è a qualche milione di chilometri di distanza e ci fa intravedere la luce, cioè la santità, cioè vivere già in terra come si vivrà accanto a Dio in paradiso. Tutti noi dobbiamo fare questo sforzo: imboccare la strada che conduce alla santità. Potremmo fare anche solo tre chilometri, a dispetto dei centomila che servono per completare il percorso, ma quel piccolo sforzo sarà la nostra password per ottenere qualcosa di speciale dal Signore che ha visto, così, almeno un po' di buona volontà da parte nostra.

Combatto ogni giorno il desiderio di scivolare per lasciarmi trasportare tra le braccia di una donna giovane, bella, voluttuosa, avvolgente e sconvolgente.

Una donna amata per poche ore o addirittura "comperata", perché nelle trasgressioni mentali si è aperta nel passato anche questa pagina triste e drammatica nel momento delle difficoltà della mia vita.

Ma questa è una strada senza ritorno dove si finisce in un giro desiderato di notte ma del quale si prova vergogna durante il giorno. Un giro che ti svuota l'anima di tutti i tuoi sentimenti e ti lascia inaridito, schiacciato dai complessi e dai rimorsi che svaniscono solo quando ritorna forte il desiderio di trasgredire.

Trent'anni di vita materiale non si cancellano in un colpo solo e le prove che devo affrontare ora, per me, sono durissime.

Spero un giorno di ritrovare una bella e brava ragazza, semplice e timorata di Dio, con la quale possa condividere per sempre questo nuovo percorso.

Questo capitolo è un momento chiave della mia nuova vita. Lo affronterò tra poco con la sincerità con la quale ho trattato le mie cadute morali di fronte alle difficoltà.

Lo farò a costo di provocare disillusioni e quindi, più semplicemente, che a qualcuno di voi possano cadere le braccia e sentirsi tradito da me.

Sto migliorando giorno dopo giorno ma la fatica che faccio in certi momenti è tremenda e le insidie si nascondono a ogni passo. In altri passaggi della mia vita provo invece una gioia indescrivibile, soprattutto quando resisto di fronte alla tentazione, evito le circostanze e la mattina mi sveglio presto con la gioia nel cuore e la luce che mi attraversa il corpo, lo sguardo, fino ad arrivare alla mia anima. Mi guardo allo specchio la mattina e mi vedo senza veli, senza vergogna e con la felicità di affrontare la giornata con la coscienza pulita di fronte a Dio. È questa la sensazione più bella che ti fa capire quanto siano importanti le rinunce materiali per poterti avvicinare un po' di più a Gesù.

La scoperta delle cicatrici di una malattia ai polmoni

E adesso cerchiamo di capire come ho fatto a trovare le tracce dello straordinario lavoro di Dio dentro il mio corpo.

Le tappe sono queste.

Venerdì 1° maggio 2009 la rivelazione di Ironì sul palco di Rimini: «*Gesù ti ha guarito da due tumori: uno al fegato e uno ai polmoni.*

Fai le lastre e troverai le tracce delle guarigioni».

Domenica 2 maggio lascio la Romagna, accompagnato dalla "dama nera" con la quale non facciamo altro che parlare di questa vicenda.

Entro la metà di maggio il mio medico personale, Vinicio Giorgini, fissa un appuntamento alla clinica privata San Camillo di Forte dei Marmi, dove prenoto, con i medici del reparto di radioterapia, una serie di accertamenti ai polmoni e al fegato.

Ho consultato Enrico Ceretti, specialista in radiologia diagnostica, per la ricerca di eventuali cicatrici sui polmoni.

Il risultato fu negativo. Impossibile con questo tipo di strumentazione diagnostica rilevare cicatrici.

Occorre infatti una strumentazione più sofisticata per analizzare strato per strato la sezione del polmone.

In altri termini è necessaria una TAC.

Anche il controllo diagnostico dell'ecografia, eseguito alla Casa Fortis dei padri camilliani dal dottor Massimo Beggi, non ha chiarito la questione.

Intanto i due sanitari escludono in modo assoluto che siano presenti masse tumorali nel fegato e nel polmone.

Non mi arrendo. Diventa per me una questione di vitale importanza spirituale verificare l'attendibilità delle dichiarazioni forti e precise di Ironì Spuldaro.

Telefono a Firenze a Francesco Nobili, un medico legale che mi mette in contatto con una delle cliniche private più importanti d'Italia.

La prima tappa risale al 12 giugno 2009: l'esame che è stato effettuato è una tomografia computerizzata del «torace mediastino e dell'addome superiore». In pratica una TAC ai polmoni.

Non riesco a eseguire nella stessa mattina la TAC al fegato, poiché per questo esame è necessario digiunare dalla sera precedente, bere molta acqua, effettuare esami del sangue e poi essere sottoposti a un'iniezione endovenosa con un liquido a contrasto. È infatti praticamente impossibile registrare lesioni o cicatrici perché il fegato è capace di rigenerare i suoi tessuti.

La mattina del 12 giugno 2009 salta dunque l'esame al fegato e rimango con l'esito scritto dei polmoni.

La risposta è sicuramente straordinaria per quanto riguarda le rivelazioni di Ironì Spuldaro: si vedono chiaramente ciò che i medici definiscono «degli esiti nodulari pleuropolmonari, dei noduli fibrotici», come se fossero gli esiti di una malattia pregressa. Ci sono anche delle placchette, cioè dei piccoli ispessimenti, come una cicatrice, «nella zona pleuropolmonare del lobo inferiore destro nella parte corrispondente al sottoscapolare».

In pratica sono cicatrici sulla superficie pleurica.

Sul polmone sinistro, nella parte mediana laterale, viene invece riscontrato un esito polmonare e cioè un «nodulo cicatriziale» (in parole semplici non attivo, cioè "fermo") che risulta essere l'esito di «una pregressa malattia attualmente senza carattere di evoluzione».

In altri termini una malattia c'è stata, adesso non c'è più, però ne è rimasta ben visibile la traccia.

A questo punto mi intestardisco e voglio verificare anche il fegato. Ritorno a distanza di un anno e un mese a Firenze e, sempre grazie alla disponibilità di questo importante istituto privato, effettuo il controllo con il liquido a contrasto mentre faccio la TAC per evidenziare il fegato e, nello stesso momento, viene nuovamente analizzato e passato al setaccio anche il polmone.

Da Firenze rientro in Versilia e trasferisco tutte le diagnosi con i dischetti nell'Ospedale Unico della Versilia, a Lido di Camaiore, al reparto di radiologia diretto dal professore Claudio Vignali dove operano bravissimi medici, tra cui la dottoressa Anna Grazia Valchera.

Chiedo e ottengo l'autorizzazione per una consulenza con la Valchera al direttore generale Giancarlo Sassoli.

La dottoressa vanta un'esperienza di sette anni in Germania per le diagnosi ai tumori e così le chiedo un consulto. È gentile, disponibile, ferratissima in materia e si definisce lei stessa una "cacciatrice di tumori".

A distanza di un anno, però, come si è detto, abbiamo potuto rianalizzare le zone del polmone dove si erano evidenziate le cicatrici.

Tutto viene confermato nella zona pleurica mentre, sul polmone stesso, si attesta definitivamente l'esito di un nodulo cicatriziale che è rimasto identico, quindi "fermo", per un anno, dal 2009 al 2010. Posso dunque tirare un sospiro di sollievo perché quel nodulo era da tenere d'occhio ma ora, grazie a Dio, si capisce che non è altro che l'esito di una pregressa malattia attualmente guarita. Una grossa cicatrice, come aveva detto Ironì.

Quando sono riuscito, attraverso i medici, a trovare riscontri oggettivi su tutto quello che mi era stato detto, ho nuovamente intervistato l'amico brasiliano.

Ironì, perché hai voluto parlare con me a Rimini?

Fu un segno meraviglioso di Dio. Io non ho visto un giornalista o un uomo famoso. Davanti a me c'era una persona alla quale Dio voleva dimostrare il suo amore in modo magnifico. Io non ti ho cercato, è stato Dio che mi ha inviato da te.

Dio gridava dentro me: «Ecco il mio figlio amato che da tempo attendevo che tornasse a me, e il giorno è arrivato».

Io non avevo dubbi del miracolo che Dio voleva operare in te, ma non sapevo ancora di cosa si trattasse. Allora sono rimasto attento ai dettagli di ciò che Dio stava realizzando in Paolo.

Dio disse: «Parla con lui, guardandolo negli occhi». Così feci e fu bello. In questo dialogo furono rivelati i dettagli della tua vita convincendoci entrambi che non era una trattativa tra uomo e Dio ma era molto di più: era un incontro con Dio, il Salvatore delle anime. Dio è tremendo, potente. Lui è il nostro Tutto. Oggi posso lodare Dio perché ha salvato la vita di Paolo e per l'esperienza che insieme abbiamo vissuto a Rimini.

Perché pensi che Gesù mi abbia guarito?

L'opera di Dio è costruita nell'unità, insieme siamo più forti. Tu potrai arrivare a delle anime che mai noi potremmo raggiungere. Tu sei come la Lidia dei nostri giorni (Lidia era una commerciante di porpora di Filippi che si convertì incontrando San Paolo. N.d.A.). *Dio guadagnerà molto con la tua conversione, perché gli uomini e le donne torneranno a Lui.*

Questo è uno dei motivi che ti ha portato a sperimentare la guarigione di Dio, ma non è la cosa principale, perché ciò che conta è che Dio ti ama e vuole contare su di te nella costruzione del suo regno, e se Paolo dice sì a Dio è grazie al dono della fede che ha ricevuto.

San Giacomo c'insegna: «Non pensi l'uomo che raggiungerà qualcosa senza la fede». Altro motivo è che la testimonianza di Paolo porterà molte persone all'incontro con Dio e, grazie a questo incontro, arriveranno ad amare Dio sopra ogni cosa e il fratello come se stessi. Nulla è contro di noi: anche dalle cose più problematiche, Dio può ottenere un bene maggiore.

Perché mi hai detto di verificare dal medico le tue profezie di guarigione?

Io non avevo nessun dubbio. Siamo davanti a una grande manifestazione di Dio, i segni erano straordinari, agli occhi umani sembrava una pazzia, ma veramente era una dimostrazione dell'amore di Dio. In Brasile c'è un detto popolare che dice: «Quando il miracolo è grande perfino il santo non ci crede». Nel cielo le piaghe di Gesù rappresentano la nostra umanità così in te le cicatrici rappresentano la presenza divina. Giacché non ti sei mai sottomesso a un intervento chirurgico, tutto questo è un mistero e, se è un mistero che la scienza non spiega, allora è un miracolo. Possiamo affermare che tu sia un miracolo di Dio davanti ai nostri occhi affinché abbiamo fede. Dio vive e regna in mezzo a noi. Alleluia!

Certamente qui entra in campo il rigore della scienza medica e il confronto con il mondo spirituale. Nessuno, neppure il medico più cattolico del mondo mi dirà mai che sono guarito da un tumore. Sicuramente, però, si potrà dire che sono guarito da una malattia.

L'unica maniera per sgombrare il campo dagli equivoci sarebbe questa: produrre le lastre che dimostrino nel passato la presenza di un tumore in atto nel mio polmone e successivamente metterle a confronto con le ultime che indicano che la malattia è stata sanata. Altrimenti nessuno, dico nessuno, potrà mai affermare che la malattia pregressa e guarita fosse realmente un tumore.

Potrebbe essere anche stata, per esempio, una grave forma di broncopolmonite. Questa è un'ipotesi accettabile per un medico non credente che non vuole in alcun modo dare peso alle rivelazioni di un grande carismatico.

Ma qui devo però sollevare questa obiezione: mai nella mia vita ho avuto una grave malattia ai polmoni. E questo lo sa mia madre, lo sanno i medici pediatri piemontesi che mi hanno seguito fin da piccolo, lo sanno i miei trainers del tennis, perché non avrei mai potuto praticare un'attività agonistica nello sport con un precedente così grave in giovane età.

E se avessi avuto questa malattia negli ultimi trent'anni me lo ricorderei, perché sarebbe stato davvero un bel problema.

Stiamo ultimando il capitolo "medico". Manca ancora un altro dettaglio che mi fu anticipato da Ironì la sera in albergo a Rimini, mentre, come vi ho detto, stava pregando con un canto in lingue (è una preghiera spontanea che non si articola con parole e frasi di senso compiuto, ma con "gemiti" ed espressioni simili a quelli pronunciati da una mamma quando si stringe al seno il figlio).

A un tratto Spuldaro, interrompendo la preghiera, si rivolge a me: «*Gesù mi dice che hai un problema alle cartilagini del ginocchio sinistro, che hai sforzato molto facendo tanto sport. Hai problemi anche all'anca sinistra. Lui ti guarirà oppure guiderà la mano del chirurgo che ti opererà*».

Non dimenticherò mai più quella giornata: dai tumori siamo passati anche alle cartilagini, mettendo a fuoco così bene il problema da evidenziare quale gamba e quale ginocchio fossero malati. A quel punto mi ricordo che dissi a Ironì: «*Senti, digli a Gesù che faccia tutto lui, mi dica cosa devo fare perché tanto, a questo punto, di testa mia non fo più nulla*».

Vedete, ho parlato a lungo di questi argomenti che appaiono incredibili perché oggi ho capito che Gesù sceglie pochi uomini eletti ai quali dona carismi straordinari come Ironì, affinché noi possiamo renderci conto di quanto sia immenso Dio, il quale ci mette di fronte a questi profeti per farci capire che Lui esiste, che Gesù è vivo in carne e ossa e gira tra noi. Ci tocca, ci guarda e aspetta un segnale. E, poi, attende un nostro cenno.

Le "incredibili" storie di Ironì e Damian Stayne

Non voglio convincere nessuno, semplicemente fare il mio lavoro di cronista delle notizie che piovono dal Cielo. Con l'aiuto di Salvatore Martinez abbiamo scelto le più interessanti tra centinaia e centinaia, raccontate da Ironì e Damian Stayne, un altro carismatico che vive in Inghilterra, vicino a Londra, uno dei protagonisti della grande Convocazione della primavera 2010 a Rimini con il Rinnovamento.

Cominciamo da Ironì.

Ironì, era lontano da Dio e si era innamorato di una giovane ragazza che aveva deciso di farsi suora. Ironì si era avvicinato a lei in un primo momento per vincere una "competizione" con un amico. La giovane, in virtù della sua scelta, non ne voleva sapere, ma Ironì cominciò a impegnarsi anche nella fede per dimostrarle che era il migliore dei due pretendenti. Lei si chiama Roziclèia Da Luz, ha un carattere testardo e non cede. Alla fine il nostro futuro carismatico si decide a fare sul serio e chiede ai suoi genitori di sposarla, anche perché lei, altrimenti, non avrebbe accettato la sua corte.

Passano mesi, passano anni, e alla fine Roziclèia gli dice: «Accetto il tuo amore se tu ti aprirai completamente a Dio».

Ironì giura fedeltà e amore a entrambi e vive l'esperienza del "battesimo nello Spirito Santo" nei gruppi di preghiera del Rinnovamento.

Ma, dopo qualche mese, un male incurabile aggredisce la moglie: un devastante tumore alla bocca. Il mondo pare crollare addosso alla giovane coppia.

Dio e la preghiera erano diventati sempre più lontani da Ironì. Le storie della Bibbia sembravano non avere più senso, quando, la notte del primo aprile 1987, un Giovedì Santo, un amico del Rinnovamento, per telefono, chiede di recitare una preghiera speciale per Roziclèia.

La preghiera durò un'ora e al termine, come in un sogno, quel tumore devastante sparì completamente. La settimana dopo, durante Zè Pretinho, la notte di preghiera nella cattedrale di Guarapuava, nel Paranà, Ironì, per la prima volta, vede e sente nel suo cuore la presenza viva di Dio, che lui chiama il "Signore dei miracoli".

«*Quel giorno ho conosciuto qualche cosa di infinitamente più importante del miracolo. La guarigione di mia moglie mi ha fatto impazzire dalla gioia ma il "Signore dei miracoli" ci ha portato a vivere anche nei momenti del dolore una felicità inesauribile, per questo consiglio oggi di non rimandare più a nessuno l'incontro con Dio. Perché così potrete essere voi il canale di trasformazione per la vostra famiglia e per le persone che vivono intorno a voi. Da quel momento ho cominciato ad acquisire e a studiare il dono della scienza, della profezia e della guarigione. Dio aveva fretta con me e i doni aumentavano in modo naturale, giorno per giorno. Durante ogni testimonianza e incontro si verificava qualcosa dentro di me che non era più umano, ma divino. Più mi impegnavo con le missioni più Dio agiva. Ho scoperto che per Lui siamo unici e mai un altro potrà fare ciò che è stato destinato e affidato a me. E io mi sono chiesto tante volte: "Perché il Signore non si serve di persone più capaci di me? Perché proprio io?". E la risposta me la dà sempre Lui: "Affinché tu sappia che sono Io e non tu".»*

Ironì, di queste storie, ne ha vissute a centinaia da testimone come tramite della grazia di Dio. Una delle più impressionanti è la vicenda della giovane paralitica di Foz do Iguaçu dove c'era una famiglia che aveva una figlia paralizzata dalla vita in giù, la quale partecipava a un incontro tramite la diretta televisiva di Canção Nova, vista da tutto il Sud America. Durante la predica di Ironì, la ragazza ha chiamato i suoi genitori dicendo loro: «*Quella parola è per me, sono io che sarò guarita*». I genitori commossi hanno risposto: «*Guarda cara, questo predicatore sta leggendo una parola della Bibbia, ma non è con te che lui sta parlando*». Ma lei, con sicurezza: «*È così: questa Parola è per me, io camminerò*».

In quell'istante Ironì, che era a Cachoeira Paulista, a milleduecento chilometri di distanza da Iguaçu, ha sentito il Signore che gli parlava riguardo una guarigione e immediatamente ha esclamato in diretta tv ciò che gli veniva dal cuore: «*Il Signore sta guarendo una ragazza che è paralizzata, alzati e cammina per la gloria di Dio*». Ironì non conosceva la famiglia né la ragazza, ma qualche mese dopo la incontrò personalmente accertandosi che era completamente guarita.

Un altro caso eclatante riguarda la conversione di un pluriomicida del carcere di San Paolo. Ironì stava predicando in un ritiro nella città di San Paolo. Una madre disperata gli disse: «Vieni a pregare per mio figlio. Dio mi ha chiesto di rivolgermi a te».

In quell' istante pensò di dire no, ma dentro di lui sentì che il Signore gli diceva «sono stato io che ho inviato questa donna da te. Mostragli che la mia parola può dare la vita a suo figlio». Ironì rispose alla madre di rimanere tranquilla, perché l'avrebbe accontentata. La verità era che il "bambino" di quella signora era uno dei delinquenti più pericolosi della regione e che era rinchiuso in isolamento. Ma Ironì non poteva più tornare indietro. In carcere il carismatico seppe che il figlio di quella donna era stato condannato a più di cento anni di prigione.

Ironì aveva paura, le guardie lo avvertirono dei rischi ma entrò lo stesso in cella con la mamma e pregarono con il "figlioletto": in uno dei posti più tristi della terra, Dio occupò uno dei cuori più vuoti che esistessero.

Quel ragazzo non ha conquistato la libertà ma è diventato il coordinatore di un gruppo di preghiera del Rinnovamento dentro il carcere di massima sicurezza.

Ma non è tutto, perché tra i casi più sorprendenti vissuti da Ironì ci sono anche l'indemoniata e la paralizzata che balla.

In Paraguay, durante il congresso della Fondazione Conesul del 2005, Ironì si trovò di fronte a un caso terribile di una donna posseduta dai demoni da dieci anni, che aveva viaggiato e visitato molti santuari senza alcun successo tentando esorcismi e preghiere di liberazione, ma che ogni giorno peggiorava. Il marito seppe di questo incontro e sentì fortissimo il desiderio di portarla al congresso perché era convinto che sua moglie finalmente sarebbe stata liberata dal male. Dopo tre ore di preghiera la parola di Dio si manifestò in sua moglie. Ma la cosa straordinaria fu che, nel medesimo momento, una donna paralizzata sulla sedia a rotelle da più di tre anni si alzò contemporaneamente alla liberazione dell'indemoniata e cominciò a ballare liberamente in mezzo alla sala davanti a migliaia di persone.

Ora, invece, parliamo dell'altro grande carismatico londinese, Damian Stayne, che ha fondato la comunità Cor et Lumen Christi ed è impegnato da anni nel ministero di preghiera sugli ammalati. La comunità è nata al termine di un lungo periodo di sacrifici personali di Damian: sette anni di preghiere, digiuno e ricerca, che alla fine hanno dato i loro frutti, nell'ottobre del 1990 con la sua fondazione.

Ancora una volta, è stata la XXXIII convocazione nazionale del Rinnovamento di Rimini 2010 l'occasione d'oro per poter conoscere un grande carismatico come Stayne. Ricordo la prima volta che l'ho visto per una singolare coincidenza: quando arrivai nell'hotel, la sera di giovedì 29 aprile, lui stava entrando nella hall. Ci siamo praticamente scontrati per caso, ovviamente senza conoscerci. Damian era circondato dalle persone della sua comunità. Erano sette o otto e ricordo che rimasi colpito da un particolare. Ognuno di loro aveva un compito ben preciso e tutti scattavano rapidamente a ogni comando, testimonianza di un evidente carisma anche nelle semplici questioni organizzative. Damian è alto, magro, longilineo e ha uno sguardo che colpisce perché è disarmante, ti mette a nudo e legge nel pensiero.

Ricordo che disse: «*Io prego e lavoro per Dio che mi dà la grazia di poter aiutare gli altri a guarire, ma la salvezza fisica è sempre un mistero nelle Sue mani che decide come, dove, quando e a chi concedere il miracolo. Questo è il più grande mistero del mondo spirituale. Io aiuto tutti quelli che posso grazie a Dio, ma nulla fino a oggi ho potuto fare nei riguardi delle persone più care della mia vita e, insieme a loro, lotto ogni giorno contro il dolore. La sofferenza fa parte degli elementi essenziali del cristianesimo e ci aiuta a crescere. A suo modo è una grande grazia che riceviamo da Dio così come la salvezza*».

Di lì a poche ore lo vedrò finalmente all'opera, con la traduzione simultanea proprio come Ironì un anno prima. E, con i miei occhi, insieme a migliaia di persone ho rivisto guarigioni prodigiose.

Damian, nei suoi incontri, ha risanato, con la preghiera e per volontà di Dio, moltissime persone in tutto il mondo, ma forse l'episodio più spettacolare è avvenuto in Tanzania, nel corso di una serie di seminari per la formazione dei cattolici nell'esercizio dei carismi. All'appuntamento, raccontato da Damian in un'intervista a Kristina Cooper di Goodnews, c'era una grandissima folla di circa settemila persone il primo giorno, che poi aumentò fino a raggiungere le quindicimila presenze nei due giorni successivi.

«*Davanti a quella moltitudine mi resi conto*» dice Damian «*che non potevamo pregare per ciascuno personalmente e così lo feci per loro con la parola di comando, ordinando ai vari mali da cui erano afflitti di andarsene secondo quanto il Signore mi indicava. Quello che accadde fu incredibile. Tantissime persone si alzarono per testimoniare di essere state guarite. Allora pensammo che non avessero capito quello che era stato detto loro, ma gli organizzatori ci rassicurarono che nessuno avrebbe mai osato alzarsi in piedi se non fosse stato veramente guarito. Firmammo quindi alcune testimonianze perché nessuno avrebbe potuto crederci. Il primo giorno si alzarono circa centosessanta persone per testimoniare di aver recuperato istantaneamente la salute. La popolazione fu così sbalordita di ciò che Dio stava facendo in mezzo a loro che ci invitò a presiedere altre due riunioni. A questo tipo di guarigioni ne seguirono molte altre: dalla sordità alla mutezza, dalla paralisi ai tumori e a molte altre malattie più o meno gravi. Negli ultimi tre anni abbiamo avuto migliaia e migliaia di altre segnalazioni riferite a quei giorni di sessioni e seminari di preghiera*».

Alla domanda se le guarigioni avvenute in Gran Bretagna fossero state altrettanto spettacolari, Damian rispose: «*No, come potete immaginare le cose avvengono in tono minore ma il clima sta cambiando. Infatti, ai nostri incontri in Inghilterra abbiamo iniziato a vedere, in misura sempre crescente, quelli che io amo definire i segni del Nuovo Testamento e cioè: guarigione di ciechi, sordi e persone sulle sedie a rotelle così come la guarigione di malattie incurabili.*

Il fatto che ci siano più guarigioni in Africa che in Gran

Bretagna penso dipenda dalla fede e dal bisogno. Lo stesso avveniva ai tempi di Gesù. Anche Lui dette inizio al suo ministero nei bassifondi della Galilea piuttosto che nella sofisticata Gerusalemme. Sembra proprio che coloro che sanno di essere poveri e bisognosi siano mossi da una fede più grande che è necessaria per ottenere i miracoli».

C'è bisogno di aggiungere altro alla riflessione di Damian? Siamo di fronte al mistero della fede, della sofferenza e dei miracoli che avvengono là dove Dio vuole e cioè dove c'è la croce.

La quaresima, la promessa e il risotto di Livorno

La storia che sto per raccontarvi mi ha sorpreso e stupito. Mi fa capire che Gesù è sempre presente vicino a noi anche quando ci allontaniamo da Lui, anzi, è quello il momento in cui ci offre tutta la Sua protezione. Le cadute e le scivolate sono di vario tipo. Una cosa è sicura: quando non sei ancora forte spiritualmente non avventurarti in promesse davanti a Gesù.

Dopo solo un anno e qualche mese di preghiere – e trentacinque anni lontano dalla fede – è meglio "volare bassi" e lasciare perdere i propositi troppo arditi o rischiosi perché le cadute si possono verificare un po' da tutte le parti, là dove noi lanciamo il guanto della sfida al male.

Non è solo la trasgressione che può tentare una persona. Un altro argomento che appare meno pericoloso, ma tuttavia non facile da affrontare, sono le promesse di rinuncia ai piatti più gustosi che ti fanno venire l'acquolina in bocca.

La Madonna di Medjugorje, nei suoi messaggi, dice sempre di osservare un rigoroso digiuno il mercoledì e il venerdì a pane e acqua. Siccome ci vuole bene non ci dice la quantità di pane e acqua, tuttavia ci ricorda continuamente che l'astinenza dai piatti saporiti che amiamo è molto importante per offrire dei fioretti personali a Dio. L'abitudine e l'umiltà di accettare le rinunce a tavola sono una grande palestra per allenare la mente e il corpo al sacrificio.

Sto sperimentando questa pratica, una volta alla settimana, per abituarmi alle rinunce, ma vi dico che non è assolutamente facile mantenere le promesse, neppure per un giorno solo.

Il piacere della tavola, specialmente in Italia, è diventato un qualche cosa di talmente irrinunciabile che non ce ne rendiamo nemmeno più conto, ma ci sono dei casi in cui il cibo può essere anche uno strumento col quale, quasi, cerchiamo la morte.

Quando le persone soffrono di una malattia morale, di una delusione atroce o della scomparsa di una persona cara, può nascere una disfunzione terribile: la bulimia, un problema drammatico che dimostra come spesso cerchiamo rifugio nel cibo per alleviare le sofferenze, le difficoltà e il dolore quando ci colpiscono. Il cibo usato come "medicina" che, invece, diventa malattia.

Dunque: occhio a quello che mangi e, soprattutto, attenzione agli impegni non mantenuti.

Volevo proprio arrivare a questo punto per farvi conoscere un particolare episodio della mia vita che non avevo intenzione di raccontare, tuttavia mi son reso conto della singolarità e della sorpresa che si cela dietro "il caso del risotto livornese". Tutti devono sapere quanto Dio sia presente in ogni cosa, dalla più grande alle più apparentemente insignificanti.

Mercoledì 17 febbraio 2010, giorno delle Ceneri, inizia la quaresima e sento che è arrivato il momento di offrire a Gesù la rinuncia ai miei piatti preferiti: pasta, spaghetti, riso, insomma tutti i carboidrati cucinati in tutte le salse.

L'antefatto è questo.

Devo presentare la conferenza stampa a Livorno per una raccolta fondi per sostenere l'iniziativa "Nonni e Nipoti" di suor Kornelya a Vionica.

Si tratta di una cena importante finanziata da imprenditori labronici aderenti ad Assindustria la cui sede è stata utilizzata per la conferenza.

Uno dei sostenitori principali dell'iniziativa è il costruttore Stefano Frangerini che ha reso possibile il progetto con un galà-dinner alla grande libreria Edison di Livorno.

Alle ore 13.30 di quel mercoledì 17 termina tutto ma, all'ultimo momento, viene deciso di organizzare una colazione al ristorante La Barcarola del mitico proprietario Beppino, noto a tutti in città per le specialità culinarie a base di pesce e rinomato in particolare per un risottino alla marinara che, dicono a Livorno, «fa resuscità i morti».

Forte della mia promessa, parto dicendo: «Mi mangerò un pesce arrosto».

Quando mi siedo a tavola, dopo pochi minuti dal nostro arrivo, senza neppure avere ordinato, Beppino arriva al nostro tavolo e, sapendo di farci cosa gradita, dice: «Deh, cari amici, l'avete avuta di morta fortuna... gli hanno rinunciato all'ultimo momento ell'era una tavolata da dodici dell'artra sala... ora che ci fo con tutto 'sto risotto? Deh, e vi tocca tutto voi!».

Mi trovo faccia a faccia con la tentazione più gustosa di tutte. All'inizio resisto, poi, quando tutti si sono serviti e cominciano a fare «mmm, che squisitezza, che bontà... Paolo, non sai cosa ti perdi... Ma dai, una cucchiaiata... che voi che sia...».

Beppino arriva e dice: «Deh, se tu lo mangi scotto, 'un me lo poi venì a di' a me... che 'un è corpa mia».

E io zitto, rinuncio, fino a quando mi ritrovo un altro piatto di risotto proprio davanti a me.

Il profumo era inebriante e mi pareva già di sentirne il sapore in bocca. Il pesce, i molluschi e i crostacei erano sapientemente amalgamati con un sughetto morbido e profumato, da svenire. Il riso, cotto al punto giusto, memore della mia esperienza a *Linea Verde*, era un bel Carnaroli di quelli biologici dal sapore e dal gusto imbattibili. Mi veniva l'acquolina in bocca e già pregustavo quel risottino inaspettato.

E... la promessa?

La promessa ha cominciato pericolosamente a vacillare sotto il fuoco incrociato degli amici che continuavano a esaltare il gusto e la fragranza di quel risotto.

Alla fine, ho ceduto clamorosamente: mi sono gettato come un falco brandendo la forchetta e infilzando crostacei, pesce e risotto in un colpo solo, innaffiando quella meraviglia con un bel vermentino ghiacciato.

E tutto crollò miseramente davanti alla cruda, anzi, "cotta", materialità umana.

A pancia piena e con la coscienza sporca rientro a Forte dei Marmi, dove, per tutto il giorno, non faccio altro che pensare alla promessa mancata.

Il giorno dopo mi trasferisco a Cologno Monzese per registrare una puntata di *Verissimo* per Canale 5 con Silvia Toffanin che, di lì a qualche mese, avrebbe partorito e poi, da Cologno, imbocco l'autostrada per Brescia. Volevo raccontarle l'episodio del risotto ma poi ho pensato che il marito, magari alle 5 del mattino, avrebbe dovuto cercare per l'improvvisa "voglia" della moglie, in stato interessante, un risotto alla marinara a Milano 2, dove invece c'è solo un laghetto con i cigni...

Dovevo presentare per ben quattro volte il libro *A un passo dal baratro* in tre giorni: in città, all'auditorium del comune, a Manerbio, a Travagliato e poi a Verona al seminario maggiore della curia. Un tour di testimonianze molto impegnativo ma ben organizzato da quattro amici che nel luglio scorso hanno dato vita a un prestigioso ricevimento di beneficenza in provincia di Cremona, che mi ha consentito di aiutare tantissima gente in Bosnia, Sri-Lanka e ora anche Abruzzo, attraverso l'associazione Olimpiadi del Cuore.

I quattro amici sono: l'avvocato Piergiorgio Merlo dello studio Mina di Brescia, l'assicuratore di Manerbio Fabio

Valenti, il costruttore di Offlaga Pietro Sbaraini e l'importante uomo d'affari di Cremona Giuseppe Reboani.

Appena arrivato a Brescia prendo alloggio nella prestigiosa sede del centro pastorale Paolo VI della curia, una bellissima struttura nel cuore del centro storico con un grande giardino, la chiesetta, la cappella, gli uffici e la redazione delle pubblicazioni vescovili e della radio cattolica. Devo dire, tra l'altro, che qui, pur essendo un albergo, dove di solito non si mangia proprio benissimo, la cucina è di buon livello, la gestione è molto ospitale. Ceniamo e poi raggiungiamo il gruppo di preghiera del Rinnovamento nello Spirito Santo che si è riunito per gli esercizi spirituali.

Al termine, blocco immediatamente la loro guida spirituale, don Gigi Gaia, 49 anni, parroco a Ome in Franciacorta, per confessare la mancata promessa del risottino.

Venerdì 19, alle ore 9 del mattino non vedo l'ora di alzarmi e raggiungere immediatamente la chiesa più vicina che trovo a poco meno di duecento metri in corso Magenta dove sorge la parrocchia di santa Afra, una martire di cui si hanno poche notizie e, tra le poche, che era presente nell'anfiteatro di Brescia alle torture e ai supplizi dei martiri Faustino e Giovita. Si dice che, facendo il segno della croce, avrebbe fermato la furia di cinque tori, che docilmente si accasciarono ai piedi dei santi. Alla vista del prodigio, circa tremila degli spettatori presenti si convertirono al cristianesimo, ma Afra venne denunciata all'imperatore Adriano perché cristiana, subendo il martirio insieme alla schiava Samaritana, dopo la decapitazione di Faustino e Giovita. La chiesa fu costruita nell'806 sul luogo del martirio di Faustino e Giovita e dedicata a santa Afra, dopo che i corpi dei due martiri vennero traslati in un'altra chiesa. Tutti e tre sono patroni di Brescia e, a volte, santa Afra, è raffigurata accanto a un modellino della città.

La chiesa è completamente vuota quando entro, perché a quell'ora la messa viene celebrata nella piccola cappella adiacente alla canonica, in cui ci sono solo pochissime persone tra cui tre suore, due anziani e un giovane.

L'omelia, che è il momento cruciale della nostra storia, la tiene il viceparroco don Francesco Pedrazzi, 37 anni, docente di teologia al seminario di Brescia.

Il sacerdote legge dal Vecchio Testamento un brano tratto dal libro del profeta Isaia e dal Vangelo un brano tratto dall'apostolo Matteo. In tutti e due i casi si fa curiosamente riferimento al digiuno, al rapporto tra la fede e coloro che dicono di credere.

Apro il mio messalino Shalom, leggo i passi delle letture e poi le riflessioni.

Isaia 58, 2-9a
Mi cercano ogni giorno e desiderano conoscere le mie vie, come una nazione che pratichi la giustizia e non abbandoni la legge del suo Dio, mi chiedono dei giudizi giusti e desiderano avvicinarsi a Dio.
Essi dicono: «Perché abbiamo digiunato, e tu non l'hai visto? Perché abbiamo afflitto le nostre anime, e tu non l'hai notato?». Ecco, nel giorno del vostro digiuno voi fate ciò che vi piace e costringete a un duro lavoro i vostri operai.
Ecco, voi digiunate per liti e dispute, e per percuotere empiamente col pugno. Digiunando come fate oggi, non fate udire la vostra voce in alto.
È questo il digiuno di cui mi compiaccio, il giorno in cui l'uomo affligge la sua anima? Piegare la testa come un giunco e distendersi su un letto di sacco e di cenere? Chiami forse questo un digiuno e un giorno gradito all'Eterno?
Il digiuno di cui mi compiaccio non è forse questo: spezzare le catene della malvagità, sciogliere i legami del giogo rimandare liberi gli oppressi, spezzare ogni giogo?
Non consiste forse nel rompere il tuo pane con chi ha fame, nel portare a casa tua i poveri senza tetto, nel vestire chi è nudo, senza trascurare quelli della tua stessa carne?
Allora la tua luce irromperà come l'aurora e la tua guarigione germoglierà prontamente, la tua giustizia ti precederà e la gloria dell'Eterno sarà la tua retroguardia.
Allora chiamerai e l'Eterno ti risponderà, griderai ed egli dirà: Eccomi!

Matteo 9, 14-15
Allora si accostarono a lui i discepoli di Giovanni, e gli dissero: «Perché noi e i farisei digiuniamo spesso, mentre i tuoi discepoli non digiunano?». E Gesù disse loro: «Possono gli amici dello sposo essere in lutto mentre lo sposo è con loro? Ma verranno i giorni in cui lo sposo sarà loro tolto e allora digiuneranno».

Vediamo la sintesi che interessa a noi: nel *Libro di Isaia* si evidenzia il passaggio dalla teoria alla pratica. Per gli israeliti tra la vita di fede e il comportamento morale non vi era nessun collegamento. Dio si mostra sdegnato da questa etica che lo offende ancor di più. Egli preferisce poco impegno fatto con grande umiltà piuttosto che azioni molto gratificanti dal punto di vista esteriore ma vuote di significato.

Nel Vangelo invece Gesù parla espressamente del digiuno e dice che, finché c'è in vita Lui, i discepoli non dovranno digiunare, perché Lui è come lo sposo e finché c'è lo sposo presente gli invitati a nozze non possono essere in lutto.

Intanto trovo straordinario il riferimento al digiuno proprio nei giorni della mia mancata promessa, segnati dagli scrupoli di coscienza che mi sono fatto in quei momenti.

Questa è una caratteristica costante del messalino Shalom che ogni giorno consulto per capire, riflettere e contestualizzare la parola di Dio e il Vangelo nei problemi di oggi, con particolare riferimento alle mie vicende.

Il sacerdote, don Francesco Pedrazzi, appena finite le letture, sta per andarsene e fa il gesto di tornare sull'altare senza voler commentare i passi, ma a un tratto si ferma, si gira e torna indietro vicino al leggio, riprendendo in mano il microfono: *«Ecco, vedete, il Signore in questi giorni ha iniziato il cammino e la solitudine nel deserto per affrontare le prove. Tra queste il digiuno e le tentazioni del demonio. Noi dobbiamo fare delle scelte nella vita e considerare la quaresima come un periodo per fare i sacrifici. Se dovete digiunare, e state perseguendo questa scelta, dovete essere coerenti. Facciamo un esempio: se vi offrono un bel piatto di riso condito dovete avere la forza di rinunciare e offrire un sacrificio al Signore»*. Poi si rigira e se ne va.

Sono seduto davanti a lui in prima fila, lo guardo e mi sento sbiancare e venir meno. Vengo colto da cento pensieri e non vedo l'ora di andare dal sacerdote a parlargli per capire come gli sia venuto in mente di fare un discorso del genere.

Proprio l'argomento che avevo confessato la sera prima a don Gigi Gaia, padre spirituale del gruppo di preghiera del Rinnovamento.

Gli faccio un cenno, come dire che devo parlargli. Lo raggiungo in canonica e gli chiedo come mai abbia fatto proprio quell'esempio, mentre si capiva che aveva già deciso di interrompere l'omelia dopo le letture per continuare a celebrare la messa: «*Avevo deciso di non commentare le letture perché c'erano pochi fedeli e volevo rispettare i tempi di quella messa.*» Poi sorride e aggiunge: «*Ho sentito come qualche cosa che mi suggeriva di dire ciò che ho detto. Non riesco ancora a capire perché mi sia uscita di bocca la parola risotto, avrei potuto dire mille altri piatti di pasta, evidentemente lo Spirito Santo voleva mandare a qualcuno questo messaggio.*»

Gli ho raccontato la mia storia e lui ne è rimasto molto impressionato, ma mi ha anche detto che il Signore si serve di noi tutti per far capire, a chi ne ha bisogno, quale strada debba percorrere.

Penso che il caso del risotto rimarrà a lungo nella mia mente e mi ha fatto intendere che Dio ci è molto più vicino di quanto noi possiamo pensare. Siamo seguiti da Lui in ogni secondo della nostra vita, la vita che Lui ci ha donato.

Se qualche volta lo dimentichiamo e ci allontaniamo da Dio allora vuol dire che la responsabilità è totalmente nostra, perché Lui non si è mosso da lì, dallo stesso punto dove eravamo noi un minuto prima di cadere nel peccato.

Allora dobbiamo sempre avere l'umiltà e il coraggio di chiedergli scusa con sincerità e trasparenza e poi riavvicinarci, altrimenti non potremmo sentire tutto il Suo amore che ci perdona.

Capitolo 2

8 DICEMBRE 2009: IL MIRACOLO DELLA LAVANDA

I profumi di Medjugorje e l'incredibile avventura di un savonese

Come se si fosse rotto un barattolo pieno di essenza, un profumo intenso di lavanda si è sparso sotto una pioggia torrenziale. È l'8 dicembre 2009, giorno dell'Immacolata Concezione, a Medjugorje e la vicenda che sto per raccontarvi è assolutamente straordinaria.

Tutto quello che leggerete d'ora in poi l'ho vissuto personalmente e per il tramite di Gianni e Sergio, due dei collaboratori che si occupano dei pellegrinaggi delle Olimpiadi del Cuore, la onlus che ho fondato qualche anno fa, quando ancora ero lontano da Dio. Una storia inspiegabile o miracolosa, deciderete voi.

A fine di ottobre 2009 mi trovavo in grande difficoltà a organizzare un nuovo volo umanitario e spirituale per una delle celebrazioni liturgiche più importanti legate al culto mariano: l'8 dicembre, l'Immacolata Concezione.

Il volo diretto della Croatia Airlines Pisa-Spalato, prenotato il 7 novembre dall'aeroporto Galileo Galilei, a un solo mese dalla partenza, non era ancora completo, probabilmente a causa delle preoccupazioni dei pellegrini per il freddo invernale.

Medjugorje, infatti, stretta com'è tra due montagne, avrebbe potuto essere investita dai freddi venti dei Balcani, prima tra tutti la bora che, quando spira, porta aria gelida e tagliente tra le stradine del paese, la piazza della parrocchia e le bancarelle dei souvenir. L'estate torrida, afosa, strapicna di gente, in quel periodo, è un ricordo ormai lontano.

I pellegrini, si sa, preferiscono la buona stagione, i mesi dal clima più mite come maggio, il mese mariano per eccellenza, e l'estate piena di appuntamenti importanti anche per le date liturgiche.

La situazione poteva diventare critica se, nel giro di qualche giorno, non avessi raccolto altre adesioni al pellegrinaggio: l'aereo era già stato noleggiato con una caparra da quindicimila euro ed eravamo sotto il livello di guardia delle prenotazioni.

Così mi sono ricordato del mio amico Alberto Ronconi, di Osimo, nelle Marche, che già da alcuni mesi mi aveva invitato per rendere una testimonianza e presentare il libro *A un passo dal baratro*, domenica 21 marzo 2010, al palazzetto dello sport per un incontro con ottomila persone. Lo chiamai per chiedergli nomi e recapiti telefonici di alcune guide di Medjugorje della Toscana e della Liguria, che abitassero a circa un'ora, un'ora e mezzo di auto dall'aeroporto di Pisa.

Ronconi mi aiutò dandomi indicazioni su Firenze e su Genova, e subito mi disse che mi voleva ospite per testimoniare la vicenda della mia conversione a Osimo davanti a ottomila persone...

Avete capito? Ottomila! Ma vi rendete conto? Pregai a lungo prima dell'incontro. Ricordo poi di aver parlato ininterrottamente per un'ora e venti minuti con una lucidità straordinaria che era frutto di un'evidente illuminazione dello Spirito Santo. Come avrei potuto da solo tenere incollata una platea così vasta solamente con la parola formulata attraverso la riflessione della ragione e non dello spirito?

La grandezza di Dio mi ha fatto questo e anche un altro dono: quello di poter condividere la giornata spirituale insieme alla veggente Marija Pavlovic e a monsignor Girolamo Grillo, vescovo di Civitavecchia all'epoca delle famose lacrimazioni di sangue della Madonnina del Pantano.

Prima di entrare nel vivo di questo caso straordinario, dobbiamo fare un'importante riflessione sul ruolo e sulla figura degli accompagnatori e delle guide nei pellegrinaggi. E per questo torniamo a Ronconi, amico e guida dei pellegrini per Medjugorje che partono dalle Marche, che geograficamente rappresentano un punto strategico per raggiungere la Erzegovina. Dal porto di Ancona, infatti, ci sono tre linee di traghetti diretti a Spalato, tra cui la compagnia di navigazione Snav della famiglia Vago e della mia cara amica Stefania Vago, che è l'armatrice delle linee di navigazione del traghetto super veloce.

Alberto, 70 anni, organizza pellegrinaggi a Medjugorje dal 14 aprile 1985 ed è uno tra i più esperti e apprezzati in Italia per la competenza e soprattutto per il suo desiderio di formare altre guide che possano accompagnare le centinaia di migliaia di visitatori che ogni anno, aumentando sempre più, si recano in quel piccolo paradiso della Bosnia.

Alberto Ronconi ha sentito per primo, insieme all'amico Mario Elisei di Civitanova Marche, la necessità di istituire in Italia il primo seminario per la formazione professionale delle guide di pellegrinaggi per le apparizioni in Bosnia.

A Medjugorje si svolge un altro convegno internazionale nella prima settimana di marzo per le guide che invece provengono da tutto il mondo.

Sette anni fa, nel 2003, a trecento metri dal santuario di Loreto, tra il 18 e il 22 novembre, iniziò il primo incontro delle guide nella casa di accoglienza dei missionari scalabriniani, i sacerdoti che si prendono cura dell'assistenza spirituale, religiosa e sociale degli immigrati.

Alberto iniziò venticinque anni fa ad andare a Medjugorje e questa sua decisione fu dettata dal grande amore per la famiglia, che lui e sua moglie Annamaria avevano coltivato dal momento in cui si erano conosciuti.

Oggi vive da solo, con un figlio lontano, Roberto, quarantatreenne, funzionario di banca a Roma. Con una fede forte nel cuore rivive confortato dalla preghiera quel sogno spezzato per sempre, la bella favola d'amore che si interrompe venticinque anni fa, quando Annamaria viene colpita da un tumore al seno a soli quarantadue anni, senza essere mai andata prima dal medico neppure per una banale influenza. Il male diventa inarrestabile, si propaga subito alle ossa e ai polmoni.

Per Alberto Medjugorje diventa una ragione di vita e vuole trasmettere a tutti la conoscenza della storia più straordinaria del mondo, quella di ventinove anni di apparizioni.

Grazie a lui esiste oggi un elenco aggiornato di centocinquanta nomi con indirizzi e-mail e telefoni di guide di tutte le regioni d'Italia. Grazie a questa prima telefonata fatta da me alla guida nelle Marche, i primi di novembre del 2009 dalla mia casa di Forte dei Marmi, ora posso dire che la Madonna si è servita di ciascuno di noi per far scattare il piano operativo al fine di salvare la vita di un uomo e, ovviamente, questo gruppo, in quel momento, era strumento inconsapevole della volontà del Cielo.

Un uomo il cui destino era segnato da una morte atroce, per un tumore rarissimo in tutto il mondo e molto aggressivo, perché attacca inesorabilmente il sistema delle ghiandole linfatiche, con una massa tumorale che cresce a colpi di 8-9 cm al mese.

Io credo fermamente che non si possa andare a Medjugorje per chiedere soltanto la guarigione fisica. Dobbiamo andarci per rinsaldare la nostra fede o per trovarla.

Dobbiamo andarci per capire i misteri di quelle apparizioni nel loro più profondo significato. Dobbiamo, infine, andare in Erzegovina e avere l'umiltà di comprendere la storia di quel popolo, per capire perché la Madonna è andata laggiù e perché Dio ha scelto quel posto, per spiegare all'umanità come possiamo fare per salvare la nostra vita sulla terra e la nostra anima in Cielo.

E per fare questo occorre apprendere un minimo d'informazioni sui Balcani e sulle sofferenze che i cattolici croati hanno patito in quel territorio, in cinquecento anni di storia. Mi auguro che anche le guide sappiano spiegare a chi va laggiù che cosa significa per un croato entrare in chiesa, inginocchiarsi, farsi il segno della croce e ricevere il corpo di Cristo nella comunione della Santa Messa, dopo essersi confessato davanti a un frate francescano croato.

Spero ora che lo Spirito Santo mi illumini il cuore, la mente e l'anima e mi consenta con semplicità, sincerità e onestà intellettuale di farvi capire ciò che ho appreso in quella terra benedetta.

Le tre sofferenze del popolo croato e dei frati francescani

Il problema centrale di Medjugorje è proprio questo: comprendere la storia dei Balcani, dei frati francescani, dei veggenti e delle apparizioni con i messaggi mariani. Una vicenda lunga trent'anni, che apparentemente sembra facile da comprendere ma che in realtà ha bisogno di una profonda e continua assistenza storica, culturale e spirituale.

È necessario comprendere a fondo le vicende principali che hanno reso famosi gli avvenimenti nel periodo antecedente alla fine della Iugoslavia.

Tutto ebbe inizio nel 1463 con l'inizio della dominazione turca quando l'ultimo re di Bosnia, il cattolico Stefano Tomasevic, morì in guerra contro il nemico che veniva da oriente. Per i bosniaci iniziò così la dominazione musulmana destinata a durare fino al 1878.

Poi ci furono i conflitti balcanici precedenti la Prima guerra mondiale, tra la Serbia, il Montenegro, la Grecia e la Bulgaria contro la Turchia per strappare ai musulmani Albania, Macedonia e Tracia.

Poi ancora ci fu una seconda ondata di guerre tra questi stati, stavolta contro la Bulgaria.

Come se non bastassero secoli di martirio patiti dai cristiani cattolici croati sotto i musulmani, durante la Seconda guerra mondiale si affermò il comunismo di Josip Broz, più comunemente conosciuto come Tito, che conquistò il potere appoggiato dall'URSS, guidando il movimento di resistenza partigiana contro i tedeschi. Alla fine impose alla Iugoslavia un regime comunista e ateo.

L'ultima sofferenza, davvero drammatica, è stata la guerra civile, quando si sfaldò l'impero di Tito.

Una guerra atroce che è stata definita "la macelleria d'Europa", con più di trecentomila morti e novecentomila tra mutilati e feriti. Ma non finisce qui: c'è un altro record negativo, purtroppo. Tra tutte le guerre del Novecento è stata quella che ha procurato il più alto numero di vittime tra civili, soprattutto donne e bambini. Le donne, in particolare, sono state sottoposte a terribili violenze dalle etnie appartenenti alle diverse confessioni religiose.

Basti pensare che sei erano le nazionalità e quattro le lingue ufficiali riconosciute: serbo, croato, sloveno e macedone. Diciotto etnie minoritarie e dieci lingue parlate, quattro confessioni religiose: cattolica, ortodossa, luterana e musulmana.

E, nell'ambito della religione cattolica cristiana croata, per effetto dei quattrocento anni di dominazione musulmana, ci fu una conseguenza atipica per la chiesa di Roma. Quando arrivarono i musulmani, il vescovo e il clero secolare e, quindi, i sacerdoti delle parrocchie, fuggirono riparandosi sotto il dominio dell'Austria e della Repubblica veneta, lasciando incustodite le chiese e senza assistenza spirituale la gente croata fedele al papa.

Chi rimase al fianco dei cattolici, subendo umiliazioni, torture, crimini, sofferenze e angherie sotto i turchi? Gli unici furono i frati francescani minori che patirono martiri e ogni genere di vessazione insieme alla popolazione indifesa che non abiurava il cattolicesimo.

Unici curatori delle anime dei croati cattolici furono dunque i francescani. Questo punto, lo ribadiamo, è fondamentale per capire il legame che unisce oggi la gente cattolica di Bosnia-Erzegovina e di Croazia ai frati.

E tutto questo ci fa capire anche il perché ci siano contrasti stridenti e continue frizioni tra i vescovi di Mostar e i frati francescani.

Come è noto, in questi decenni, ci sono stati vari tentativi, più o meno diretti, da parte della curia vescovile, per cercare di riportare il clero alla guida di alcune parrocchie della diocesi, suscitando una reazione durissima da parte della popolazione e, naturalmente, il malcontento da parte dei frati che, anche sotto la dittatura titina, hanno sopportato l'insopportabile, offrendo le loro sofferenze, la loro stessa vita, pur di non abiurare la fede in nome della ragion di stato. Due casi diversi tra loro ma altrettanto clamorosi sono stati il martirio di Siroki Brijeg, il 7 febbraio del 1945, e l'arresto in carcere in isolamento di padre Jozo, il primo anno delle apparizioni, esattamente nell'agosto del 1981.

La drammatica storia di Siroki Brijeg

Siroki Brijeg è un nome che per molti di voi sicuramente non significa nulla, ma che per l'Erzegovina e per il mondo cattolico rappresenta una ferita profonda, ancora aperta nei Balcani.

A Siroki Brijeg, nel cuore dell'Erzegovina c'è un santuario dedicato alla Madonna Assunta in Cielo che, il 7 febbraio 1945, fu il tragico teatro di una delle stragi più efferate e ignobili dei partigiani comunisti di Tito che, inutilmente, cercarono, nei mesi e negli anni successivi, di cancellare le tracce e le testimonianze dell'eccidio. Ma la gente di Erzegovina non ha mai dimenticato e ha tenuto ben stretta la testimonianza di quell'orrore nel proprio cuore, perché tutti sapessero.

Il santuario fu costruito nel 1846, verso la fine della dominazione turca, grazie al sacrificio e al lavoro di dodici francescani originari dell'Erzegovina ma provenienti da Kresevo, in Bosnia.

Negli anni è diventato uno dei più importanti simboli del cristianesimo dei Balcani, un simbolo di spiritualità insopportabile e pericoloso per il feroce, spietato, ateismo dei partigiani titini.

Erano le tre del pomeriggio del 7 febbraio 1945, quando le milizie comuniste trovarono nel monastero trenta religiosi ai quali fu immediatamente ordinato di svestirsi dell'abito religioso e di abiurare. Intimarono loro di lasciare il monastero, gridando: «Dio non esiste e non c'è bisogno di nessun Dio». I frati non obbedirono e, cantando e pregando, furono trascinati a forza fuori dal santuario.

I partigiani non solo minacciarono di morte i religiosi ma cancellarono la scritta posta sopra l'ingresso del convento che invocava Dio e la Madonna e dettero alle fiamme la biblioteca con dentro migliaia di volumi che raccontavano la storia e le sofferenze del popolo croato di Erzegovina. Alla fine di quest'orrore cominciarono a sparare a sangue freddo al corpo e alla testa di ogni frate. Li uccisero tutti. Perché nulla rimanesse, cosparsero i corpi di benzina e gli diedero fuoco.

Trenta morti, massacrati. Trenta martiri che erano anche professori come fra Marko Dragicevic, 43 anni, docente di greco e latino; giovani come fra Stjepan Majic, 20 anni, che aveva appena terminato il noviziato; anziani malati di tifo come fra Marko Barbaric, 80 anni. Quest'ultimo fu trascinato a forza fuori dal santuario dagli ufficiali comunisti, trasportandolo su una coperta. Quindi fu assassinato e gettato nel fuoco assieme agli altri confratelli.

Ma il sogno criminale dei persecutori non si è realizzato, perché il martirio dei trenta frati, invece di sradicare la fede della gente di Erzegovina l'ha rafforzata enormemente.

Ecco perché, a pochi chilometri di distanza, un paesino sperduto tra due montagne, è diventato uno dei luoghi mariani più importanti del mondo: Medjugorje.

Padre Jozo

Ma proprio da Siroki Brijeg, come vi ho già accennato poco sopra, arriva un altro messaggio forte, ricco di fede e di coraggio nel difendere la croce di Cristo, senza rinnegarla di fronte al pericolo.

Tutto questo si può capire leggendo la vita di fra Jozo Zovko che nasce nella frazione di Uzarici vicino a Siroki Brijeg il 19 marzo 1941.

Il padre, noto a tutti come il parroco più famoso del mondo, per aver vissuto personalmente tutte le prime apparizioni di Medjugorje, a partire da quel fatidico 1981, ha appena compiuto 69 anni e sta vivendo un momento particolarmente difficile della sua vita, poiché, mentre scrivo queste note, nell'estate del 2010, padre Jozo si trova ancora in ritiro in un monastero a Graz, in Austria, sotto il controllo del suo superiore, fra Ivan Sesar, il provinciale di Mostar. Qualcuno dice a Medjugorje: «Padre Jozo si è preso un paio di anni di riposo sabbatico per rigenerarsi e allontanarsi dalla Erzegovina, dove l'intensa e incessante attività di apostolato, l'evangelizzazione con i pellegrini, gli aiuti per l'orfanotrofio di Siroki e le adozioni a distanza lo hanno sfiancato».

Altri invece sostengono: «Macché anno sabbatico! Per le pressioni e le richieste del vescovo Ratko Peric sul capo dei frati, il provinciale di Mostar, in base a quanto dichiarato dallo stesso vescovo di Mostar il 1° febbraio 2010, nella lettera con cui critica l'arrivo del cardinale Schönborn a Medjugorje, si evince che ci sono dei provvedimenti nei confronti di padre Jozo: *«Frate Jozo è stato privato di ogni servizio sacerdotale nel territorio di questa diocesi a partire dal 2004 e, secondo le notizie dei giornali, è stato ritirato dai suoi superiori religiosi dal territorio della Erzegovina e gli è stato vietato ogni contatto con Medjugorje».*

Ma quali sarebbero allora in concreto le responsabilità di padre Jozo per essere destinatario delle ire del vescovo di Mostar e dei provvedimenti dei suoi superiori? Che cosa ha fatto di male padre Jozo? Perché è sparito dal febbraio 2009 proprio quando ancora il giorno 3 fece una preghiera di liberazione su di me?

Se andate a vedere su internet ci sono dei siti scandalosi che lo accusano di tutto e di più. Ma chi può credere a calunnie del genere? Chi può pensare che un uomo che ha dedicato la sua vita a Dio possa aver commesso errori così gravi? Certo, nella vita può succedere di tutto a tutti, ma perché il male deve sempre strisciare attorno alle persone in odore di santità? Non si può togliere da Piazza dei Miracoli la Torre di Pisa e non domandarsi che fine abbia fatto. Padre Jozo sta a Medjugorje come i veggenti stanno ai messaggi mariani. Se manca qualcuno è legittimo chiedersi, soprattutto per chi fa il mio mestiere, che fine abbia fatto, come sta, e perché non possa tornare e sia così lontano: una volta in Austria e una volta sperduto su un'isola deserta. Nel caso specifico, sempre la stessa località: un monastero sperduto sulla piccolissima isola di Badja, al largo di Spalato.

Mi viene in mente che tante sofferenze e accuse infondate furono lanciate anche contro padre Pio. Vi ricordate le continue vessazioni, i controlli, gli interrogatori ispirati e richiesti su pressione della curia di Foggia ai suoi superiori gerarchici, a cui era costantemente sottoposto il frate di Pietrelcina? Eppure la sua unica colpa era quella di confessare ed essere la guida spirituale di un gruppo di donne che, grazie a lui, avevano cambiato vita ed erano diventate madri di famiglia e mogli esemplari. Ma per il fatto stesso che preferissero solo quel frate e i suoi consigli spirituali, ecco che gelosia e invidia scattavano e serpeggiavano tra la gente del paese, ma soprattutto tra i prelati e il potere ecclesiastico locale di quel tempo. Potrebbe anche essere successo che l'opera e la persona di padre Jozo siano state strumentalizzate da personaggi senza scrupoli, visto il grande carisma e il seguito del religioso, ma allora sarebbe bene, in questo caso, andare a vedere quali siano le responsabilità personali di ciascuno e non coinvolgerlo tout court solo perché sia necessario trovare un capro espiatorio.

Io penso che chiunque possa cadere in tentazione, ma scivolare nel vortice del peccato più profondo e terribile, quando si parla di gente come padre Jozo, che ha fatto la galera sotto il regime comunista in cella d'isolamento per diciotto mesi, mi sembra davvero troppo.

Come ci si può dimenticare quando le guardie carcerarie e gli agenti dei servizi segreti gli hanno spaccato i denti a bastonate e lo hanno percosso sulla schiena e sotto i piedi, per non aver mai rinnegato la fede in Cristo e le visioni della Vergine Santa? Chi c'era in quella cella a subire le torture? Era padre Jozo. Non mi risulta che fosse il vescovo di allora, monsignor Pavao Zanic, il quale disse subito, sin dall'inizio: «Le apparizioni sono vere!». Salvo poi fare retromarcia immediata di fronte al diktat delle guardie armate della polizia segreta comunista.

Zanic, infatti, cambia versione, torna sui suoi passi e comincia a gettare discredito sul fenomeno mariano, minando la credibilità dei veggenti e finendo così per tirare la croce al povero Jozo, il quale, a sua volta, riceve l'aut aut delle guardie di Tito: «O smetti di legittimare le apparizioni o te ne vai in carcere». Detto, fatto: padre Jozo non cede di un millimetro e sceglie il carcere per non tradire la Madonna e la fede in Cristo.

Oggi anche Ratko Peric, l'attuale vescovo, non esita a indicare solo ed esclusivamente tutto ciò che di negativo emerge da Medjugorje.

Egli non fa altro che continuare a tessere il filo conduttore della politica scelta dalla curia di Mostar a partire dal quel

24 giugno 1981: le apparizioni non sono vere, i messaggi non sono veri, i veggenti non sono credibili, i miracoli di Medjugorje non hanno fondamento, perché collegati alle apparizioni che sono false. L'attività dei frati non deve riguardare tutto ciò che ha attinenza, diretta o indiretta, coi messaggi della Madonna e le testimonianze dei veggenti. La posizione della curia di Mostar è così dura che, già nel 2007, il segretario di stato del Vaticano Tarcisio Bertone ha detto nel suo libro *L'ultima veggente di Fatima*: «*Io mi attengo alle conseguenze importanti. Le dichiarazioni del vescovo di Mostar riflettono un'opinione personale e non sono un giudizio definitivo e ufficiale della Chiesa. Tutto è rinviato alla dichiarazione di Zara dei vescovi della ex Iugoslavia del 10 aprile 1991, che lascia la porta aperta a future indagini; la verifica deve, perciò, andare avanti*».

Questa frase è stata poi ribadita recentemente quando è uscito *L'ultimo segreto di Fatima* del cardinal Bertone e del compianto collega Giuseppe De Carli, vaticanista del Tg1.

Ma l'elenco dei divieti che la curia di Mostar esprime nei confronti di Medjugorje non finisce qui. Ve lo risparmio per non tediarvi ulteriormente su aspetti che appaiono incredibili rispetto a tutto ciò che Medjugorje ha prodotto nel corso di questi 29 anni: migliaia di conversioni, centinaia di vocazioni sacerdotali, innumerevoli miracoli, guarigioni fisiche, psichiche e morali.

E d'altra parte non è lo stesso Vangelo, cioè Gesù, che ci invita a diffidare dei falsi profeti e a stare vicino solo a quelli veri che ci portano sulla strada di Dio. E come si fa a distinguerli? Come si fa a capire quando abbiamo di fronte un profeta vero da uno falso? Gesù ci dà il metodo per accorgercene. Basta leggere Matteo, al capitolo 7, versetti 15-20: «*Gesù disse ai suoi discepoli: "Guardatevi dai falsi profeti che vengono a voi in veste di pecore, ma dentro son lupi rapaci. Dai loro frutti li riconoscerete"*».

Si raccoglie forse uva dalle spine, o fichi dai rovi? Così ogni albero buono produce frutti buoni e ogni albero cattivo

produce frutti cattivi; un albero buono non può produrre frutti cattivi, né un albero cattivo produrre frutti buoni.
Ogni albero che non produce frutti buoni viene tagliato e gettato nel fuoco. Dai loro frutti dunque li potrete riconoscere».

Un aspetto, questo, sul quale si è soffermato in maniera categorica e decisamente favorevole ai "frutti di Medjugorje" il cardinale Christoph Schönborn nel dicembre 2009, come vedrete nel prossimo capitolo, un capitolo fondamentale che rappresenta, a mio personale giudizio, una svolta storica per il riconoscimento di Medjugorje.

È chiaro, tuttavia, che là dove ci sono esseri umani possono esistere anche errori e colpe gravi.

E questo vale per tutti, per me che scrivo e per voi che leggete, per i veggenti che sono esseri umani come noi, per lo stesso padre Jozo che, pur essendo frate, prima di tutto è un uomo.

Un esempio eclatante, in questo senso, è il delirio di onnipotenza che ha colto persone che avevano carismi straordinari, doni di Dio meravigliosi.

Vi ricordate la storia incredibile di monsignor Milingo? Un'ascesa velocissima al rango di esorcista e guaritore di fama mondiale a partire dal 1973 e poi l'altrettanto rapida caduta culminata trent'anni dopo con un matrimonio all'interno della setta Movimento di Sun Myung Moon.

Che dire poi di frate Tomislav Vlasic, uno dei frati della parrocchia di Medjugorje? Dischi volanti e ufo sulla Terra, presunti rapporti sessuali con una suora, il disconoscimento dell'esistenza dell'inferno e del demonio... che cosa può fare la Chiesa davanti a un vero e proprio caso di delirio e di pazzia? Che colpa ne ha il papa se qualcuno perde la testa? Non si può fare demagogia facendo di ogni erba un fascio, soltanto perché qualche frate o sacerdote ha sbagliato. La responsabilità è personale: chi sbaglia deve pagare, siano uno o cento. E lo stesso atteggiamento deve essere sostenuto, a mio modesto giudizio, anche nei casi più gravi di pedofilia. Ma non si devono coinvolgere persone innocenti. Non si devono coinvolgere per demagogia quelle migliaia di frati, sacerdoti o suore che fanno il loro dovere con umiltà e nascondimento nelle missioni all'estero, negli ospedali, nei ricoveri per anziani, nelle parrocchie povere e isolate delle periferie suburbane, accerchiati dalla camorra e dalla 'ndrangheta, rischiando la vita e aiutando i più poveri della terra.

Ma la nostra riflessione deve essere una sola: se anche a Medjugorje, dovessero esistere mele marce, si deve fare come il contadino saggio. Si va sotto la pianta, si leva la mela bacata o le mele bacate e si gettano via ma non si taglia l'albero che rimane sano e produce tanti frutti dolci, profumati e saporiti.

Mi auguro che Padre Jozo possa riuscire, tra mille sofferenze, a dimostrare la sua estraneità ai rilievi che gli vengono contestati. Una cosa è certa: credo che lui stia soffrendo più adesso di quando era in carcere bastonato dalle guardie di Tito. Perché? Perché essere messo da parte, proprio da chi come lui ha giurato fedeltà a Dio, è una faccenda triste, che ti prostra e ti tortura dal punto di vista psicologico. Preghiamo per lui, come lui ha fatto per tutte quelle migliaia di pellegrini che sono andati a trovarlo, e come ha fatto per me quando stavo affondando nella disperazione della palude del peccato.

Il vescovo di Mostar è il pastore di tutti per la diocesi più importante del mondo, quella che è stata scelta da Dio per fare apparire la Madre di Cristo e da lì mandare i messaggi di salvezza per l'umanità. Oggi Ratko Peric ha effettivamente fatto il pastore nella sua diocesi per i quaranta milioni di pellegrini che sono arrivati da tutto il mondo? Oppure si è limitato a cresimare i cinquemila residenti a Medjugorje?

Ha avuto un occhio di riguardo per tutti o si è limitato a svolgere il compitino, venendo meno ai suoi doveri pastorali di assistenza, guida spirituale per milioni di cuori che sono venuti a Medjugorje per convertire la propria esistenza?

In sedici mesi di viaggi in Erzegovina, io non ho mai visto una sola volta questo vescovo confessare, o celebrare messa, o guidare gli esercizi spirituali né l'adorazione per gli stranieri che arrivano a ondate di decine di migliaia tra quei due monti. Ho visto soltanto i frati francescani che si facevano in quattro dal mattino alla sera per assistere spiritualmente i pellegrini.

Ma ora torniamo al caso di padre Jozo Zovko e vi racconto un paio di episodi che ho vissuto con lui.

Il 6 febbraio 2009, durante il mio primo viaggio a Medjugorje, riuscii, tramite Mariangela Colombo, l'assistente di Cinisello Balsamo e la croata Vesna, responsabile del Centro di accoglienza per orfani e pellegrini, a incontrare padre Jozo. Il frate pregò per più di venti minuti su di me, dopo che io gli confessai i patemi e gli errori della mia vita. Era già, all'epoca, un uomo scosso dalle contrarietà, avvilito dalle difficoltà e che si sentiva abbandonato un po' da tutti, ma che non aveva esitato a invocare l'aiuto di Dio per me, mettendo da parte le sue pene.

Questo non lo dimenticherò mai.

Pensate che, poco dopo, il 12 marzo 2009 padre Jozo si allontanò definitivamente dalla Erzegovina e che, da quel giorno, non è mai più rientrato a Siroki Brijeg.

Fu spedito di corsa nell'isola di Badja, di fronte alle coste di Spalato, con il compito di restaurare un antico monastero del Duecento, poi divenuto fortezza militare sotto il regime comunista che lo ha parzialmente distrutto.

Da qui è stato poi di nuovo allontanato per raggiungere la città austriaca di Graz, in un convento di frati, dove aveva studiato da giovane.

Oggi padre Jozo si trova lì, senza possibilità di parlare con nessuno, salvo rarissime eccezioni che devono essere valutate dai suoi superiori. Per un uomo che ha vissuto la storia di Medjugorje, che ha visto e sentito personalmente la Madonna più volte, come hanno riconosciuto gli stessi veggenti, questo è un momento davvero difficile.

Profumo di lavanda e miracolo della guarigione

Abbiamo visto, abbiamo letto, abbiamo raccolto le informazioni per cercare di capire che cosa c'è dietro la scelta che Dio ha fatto su Medjugorje. C'è la storia di un popolo che ha sofferto, c'è la storia di un'etnia, i croati cattolici che, per mantenere viva la fiamma della fede, hanno sopportato soprusi, violenze e sopraffazioni di ogni genere.

E quando si creano questi presupposti significa che la croce è lì. Cristo è presente, è vivo e condivide con questi fratelli la passione della sofferenza. Dunque i croati sono un popolo prediletto, che vive in un paese che è la terra promessa dei nostri giorni.

Ecco perché quelle zone martoriate dalla guerra e dalle occupazioni, bagnate dal sangue dei martiri, hanno dato vita al più grande fenomeno mariano che esista sulla faccia della terra per intensità, durata e molteplicità delle apparizioni. Dio sceglie il luogo che vuole, come e quando vuole e manda la Madonna nei posti dove umiltà e difficoltà fanno la differenza.

Non solo: da Medjugorje si dipanano, come mille fili dorati tenuti per mano dal Cielo da Dio, vicende miracolose di grandissimo valore evangelico. Chi può dimenticare da dove viene la Madonnina di Civitavecchia che ha lacrimato sangue? Chi può ignorare quanti seminari per formare sacerdoti siano oggi aperti grazie alle molte vocazioni che nascono ogni anno nella terra della Gospa? Chi può fingere di non sapere quanti casi di guarigione accadono sulla collina del Podbrdo? Chi può permettersi di volgere lo sguardo dall'altra parte se persone col cuore chiuso dall'egoismo del potere e del denaro, lontane da Dio, arrivano laggiù e tornano frastornate, semplici e rinnovate nell'intimo del proprio cuore? Che grande miracolo, questo, forse anche più grande di un malato sofferente e paralizzato che si alza dalla sedia a rotelle.

Solo Medjugorje può fare questo.

Io spero tanto che le nuove guide, che parteciperanno ai seminari, saranno in grado di trasmettere questi contenuti ai pellegrini che riempiranno pullman e aerei, perché anche queste guide sono e saranno strumento della volontà di Dio.

Anche nella storia che sto per raccontarvi le guide hanno giocato un ruolo fondamentale.

La telefonata nelle Marche ad Alberto Ronconi è stata il primo anello di una catena di eventi che ha prodotto un risultato finale, sulla base di una serie di indizi sorprendenti e, a parer mio, davvero impressionanti.

Grazie a questa guida ho ricevuto quattro numeri di telefono tra Genova e Firenze, due città i cui pellegrini potevano riempire l'aereo, raggiungendo facilmente l'aeroporto Galileo Galilei di Pisa. A uno di questi numeri rispondeva un certo Sergio Cianci, funzionario della BNL di Genova, a me sconosciuto, ma capogruppo molto noto per la sua serietà e la sua devozione alla Madonna, tanto da organizzare ben venti pullman all'anno di media, per un giro di almeno mille pellegrini provenienti per la maggior parte dalla Liguria e dal Basso Piemonte. A Sergio avevo chiesto se poteva mandare qualcuno dei suoi iscritti sul mio aereo perché ero un po' a corto di adesioni. Lui si impegnò subito a inserire la partenza del mio volo di pellegrinaggio da Pisa nel primo volantino stampato da recapitare nei negozi del centro di Genova.

Sergio, 55 anni e tre figli, si avvale della collaborazione di un caro amico, Sandro Bellini, ex bancario collega alla BNL, considerato il postino del loro gruppo di preghiera Regina della Pace che si divide in due diversi sottogruppi che pregano in due importanti chiese genovesi: la chiesa di San Camillo, prospiciente al tribunale di Genova, e la chiesa di Nostra Signora della Consolazione, meglio nota come la chiesa di Santa Rita di via XX settembre, la centralissima strada del capoluogo ligure.

Ed è proprio Sandro Bellini, mentre consegnava i volantini del mio viaggio a Medjugorje, che ha incontrato, venerdì

27 novembre 2009 alle ore 9.30 del mattino, all'interno di Mary Rosa, la famosa merceria di via XX settembre, una persona che risulterà essere l'anello decisivo della nostra storia.

Questa persona è la signora A.

A. vive a Livorno, ma è di origine ligure, della provincia di Genova. Sua sorella V. ha sposato un magazziniere di un cantiere nautico di un piccolo borgo marinaro della riviera di Ponente.

Poco dopo le 9.30, mentre il Bellini saluta le commesse di Mary Rosa e lascia nella apposita cassetta i volantini con i nuovi pellegrinaggi, gli si affianca una persona che esclama: «Uh, che bello! Interessante, posso prenderne uno...? Stavo proprio pensando come fare per portare mio cognato laggiù».

Sandro le dice subito di prendere uno dei volantini.

«Ma quando si parte? Quando organizzate la prima partenza?» chiede la signora A.

«La prima è a Capodanno.»

A quel punto il volto della signora lascia trasparire una smorfia di delusione e anche di preoccupazione.

«Ah, peccato. È troppo tardi, troppo tardi.»

«Guardi che c'è l'aereo di Paolo Brosio, da Pisa. E parte il prossimo 7 dicembre» replica subito Sandro, intuendo la preoccupazione della signora.

«Ah, bene, allora mi occorre un numero di telefono. La chiamo più tardi per avere un recapito dell'associazione di Brosio.»

Dopo un'ora e mezza Sandro riceve la telefonata della signora e le passa il numero di cellulare di Gianni Gemignani, il coordinatore della onlus Olimpiadi del Cuore, che si occupa dei voli umanitari e pellegrinaggi.

Il contatto viene stabilito venerdì 4 dicembre alle ore 12.15, tuttavia la situazione per l'imbarco appare irrimediabilmente compromessa perché, appena un'ora prima, alle 11.00 viene inderogabilmente chiusa la lista per le prenotazioni dall'ufficio commerciale della Dubrovnik Airline, la compagnia di bandiera croata con sede nell'antica città di mare.

«Buonasera, sono A., mi ha dato il suo numero il gruppo di preghiera di Genova per il vostro volo del 7 dicembre, le dispiacerebbe darmi informazioni e accettare due iscrizioni?»

Gianni purtroppo non può fare altro che rispondere: «Mi dispiace, il viaggio è chiuso dalle 11.00. L'aereo decolla lunedì, e credo non ci sia più tempo per questa volta, comunque noi ritorniamo a Medjugorje il prossimo maggio».

A. rimane qualche istante in silenzio e poi esclama, davvero preoccupata: «Mio cognato Bruno a maggio non ci arriva più, perché secondo quanto ci riferiscono i medici gli rimangono pochi mesi di vita. Peccato, è davvero un peccato!».

Gianni a questo punto, preso atto della gravità della situazione, dà il numero di telefono del tour operator Green Center di Perugia alla signora, per un ultimo tentativo con i responsabili della Dubrovnik Airline.

Accade così un piccolo miracolo che sblocca una situazione burocratica, a prima vista senza via d'uscita: il giorno stesso, nel pomeriggio di venerdì 4 dicembre, un funzionario della compagnia aerea telefona alla Green Center e dà l'ok per accettare due passeggeri a lista chiusa, il signor Bruno e sua moglie V., entrambi residenti in Liguria, nella riviera di Ponente.

Per farvi capire quanto sia anomala e direi eccezionale questa procedura vi riportiamo la testimonianza della titolare del tour operator Green Center di Perugia, Patrizia Buccari: «Quando abbiamo saputo da Gianni che il cognato della signora A. aveva solo pochi mesi di vita, ci siamo realmente preoccupati perché, quando il volo è chiuso dalla compagnia di bandiera, non c'è più niente da fare. Si è verificato un caso rarissimo. Infatti, quando nel pomeriggio è arrivata la telefonata che sbloccava tutto da Spalato, ci siamo davvero meravigliati. Non era mai accaduta una cosa del genere».

La mattina del 7 dicembre 2009, alle 11.30 era previsto il decollo del volo con la Dubrovnik Airline dall'aeroporto di Pisa a quello di Dubrovnik in terra croata. Alle 9.30 quasi tutti i passeggeri erano già nei saloni dell'aerostazione Galileo Galilei e qualche minuto dopo il mio arrivo, appena finita un'intervista alle tv locali, vedo Gianni che mi presenta una signora con suo marito e accanto a loro una giovane coppia che aspettava di salutarmi. Era quest'ultima coppia la protagonista della vicenda.

La signora con il marito era A., la donna che ricevette il volantino del pellegrinaggio a Genova nella merceria Mary Rosa, l'altra giovane coppia erano il cognato Bruno e la sorella V., i quali dovevano assolutamente partire il giorno 7 dicembre 2009, vista la gravità delle condizioni di Bruno, ultimo passeggero imbarcato a lista chiusa.

Il libro e la lettera

A. prima di partire mi fece un regalo. Era un libro, il primo volume dei dieci scritti di Maria Valtorta, la mistica che ha riscritto la vita di Gesù secondo i Vangeli, sotto diretta dettatura del figlio di Dio. Dentro il libro c'era una lettera indirizzata a me e, per gratitudine, anche a tutti coloro che l'avevano aiutata a portare Bruno insieme a V. in Erzegovina.

Oggi ho deciso di rendere noto il contenuto di questa lettera, perché ritengo che la chiave di lettura di questa storia sia uno straordinario atto di fede della cognata A. che, credendo fermamente nella misericordia di Maria e Gesù, abbia contribuito in maniera determinante, insieme alla sorella, alla preghiera di intercessione per Bruno.

Non so, in verità, quanto Bruno sia consapevole di tutto ciò che gli è successo, della grazia infinita che ha ricevuto, ma di questo ve ne parlerò dopo. Per il momento voglio farvi leggere questa lettera, così come mi è stata recapitata. L'ho presa e insieme al libro l'ho messa nel mio zaino da viaggio per leggerla con calma una volta arrivato a Medjugorje. Siccome per me Medjugorje non è propriamente più un luogo di calma, poiché lo raggiungo sempre con centinaia di pellegrini, quella lettera l'avrei letta solo molti mesi dopo. Ero tuttavia sommariamente informato del suo contenuto e del dramma che stava distruggendo la vita di Bruno e della sua famiglia.

Ecco la lettera.

Gentilissimi Paolo, Gianni e Patrizia dell'agenzia di viaggi,
desidero scrivervi due parole per ringraziarvi tantissimo per aver dato la possibilità a mio cognato Bruno e a mia sorella V. di poter fare questa unica e forse ultima esperienza di vita assieme.
Io sono stata a Medjugorje varie volte e ho conosciuto persone davvero speciali, ho iniziato laggiù un meraviglioso cammino di spiritualità che ogni giorno mi offre nuove emozioni e mi ha regalato la chiave per leggere la vita secondo una prospettiva divina.
È per questo che il susseguirsi delle "combinazioni" che hanno portato alla realizzazione del pellegrinaggio di Bruno e V. penso siano davvero grandi grazie che Maria Santissima vuole donarci.
Bruno, i primi di luglio 2009, ha scoperto di avere un rigonfiamento attorno all'ombelico. A quel punto abbiamo effettuato un'ecografia che ha evidenziato la presenza di una massa addominale di 15 centimetri di diametro e così Bruno, dopo alcuni giorni, il 13 luglio, viene sottoposto a un intervento chirurgico da parte dell'equipe del professor Ferrando dell'ospedale San Martino di Genova, primario di chirurgia toracico-addominale.
Si riparte da zero ma... a metà settembre Bruno sente ancora qualche cosa. Viene effettuata una diagnosi con l'ecografia che ancora una volta mette in luce tre nuove formazioni rispettivamente di sei, tre e due centimetri di diametro.
Bruno viene sottoposto a un nuovo intervento il 13 ottobre (Il secondo intervento in ordine di tempo. N.d.A.), *ma dopo soli venti giorni l'esame della* PET *rivela una diffusione del cancro anche al sistema linfatico.*

Il paziente viene informato dai medici dell'ospedale San Martino di Genova sulle sue condizioni di salute dopo questo risultato diagnostico davvero negativo: le speranze di sopravvivenza sono pressoché nulle e anche se la chemio facesse effetto, riuscirebbe solo ad allungare di poco la vita.

Si tratta infatti di un tumore rarissimo (La signora A. dice espressamente che ci sono solo 50 casi conosciuti nel mondo; sicuramente il tumore è molto raro e di casi potrebbero essercene meno di mille, ma quelli accertati sono davvero meno di cento in tutto il mondo. Dei pazienti guariti si hanno pochissime notizie, di malati ristabilitisi in pochissimi mesi forse ce n'è uno solo. N.d.A.) *che parte da un organo denominato "Uraco"* (Un legamento che va dall'ombelico alla vescica; si tratta di un residuo del feto. N.d.A.) *che normalmente poco dopo la nascita si dovrebbe sciogliere e che rappresenta la parte interna del cordone ombelicale.*

Proprio per la sua assoluta rarità non se ne conosce il protocollo chemioterapico e quindi si fanno tentativi... Sperando...

Bruno e V. hanno tre bellissimi bambini [...], abitano a [...], in provincia di Savona, in una modesta ma bellissima casetta con giardinetto sulle alture, con meravigliosa vista del mare.

Mio cognato lavora come dipendente in un cantiere e nel tempo libero ama coltivare l'orto, bere un buon bicchiere di vino rosso e guardare in tv tutti gli avvenimenti sportivi (passione che ha trasmesso anche a uno dei bambini, il più grande).

Mia sorella V. è una mamma eccezionale e lavoratrice instancabile, di professione segretaria. Anche se lavorano tutte e due, economicamente restano appena a galla, quindi l'aiuto che avete dato offrendo a Bruno il viaggio è stato qualcosa di grandioso (Il viaggio e il soggiorno con vitto e alloggio di Bruno sono stati pagati con i fondi dell'associazione onlus Olimpiadi del Cuore. N.d.A.).

Mi sono accorta di essermi un po' dilungata nel racconto, ma penso che le testimonianze di vita siano importanti e non sapendo se mia sorella o Bruno se la sentiranno di parlare della loro storia, ho voluto farlo io e sicuramente saranno informati. A conclusione devo dire che mia sorella V. già da bambina ha sempre avuto una fede vera e un cuore puro, e ora la preghiera la sta aiutando in modo sbalorditivo ad affrontare questo gran dolore.

Bruno invece, seppur battezzato, non si può dire sia mai stato un grande frequentatore della chiesa... E ora sta rispondendo alla "chiamata" in forma graduale certo, ma si capisce che la grazia divina lo ha "toccato"... Questa è una cosa meravigliosa. Sono certa che a Medjugorje la Madonna lo aiuterà ad affrontare questa dura prova.
Pace e bene,

A.

Prendo lettere e libro, mi avvicino al check-in, guardo la scritta Pisa-Dubrovnik, chiudo gli occhi mentre scattano le foto di rito con i miei pellegrini e comincio a sognare il mio arrivo a Medjugorje: l'abbraccio con suor Kornelya e la piccola Iva che sfreccia come Speedy Gonzales e mi zompa addosso, piena di gioia.

Non faccio in tempo a rilassarmi pensando a tutto questo che sento già la voce di mia madre che, davanti alle hostess di terra dello scalo pisano, esclama indispettita e a voce alta: «Se non viene il mio cane Bobo, io di qua non mi muovo e non faccio partire nessuno».

Ero già troppo felice di volare verso Medjugorje e non mi aspettavo davvero questa sorpresa. Era successo che mamma Anna aveva dimenticato a casa i documenti sanitari di Bobo Brosio, un bichon avanese di 5 anni, dal caratterino peperino, che conferma quel detto: «Il cane somiglia del tutto al padrone». E io aggiungo: anche nel carattere. Infatti Bobo Brosio, innervosito dalle lungaggini burocratiche, cominciava a spazientirsi e, per dispetto, a disseminare di pipì gli angoli più nascosti dell'atrio voli internazionali del Galilei.

Fortuna volle che il mio segretario Luciano avesse con sé il numero di cellulare del veterinario di Forte dei Marmi, il dottor De Guttry, che, con certosina pazienza, riuscì a faxare la copia dei documenti originali con tanto di bolli e controbolli per i vaccini antirabbica e i documenti internazionali per il varco doganale croato.

E anche il Bobo volò verso la Gospa.

Dopo circa un'ora e dieci l'aereo atterrava a Dubrovnik. Sotto bordo, delle affascinanti hostess ci attendevano indicando ai pellegrini il finger, l'uscita più vicina per sbrigare le formalità di frontiera.

Fuori dall'aerostazione erano già pronti quattro pullman per il viaggio in Bosnia, che ci avrebbero fatto scoprire le bellezze delle coste bianche e sassose della strada tortuosa che porta a Medjugorje.

Nel mio taccuino ricordo di avere annotato questo tragitto di circa tre ore perché il panorama che si osserva lungo la strada da Dubrovnik, antico borgo marinaro oggi patrimonio dell'Unesco, a Medjugorje è emozionante e mozzafiato: insenature, fiordi, isole, isolotti e larghi tratti di mare blu dai colori sfumati fino all'acqua bianca trasparente, quando le acque salate incontrano, lungo la costa, i torrenti freddi e impetuosi che scendono dalle montagne piene di verde, di boschi e di macchia mediterranea.

A un tratto mi viene in mente questo particolare scorcio di paesaggio.

La strada principale s'incunea improvvisamente nell'interno, lasciando il mare alle spalle con quei suoi mille colori degradanti dal bianco all'azzurro. Tra le rocce che ricordano molto le antiche pietre della Sardegna, spunta fuori una piana immensa, dove prevale una macchia vastissima di colore arancione e, in mezzo a questo colore intenso e solare, spunta fuori il verde acceso delle centinaia di migliaia di foglioline di agrumi. Un verde che sembra appena laccato con un morbido pennello immerso nella vernice.

È la piana di Metkovic, attraversata e bagnata dal Neretva, il principale fiume dell'Erzegovina che nasce a 1.320 m di altitudine e che porta l'acqua freschissima delle Alpi Dinariche a meravigliose, estesissime e profumate piantagioni di mandarini. Un miracolo della natura, per una volta, sapientemente sfruttato dagli uomini.

È la stessa immagine che mi sono ritrovato a vivere in Sicilia e in Calabria quando mi sono apparsi dal cielo, a bordo dell'elicottero del corpo forestale, per la prima volta, durante le riprese di *Linea Verde* per Rai 1, gli aranceti alle pendici dell'Etna e le vallate piene di clementine, i famosi mandarini dalla polpa dolcissima e senza semi, tipici della provincia di Cosenza.

Ma torniamo alla nostra storia che ricomincia proprio quando i pullman entrano a Medjugorje attorno alle ore 16 del 7 dicembre 2009.

Tutti sapevamo che il giorno 8 dicembre è l'Immacolata Concezione, una festa importantissima per la Madonna, ma nessuno poteva sapere che lo stesso giorno, alle 22.30 dinanzi alla statua della Gospa, sulla vetta del Podbrdo, ci sarebbe stato Ivan, il veggente, e il suo gruppo di preghiera per un'apparizione notturna.

Già la mattina le guide, avvertite dai ragazzi del gruppo di preghiera e dai frati, avevano cominciato a diffondere la notizia. Purtroppo il tempo non si preannunciava favorevole. Anzi, le nuvole si accatastavano nel cielo sempre più nere e rigonfie di pioggia.

Il mio gruppo, d'accordo con Michele e Silvana Vasilj e Mirela Sego Tortoricci, decise di raggiungere la casa di accoglienza dei Figli del Divino Amore di Reggio Emilia, il centro spirituale di madre Rosaria, la fondatrice.

Questo è il regno di Ronald e Melinda, due ragazzi che con la voce e il violino hanno contribuito a rendere famosa l'adorazione di Gesù, con la musica cantata e parlata in diverse lingue del mondo. Un'adorazione emozionante, unica, che ha un fascino particolare e che si tiene periodicamente nella parrocchia di San Giacomo a Medjugorje.

Ed è proprio qui che per la prima volta, il giorno 8, all'imbrunire, mi si presenta davanti V., mora, con gli occhi scuri che lasciano trasparire un sentimento di profonda angoscia e mi chiede disperatamente di ascoltare la sua storia e il dramma di suo marito.

E così, abbracciati ed emozionati, mentre aspettavamo il pullman che tardava ad arrivare davanti alla casa dei Figli del Divino Amore, io e V. abbiamo cominciato a parlare di questa vicenda terribile che aveva finito per mettere alle corde tutta la famiglia. Una famiglia che poteva giocare le carte per la salvezza di Bruno soltanto pregando intensamente il cielo e cercando risposte dalla Madonna che di lì a tre ore sarebbe apparsa sulla collina del Podbrdo.

«Sono disperata, Paolo, ti prego di aiutarmi e di dire una preghiera per me, per mio marito Bruno e i miei bambini. Che faranno senza il loro papà? I medici gli hanno dato pochi mesi di vita. Non sapevano neppure che cura consigliare perché i dosaggi di chemioterapia per il cancro dell'uraco sono sconosciuti. Mio marito» racconta V., con gli occhi umidi di lacrime «è già stato operato due volte nel giro di tre mesi, senza successo perché ogni volta il tumore rinasceva più aggressivo di prima.»

Rimasi muto, con tanta tristezza nel cuore per questa vicenda. Per qualche minuto stetti in silenzio, alla fine del racconto, stringendo V. tra le mie braccia, e con le mani accarezzandole il volto bagnato dalla commozione. Penso alla mia vita di qualche anno fa, lontano dal dolore, lontano dalla possibilità di consolare qualcuno, perché ero troppo attento e concentrato ai successi della mia carriera. Ringrazio Iddio di avermi dato questa meravigliosa possibilità di essere cercato, chiamato, desiderato per aiutare gli altri in difficoltà. Quale dono straordinario mettersi al servizio degli altri, usare la propria voce, le proprie mani, i sentimenti, le parole scelte e pensate con l'aiuto della preghiera per portare sollievo alle difficoltà delle persone. Basta poco, talvolta cinque minuti del proprio tempo, saper dire le frasi giuste, accarezzare una persona, darle un bacio e dirle semplicemente: «Stai tranquilla, ti prometto, e lo farò sul serio, che pregherò per la tua vita, la tua pena, mi ricorderò nella preghiera per i tuoi tormenti».

Che Dio mi dia la forza di mantenere queste promesse, di continuare a pregare, di aiutare gli altri con la gioia che ho oggi nel mio cuore, dopo che le vicende della vita mi hanno stroncato, portandosi via la parte più materiale e banale della mia esistenza. Tante volte non ce la faccio ad accontentare tutti ma quando sento la stanchezza e lo sfinimento penso sempre a come stavo quando il dolore che mi ha colpito nella vita e il male che mi facevo con la droga e l'alcol mi avevano spezzato in due le gambe, e sentivo dentro di me il desiderio di autodistruggermi col divertimento forsennato e la trasgressione. E allora, in quel momento, trovo una forza sovrumana che mi spinge ad abbracciare, incoraggiare, pregare, per togliere agli altri quelle pene che avevo provato anch'io: con la morte di mio padre, con l'attentato al mio locale, con l'allontanamento di mia moglie, la separazione e il dolore infinito provocato dallo stillicidio delle notizie che poco a poco mi arrivavano quando lei ha deciso di rifarsi una vita con un'altra persona.

Mi ricordo che cercai di consolarla pregando un'Ave Maria nel mio cuore, e poi le dissi che ero sicuro che la Madonna avrebbe raccolto la sua supplica e quella della sorella: «Stai tranquilla perché sono certo che la Madonna lo aiuterà e, se anche Bruno non dovesse farcela, Lei saprà dargli la forza, il coraggio di sopportare il dolore e le sofferenze di questo male tremendo».

È stato quel giorno, quella serata fredda e oscurata dai nuvoloni neri che si addensavano sul cielo di Medjugorje, con ancora nel cuore e nelle nostre menti, le note del violino di Melinda e la voce di Roland.

Melinda Dumitrescu, rumena, che ha lasciato una carriera fortunata di virtuosa di questo strumento del genere classico e moderno per abbracciare la comunità di madre Rosaria, e Roland Patzleiner, 37 anni, originario di Bolzano, Alto Adige, talentuoso del canto e della chitarra, con un passato burrascoso di alcol e di droga, negli ambienti della musica rock ed heavy metal, un fan dei Krokus, il gruppo svizzero il cui cantante chitarrista si suicidò suscitando sgomento, inquietudine e smarrimento nel giovane Roland alla ricerca di una sua identità.

Fu madre Rosaria, originaria di Reggio Emilia, a fondare in Italia la comunità dei Figli del Divino Amore e poi, nel 1995, ad aprire la casa di spiritualità e accoglienza a Medjugorje, lungo la strada che da Bijakovici, la frazione di Citluk dove sono nati e hanno le case i veggenti, porta all'inizio della salita sul monte Krizevac. Madre Rosaria ha fondato una comunità che fa un percorso di vita religiosa e spirituale incentrata sul carisma della riparazione, la grazia della vicarietà, cioè ricevere delle grazie per chi non le cerca né le merita, ma che la generosità e l'offerta di altri fratelli hanno invocato e potuto ottenere.

Grazie a tutti questi ragazzi, che vivono in questa piccola e semplice comunità di madre Rosaria, dove ancora si può apprezzare il profumo delle cose buone della vita, di quei valori semplici e ispirati alla grandezza di Dio, abbiamo cantato e pregato con loro, chiedendo alla Gospa l'intercessione attraverso la loro musica, di concedere così ai nostri malati la forza di sopportare la malattia o, se questo era nel progetto di Dio, di guarirli nell'anima e nel fisico.

A Melinda, Roland e tutti gli altri che vivono in comunità, non ho mai raccontato questa piccola grande intenzione che sentivo profondamente nel mio cuore, ma è con questo stato d'animo e grazie a quella musica celestiale di violino e di voci che ci aveva contagiato l'anima, che siamo riusciti ad avvicinarci così tanto al dolore dei nostri pellegrini che pativano malattia, angoscia e sofferenza fisica e morale.

Ancora non sapevo che, di lì a poche ore, lassù nel cielo l'accorata supplica di V. e di sua sorella A. per Bruno sarebbero arrivate al cuore misericordioso di Gesù, grazie all'intercessione della santa Gospa, la mia adoratissima e santissima Gospa.

Siamo usciti dalla comunità, ed era già quasi buio, diciamo attorno alle 19.00: il bus ha ritardato parecchio perché non riusciva a raggiungerci a causa di un ingorgo tra torpedoni e autovetture lungo la strada. Ed è anche per questa ragione che il mio abbraccio e il mio colloquio con

V. sono durati qualche minuto, tuttavia per me, e penso anche per lei, sono stati molto intensi. Me lo ricordo come se fosse ora.

Siamo tornati in hotel e nelle pensioni dove erano dislocati tutti i nostri pellegrini in tempo per la cena. Alle 22.30 sulla collina del Podbrdo sarebbe iniziata l'apparizione con il gruppo di preghiera di Ivan. L'apparizione era da considerarsi ordinaria perché di solito, in occasione di quella festività importante, la Madonna chiede a questo veggente che vive negli Stati Uniti, a Boston, ma che è originario di Bijakovici, di accompagnare l'evento sulla collina di notte, per celebrare con canti, suoni e preghiere l'arrivo della Madonna della Immacolata Concezione.

Verso le 20.00, dopo la cena, le nuvole nere si sono addensate sempre di più sui monti che circondano il piccolo paese. Pian piano è cominciata a cadere dal cielo una pioggia sempre più insistente e, quando siamo usciti dagli alberghi, eravamo tutti attrezzati con impermeabili, cappucci, ombrelli e stivali. Una fiumana di pellegrini si stava spostando dal centro, lungo la strada che collega la chiesa di San Giacomo a Bijakovici, in direzione della Croce Blu, ai piedi della collina delle apparizioni. Nel breve volgere di una mezz'ora era tutto intasato, poiché gli autobus incolonnati lungo la stretta stradina erano così numerosi da bloccare qualsiasi transito e rendevano persino difficile il passaggio dei pedoni, martellati dall'acqua che scendeva giù dal cielo ormai a tamburo battente.

Gli unici che sono riusciti ad arrivare al parcheggio dei pullman di Bijakovici sono stati quegli autisti che, conoscendo bene le strade, avevano scelto di passare sotto il monte Krizevac, e da qui proseguire lungo il monte fino a scendere dall'alto verso la Croce Blu, evitando la strada diretta dal centro di Medjugorje.

Mi trovavo su un bus diverso da quello dove stavano V. e Bruno, per cui ho perso le loro tracce sotto quel diluvio che scendeva dal cielo.

Il contatto con Bruno non finisce qui, perché attraverso la testimonianza di Massimo Bresciani, chef del Twiga Beach Club di Marina di Pietrasanta, abbiamo potuto ricostruire la salita alla collina. Tutti i viaggiatori che facevano parte del loro pullman alloggiavano alla Pansion Sulic, vicino alla chiesa, di proprietà di Pero di Medjugorje.

Bruno e la moglie, il cuoco versiliese, la signora Lara, proprietaria del bagno Tropicana a Tonfano di Pietrasanta, e Cristina di Roma, si erano organizzati con padre Giuseppe da Firenze, rientrando per la cena, acquistando impermeabili e una torcia elettrica e il Bresciani si era assunto la responsabilità di fare da capofila di questo gruppetto, per affrontare la salita del Podbrdo e illuminare la strada sotto lo scroscio d'acqua che ormai era diventato incessante.

Massimo Bresciani ricorda questo particolare: «Bruno, sia a cena sia fuori della Pansion Sulic, sotto la veranda esterna, aveva manifestato un po' a tutti le sue perplessità sulla possibilità di ritornare sul Podbrdo, perché nel primo pomeriggio ci era già stato e, ovviamente, era molto stanco».

E questo era comprensibile, poiché Bruno, dalla fine di novembre, esattamente dal giorno giovedì 26, a distanza di soli dodici giorni dal viaggio in Bosnia, era in cura chemioterapica all'istituto San Martino di Genova, dal professor Alberto Sobrero, direttore del reparto di Oncologia, seguito passo passo da una delle sue assistenti, la dottoressa Anna Pessino. «Mi ricordo» continua lo chef del Twiga «che Bruno era molto incerto perché non era sicuro di farcela, ma noi tutti abbiamo insistito e alla fine ha trovato le forze per recarsi all'apparizione notturna.»

Il gruppo decide di partire restando unito fino alla statua della Madonna e poi ognuno avrebbe scelto il punto che si sentiva di raggiungere per pregare in attesa dell'arrivo della Gospa.

Il racconto della salita di Massimo Bresciani di quella notte è molto simile a quello che ho vissuto personalmente insieme al mio gruppo. Non ci siamo incontrati mai perché la collina brulicava di pellegrini. Secondo i miei calcoli potevano essere dai due ai tremila. «Mentre salivo» ricorda Bresciani «rammento questa cascata d'acqua che continuava a scendere dall'alto lungo il sentiero scosceso, che, in pratica, era diventato come un torrente di montagna».

Mentre Massimo mi parla, la mia mente torna indietro nel tempo, per ricordare quei momenti indimenticabili. Sotto l'acqua scrosciante, ogni volta che avanzavo, dopo due o tre passi dovevo indietreggiare di mezzo metro perché da un certo punto in poi, vuoi per la salita che si faceva più impervia, vuoi per la massa d'acqua che scendeva dalla collina, si faceva davvero fatica ad andare avanti.

Una volta arrivati alla cima lo scenario che ci attendeva era impressionante: una grande folla di pellegrini era già raccolta in preghiera da almeno un paio d'ore. La maggior parte aveva l'ombrello e istintivamente si era accalcata in tanti gruppi, un po' perché erano amici, un po' perché pellegrini dello stesso viaggio o provenienti dal medesimo albergo e un po' perché avevano trovato una nicchia nel terreno o un masso o un albero che li proteggeva dalle intemperie che si abbattevano senza tregua ormai da più di un'ora e mezza.

La cosa singolare che avevo subito notato, appena giunto al cospetto della statua della Madonna alla cima del Podbrdo, era l'impressionante conformazione di quella moltitudine di ombrelli: vederne centinaia ammassati a mo' di testuggine romana, come quando le legioni imperiali si difendevano o avanzavano per attaccare, accostando gli scudi rettangolari ai lati, davanti, dietro e sopra la testa per proteggere i soldati. Un grande, gigantesco fungo che funziona come un mantice: si alza e si abbassa, si eleva verso il cielo e si rimpicciolisce, si raccoglie su se stesso accanto al gambo per poi dilatarsi allungandosi verso l'alto e allargandosi verso l'esterno. Perché questo? È una mia sensazione, può darsi che sbagli, può darsi che sia un'annotazione di cronaca e quindi ho descritto ciò che ho visto o creduto di vedere in quel momento. Quando tanti pellegrini, a migliaia tutti insieme, pregano all'unisono, compatti, forti nella fede, indifferenti alle condizioni atmosferiche, hanno un impercettibile identico movimento che li porta a pronunciare Padre Nostro e Ave Maria inspirando ed espirando. E così pronunciano le stesse parole nello stesso momento, tenendo in mano l'ombrello o l'impermeabile sulla testa e facendo movimenti ed emettendo suoni in contemporanea, allora, per conseguenza, il petto di ognuno di noi si alza e si abbassa in quel lieve impercettibile movimento respiratorio. E il respiro si fa preghiera.

E così si può assistere a quella cantilena e a quei movimenti simultanei che derivano dall'atto di pregare tutti insieme. E l'effetto, vi assicuro, è quello di vedere questo grande fungo, come un mantice che si alza e si abbassa al ritmo dell'Ave Maria.

Ho avuto proprio la sensazione che sotto quel manto protettivo ci fosse la grazia della Madonna che dal Cielo osservava e benediva tutti, in attesa di scendere giù.

Ma non è tutto. Guardando quelle persone, la gente, i pellegrini ammassati, bagnati, stanchi e affaticati ma felici – felici negli occhi, felici nel cuore, gioiosi di essere lì e di offrire questo sacrificio nel buio, sotto l'acqua impietosa, a Gesù – ho capito nel mio cuore quanto siano contenti in paradiso quando vedono un piccolo sforzo, un sacrificio fatto per Loro.

Se stiamo delle ore in curva allo stadio per aspettare l'inizio di una partita di calcio decisiva per lo scudetto, se ci alziamo alle quattro per andare a pescare, a far funghi o andare a sparare per uccidere gli animali a caccia, o sacrifichiamo il tempo della giornata per trovare il modo di allenarci due ore a tennis, perché non possiamo lodare il Signore e la Madonna e andare su quella collina a pregare tutti insieme nel cuore della notte?

Se tiriamo le cinque del mattino per fare i deficienti in un locale, non possiamo alzarci alle quattro per andare il due di ogni mese ad assistere all'apparizione di Mirjana alla Croce Blu?

Io penso di sì. Arrivato all'alba dei cinquant'anni, al giro di boa della vita, ora ragiono così, anche se spesso faccio tanta fatica per mantenere la mia promessa alla santa Gospa. Perché trent'anni di vita materiale non si cancellano in pochi giorni o in pochi mesi, ma ci vuole un percorso di vita serena che ti stacchi dalle debolezze.

Che Dio mi dia la forza di essere perseverante, continuo e che possa sempre trasmettere agli altri la grazia che la Madonna mi ha concesso. Perché al contrario sarebbe umiliante per me e devastante per la mia coscienza predicare bene e razzolare male.

Alle 22.28 il megafono, che era alimentato con una piccola batteria e che scandiva il tempo della preghiera, delle chitarre e delle canzoni suonate dal gruppo di Ivan, improvvisamente ha cessato di gracchiare.

Tutt'intorno è stato un fiorire di «Sss...!», «Fate silenzio...!», «Per favore, per favore...»!, «Eccola, eccola, eccola... Zitti tutti...!», «Ora, ora, ora... ecco ci siamo... è iniziata l'apparizione!».

Quel fungo di ombrelli, quel mantice umano, quella testuggine di pace e di preghiera, quell'immensa legione di cristiani, e non di soldati pronti a combattere, si è bloccata di colpo: e allora le sensazioni uditive si sono affievolite nel silenzio della notte e si sono, al contrario, accentuate le percezioni visive. E proprio da quelle è arrivata un'immagine straordinaria, unica e irripetibile: nel momento stesso in cui il passaparola annunciava a mezza voce l'inizio dell'apparizione notturna, ecco che da sotto gli ombrelli sono partiti centinaia e centinaia di flash delle macchine fotografiche, dei lampi che squarciavano il buio della notte, dei faretti di qualche cameraman che riprendeva l'apparizione. E così quel cielo scuro, denso di nuvole minacciose è stato illuminato da quelle scie che duravano pochi istanti ma che parevano raggi laser.

E poiché in quella notte buia cadevano centinaia di migliaia di gocce di pioggia scrosciante, ecco che, come per magia, quei raggi luminosi immortalavano quei piccoli e veloci nuclei ricolmi d'acqua piovuti dal cielo come stelle filanti. E più veniva giù, più si accentuava il fenomeno delle stelline cadenti, illuminate dai lampi. E più durava l'apparizione, più le decine di fotografi amatoriali martellavano il cielo e lo spazio attorno al veggente Ivan, per carpire nella pellicola qualche immagine miracolosa, un momento in cui Dio permetteva di far rimanere per sempre impressa in quella foto l'immagine della Madre di Cristo. Un dono unico, irripetibile per qualcuno di loro baciato dalla grazia. Chissà? Quante volte è già successo e quante volte succederà ancora!

Finita l'apparizione c'è stata la lettura del messaggio in lingua croata e poi in inglese, in spagnolo, in francese, in tedesco e infine in lingua italiana. Mi sono sempre chiesto perché i pellegrini italiani, che sono la stragrande maggioranza, seguiti a distanza da inglesi, americani, irlandesi, spagnoli, tedeschi e poi tutti gli altri, debbano aspettare per ultimi la lettura della traduzione del tanto atteso messaggio.

La risposta è nei fatti e proprio nei grandi numeri: se leggessero subito il messaggio in italiano ecco che ci sarebbe l'esodo anticipato del 70 per cento dei presenti e sicuramente non sarebbe una cosa bella per tutti. E poi che significa aspettare dieci minuti in più per ascoltare le parole della Madonna?

Per dovere di cronaca eccovi riportato quel messaggio in un giorno fondamentale per le celebrazioni mariane, uno dei più importanti in assoluto.

A leggerlo uno dei fedelissimi di Ivan, Krizan Brekalo, 45 anni, nato a Siroki Brijeg, che ormai sin dalle prime apparizioni accompagna il veggente e il suo gruppo di preghiera con l'intenzione specifica affidatagli dalla Madonna per giovani e sacerdoti.

Anche quella notte Krizan, dopo l'apparizione, ha detto: «Come sempre in questo tempo di preparazione al Natale, così anche oggi la Madonna è apparsa molto gioiosa e felice. La Gospa ha salutato tutti all'inizio: "Sia lodato Gesù, cari figli miei!". Subito dopo» ha continuato il collaboratore del veggente «ha pregato durante la prima parte dell'apparizione su tutti noi con le mani distese, poi sui malati presenti e ha benedetto le persone e gli oggetti sacri».

Infine, il messaggio: *«Cari figli miei, figliolini miei! Anche oggi la Madre vi ama col suo amore materno e desidero, cari figli, che in questo tempo di grazia apriate i vostri cuori perché la luce di mio Figlio, la luce della nascita di mio Figlio, entri nei vostri cuori, illumini i vostri cuori, le vostre anime e le renda felici. Vi invito in particolare, cari figli: pregate per le famiglie, pregate per la santità nelle famiglie in questo tempo. Anche oggi, cari figli, desidero dirvi grazie perché mi avete accolto, avete accolto i miei messaggi e vivete i miei messaggi».*

«Abbiamo pregato» ha detto Ivan *«con la Madonna un Padre Nostro e un Gloria al Padre, è seguita una breve conversazione tra me e Lei e poi Lei se n'è andata nel segno della luce e della croce col saluto: "Andate in pace, cari figli miei!".»*

Terminata la traduzione, quella moltitudine di pellegrini ha cominciato la discesa per rientrare a Medjugorje e in quel momento Bruno lentamente riprendeva la via per raggiungere Pansion Sulic.

Il giorno dopo, venerdì 9 dicembre 2009, lo chef del Twiga Massimo Bresciani insieme a Bruno raggiungevano Mostar dove, nella grande chiesa dei frati hanno scattato una foto ed effettuato delle riprese che hanno poi rivelato un filmato con delle luminescenze particolari per forma e luce.

Vi proponiamo questa foto, nell'inserto di questo libro, così com'è, lasciando a voi l'interpretazione di quelle immagini fluorescenti accanto alla croce di Cristo, tenendo presente che Bruno aveva fatto le stesse foto, nell'identico momento, senza che alcuna immagine particolare fosse rimasta impressa. Accanto a lui c'era lo chef e hanno subito messo a confronto le due foto appena scattate.

Il nostro racconto si interrompe qui per quanto riguarda il pellegrinaggio dell'8 dicembre e riprende più avanti, quando martedì 22 parto nuovamente per Medjugorje, perché il mio desiderio è quello di trascorrere il Natale con la Madonna, per l'apparizione di venerdì 25 dicembre 2009 insieme al veggente Jakov.

Di Bruno non so più nulla. Non ho più notizie dopo il viaggio dell'Immacolata Concezione. Ma come in un film, dove i colpi di scena vengono studiati dai registi e dagli sceneggiatori per creare pathos e sorpresa per gli spettatori, ecco che improvvisamente alle 22.15 del 23 dicembre 2009, mentre mi trovavo nella saletta internet alla Pansion Sulic di Medjugorje con Sergio Paradiso, 49 anni, fiorentino, collaboratore dell'associazione Olimpiadi del Cuore, squilla di colpo il cellulare e sento la voce di Bruno che mi sta chiamando dall'Italia: «Paolo, Paolooo... Mi senti?... Pronto, Paolooo... Sono Bruno, sono Brunooo mi sentite?... È successa una cosa incredibile, inspiegabile!... Paolo... i dottori sono rimasti senza parole... i medici di Genova... Istituto tumori... Ospedale San Martino... Non hanno trovato più nulla!!!... Il tumore è sparito!!!...».

Passati i primi momenti di stupore e di meraviglia, cerco di capire di che cosa si tratta: «Pronto Bruno, sono Paolo... Paolo Brosio... Ma che stai dicendo?... Ma come è possibile?... Sei sicuro?... Siete sicuri al cento per cento? Spiegami tutto, spiegami tutto con calma... aspetta, prendo il taccuino e comincio a scrivere».

Mi sentivo attraversato da brividi in tutto il corpo, ero emozionatissimo, agitato e pensavo continuamente a quella notte, a quando ho abbracciato V., la moglie di Bruno, davanti alla comunità dei Figli del Divino Amore di madre Rosaria; e poi ho ripensato anche quando sotto l'acqua salivo la collina, pregando per i malati del mio pellegrinaggio e per quelle tantissime persone che ogni giorno mi scrivono migliaia di e-mail, centinaia di lettere e tanti messaggini per chiedere una preghierina alla Gospa.

Avevo gli occhi lucidi di lacrime perché sentivo che più di un miracolo era accaduto: il miracolo della partenza con l'aereo già chiuso, una corsa folle di telefonate e pratiche burocratiche; il miracolo della tenacia della moglie di Bruno e di sua cognata, che hanno fatto di tutto per farlo salire sull'aereo e per trascinarlo fin laggiù; il miracolo della salita doppia nel giorno dell'Immacolata Concezione al Podbrdo di una persona stanca, sfiduciata psicologicamente dalla malattia implacabile, indebolita e sfibrata nel fisico da dieci giorni di cure chemioterapiche, da due interventi pesantissimi di chirurgia addominale e un intervento complesso per la biopsia. Operazioni chirurgiche da fermare immediatamente perché, per il futuro, si sarebbero rivelate inutili e devastanti. Infatti, le cellule maligne del tumore all'uraco avevano infettato quasi subito il sistema delle ghiandole linfatiche all'inguine, alle ascelle e al collo e non davano speranza alcuna di potersi fermare ma anzi aumentavano inesorabilmente la massa tumorale.

Pensavo a tutto questo mentre mettevo il cellulare in viva voce e davo continuamente dei colpi alle braccia, alle gambe di Sergio Paradiso, affinché capisse che eravamo di fronte a una notizia clamorosa. Una notizia paragonabile alle inspiegabili guarigioni di Jeshua, il bambino di due anni e mezzo di Putignano di Bari con ventidue tumori tra ossa e polmoni, e di Raffaella, la giovane cieca all'occhio destro dei quartieri spagnoli di Napoli, che ha ritrovato la vista vicino a me subito dopo la rotazione del sole nel cielo, episodi di cui ho ampiamente parlato nel primo libro *A un passo dal baratro*.

Comincio a scrivere mentre, prima Bruno e poi sua moglie, mi raccontano una storia che come vi avevo preannunciato vi farà venire i brividi lungo la schiena e sulle braccia. Sono certo che questa vicenda vi porterà un'emozione fortissima nel vostro cuore, e anche voi, così, se non siete ancora stati a Medjugorje, non potrete fare a meno di andare laggiù, in Bosnia-Erzegovina, a pregare la Madonna che appare per tutta l'umanità e soprattutto per quelli che non pregano o che non credono in Dio.

Vediamo di capire tutto quello che mi venne raccontato quella notte dalle 22.15 fino alle 23.30. Prima la concitata conversazione con Bruno che prosegue così: «*L'altro giorno* (Il riferimento preciso del giorno è lunedì 21 dicembre 2009, poiché la telefonata in corso, come abbiamo detto, è di mercoledì 23 dicembre 2009 ore 22.15. N.d.A.) *poco dopo mezzogiorno avevo fissato un appuntamento con la dottoressa Anna Pessino del reparto di oncologia dell'istituto San Martino di Genova, per un esame di palpazione e in pratica si trattava della prima visita periodica dopo il trattamento di chemioterapia*».

Secondo la ricostruzione del paziente, la dottoressa Pessino ha effettuato la palpazione in tre punti: al collo, nella zona dell'ascella sinistra, dove c'era la ghiandola più grossa e nell'area inguinale, cinque centimetri circa sopra il pene.

«*E proprio la cartella clinica*» riprende Bruno al telefono «*parlava in modo specifico di questa ghiandola come uno dei punti critici del tumore sviluppatosi dall'uraco. Il tumore può essere letale per la velocità con cui si diffonde nella zona delle ghiandole linfatiche e il tipo di cancro in questione è l'adenocarcinoma, una malattia difficile da contrastare quando si sviluppa proprio lì. I medici del San Martino avevano parlato chiaramente. Mi era stato detto, sia dopo gli interventi chirurgici e sia in seguito al trattamento chemioterapico*» sospira Bruno pensando a quei momenti «*che l'evoluzione della malattia, pressoché sconosciuta e molto aggressiva, sarebbe stata difficile da fermare e la terapia si sarebbe protratta nel tempo anche se avesse avuto una certa efficacia.*»

Ora Bruno nel corso della telefonata entra nel vivo di quello che è successo la mattina del 21 dicembre e ricorda che cosa le disse la dottoressa Pessino al momento della palpazione: «*Non vedo e non sento più nulla nella zona del collo e vicino all'inguine, un mese fa c'erano chiaramente degli indurimenti, dei rigonfiamenti. Ricordo benissimo che c'erano dei noduli tumorali e lo si può vedere bene dalla storia della cartella clinica. All'ascella sinistra c'era il tumore più grosso e ora il nodulo invece di essere un unico blocco si è frammentato ed è chiaramente diminuito»*.

La Pessino, molto meravigliata e sorpresa, aggiunge: «*Chiamo un attimo il primario e mi confronto con lui*» (Il primario è il direttore del padiglione delle malattie complesse del San Martino e si chiama Alberto Sobrero. N.d.A.).

Bruno e la Pessino vanno direttamente nell'ufficio del primario che, immediatamente, lancia un'occhiata al paziente, lo squadra dalla testa ai piedi, e realizza facendo mente locale del suo caso.

Bruno racconta direttamente: «*Anche il professore inizia a verificare la consistenza delle zone che erano affette da tumore. Palpa le ghiandole e mi guarda. Ricomincia la palpazione, mi tocca e mi riguarda. Sotto le ascelle c'era materia tumorale ma molto meno rispetto a venti giorni prima; in pratica il professore dopo l'esame si accorge che o non c'era più il tumore oppure la massa tumorale era drasticamente ridotta rispetto all'ultimo accertamento del 26 novembre, quindi poco meno di un mese prima*».

A questo punto il racconto del nostro paziente, si fa ancora più preciso e dettagliato e descrive molto bene, con grande lucidità, ciò che gli dice il professore sempre più stupefatto: «*Il professore si allontana da me. Si appoggia con le spalle alla finestra e con le braccia incrociate mi guarda come se fossi una cosa rara e poi mi sorride con un'espressione di grande stupore ed esclama: "Risultato eccezionale in così poco tempo". Poi si mette a parlare con la dottoressa Pessino e le chiede nuovamente quale cura mi avevano fatto e che di questo caso avrebbe addirittura potuto parlarne a marzo in un convegno internazionale a Parigi*» (A domanda precisa su quest'ultima notizia, il professore ha smentito nel corso di un'intervista, che riporteremo poco più avanti, di aver portato poi questo caso all'attenzione dei medici del convegno francese. N.d.A.).

A questo punto, prima di addentrarci nella sfera spirituale che ci riserverà delle sorprese clamorose, secondo la ricostruzione fatta dalla moglie, facciamo una piccola scheda sintetica del calvario di Bruno.

Tutto comincia i primi di luglio 2009 con la scoperta di avere un tumore rarissimo all'uraco, che è il canalino di collegamento che va dall'ombelico alla vescica e che dovrebbe sparire subito dopo il parto.

Un primo intervento chirurgico, effettuato dall'equipe del professor Walter Ferrando il 13 luglio (il ricovero in ospedale il 10, 11 e 12 luglio), viene eseguito nella zona vicino all'ombelico, per la rimozione di una massa del diametro di 11,5 centimetri.

Un secondo intervento a metà ottobre 2009 per rimuovere due masse, una di 6 centimetri e un'altra di 8 centimetri, diffuse attorno all'addome e all'ombelico. L'operazione è stata molto invasiva per tentare una pulizia del tumore che era molto esteso. La malattia comportava dolori terribili e un male diffuso dappertutto.

Bruno, dopo questo secondo intervento, viene sottoposto a una biopsia che ha confermato la presenza di un adenocarcinoma all'uraco.

La terapia chirurgica però non risolve il problema e appare troppo devastante per il paziente. Ed è solo a quel punto che viene presa la decisione di portare il malato al reparto di oncologia per un trattamento chemioterapico.

Questa è l'ultima chance per Bruno. Tuttavia, come ci hanno spiegato i due coniugi, spaventati dall'incedere del tumore che continuava a ricrescere ogni volta che il paziente veniva rioperato, rimaneva da risolvere un problema davvero grave.

Il tumore dell'uraco è pressoché sconosciuto e allora V. e Bruno, di loro iniziativa, hanno cercato di trovare fonti d'informazione all'estero per applicare una cura chemioterapica mirata.

V. chiama una sua conoscente che è medico ricercatore presso l'ospedale di San Gallo, in Svizzera, la quale a sua volta contatta un medico oncologo che lavora nel più grande centro anticancro al mondo, il Medical Center di Houston, nel Texas.

E da là arriva, dopo un paio di settimane, via e-mail, un protocollo di cura chemioterapica sperimentato su pochi casi per la cura del cancro dell'uraco.

Prima di imboccare la pista svizzera e poi quella americana, V. passa quattro mesi infernali, dai primi di luglio 2009 a tutto ottobre, nella ricerca di un centro in Italia che le dia una speranza per suo marito.

Prima il San Raffaele, poi l'ospedale Humanitas a Milano: risposta negativa. Per i luminari milanesi, con quel tipo di cancro all'uraco, non c'era possibilità di scampo: «*Signora, si rassegni, per suo marito non c'è più nulla da fare*», questa la risposta lapidaria data da un importante specialista di tumori. Immaginate voi l'angoscia che colpì questa madre di famiglia con tre ragazzi da crescere e un padre dato per spacciato dagli oncologi di Milano.

Ma ora torniamo al racconto della moglie, che nell'intervista telefonica mi ricorda quando eravamo usciti dalla comunità dei Figli del Divino Amore a Medjugorje la sera dell'Immacolata Concezione, 8 dicembre 2009: «*Ero completamente svuotata, avevo affidato le mie preoccupazioni alla Madonna. Ricordo in particolare che mi era stata molto vicina la guida croata Mirela Sego Tortoricci, la quale aveva perso il marito per un male incurabile ed era rimasta sola con tre figli. Mi ha dato molto conforto. Poi rammento anche ciò che ha fatto per me il giorno dopo, il 9 dicembre, l'altro accompagnatore di Medjugorje, Michele Vasilj. Siamo andati a casa del veggente Jakov e gli hanno parlato di me e del dramma che aveva colpito la mia famiglia. Quando siamo entrati Jakov stava testimoniando dinanzi a una cinquantina di persone, poi quando ha terminato mi ha preso da parte per capire meglio la mia vicenda e, poco dopo, ho testimoniato tutto ciò che stavamo patendo. C'era anche mio marito Bruno e tutti insieme abbiamo pregato per lui.*

Michele Vasilj mi aveva spiegato che Jakov ha un'apparizione all'anno, proprio nel giorno di Natale e quindi a due settimane di distanza avrebbe potuto affidare mio marito direttamente alle preghiere della Gospa».

Sento la voce di V. molto rinfrancata, anche perché la notizia del tumore che si stava ritirando era veramente miracolosa per chi ha fede, eccezionale per chi crede solo nella scienza. Comunque sia, un dato obiettivo: il tumore si era arreso. Mentre pochi giorni prima stava vincendo e si portava via per sempre il povero Bruno.

«Abbiamo pregato per i nostri tre figli, mi sentivo serena» spiega V. *«anche se questo sentimento era contrastante con la situazione che di fatto stavamo vivendo in quel momento.»*

Due segni preliminari inspiegabili: il profumo e il sogno

La moglie di Bruno ci racconta ora due fatti assolutamente inspiegabili, se si vogliono giustificare con la sola forza della ragione. Ma prima di questi anche due segni preliminari.

Quando Bruno cominciò a sottoporsi ai primi esami, insieme a V. stavano percorrendo un tratto di strada con la moto. La moglie improvvisamente sentì cadere sulle mani delle goccioline d'acqua simili a lacrime proprio mentre pensava intensamente al suo papà che era scomparso qualche tempo prima per una malattia incurabile: *«Ricordo benissimo quella circostanza»* dice V. *«che mi impressionò moltissimo anche perché la giornata era bellissima, non c'era una nuvola in cielo ed eravamo in un tratto di strada asciutto, senza la benché minima presenza di acqua. Ho colto questo come un segno che mi avvisava delle difficoltà che avrei dovuto affrontare. Come se mio padre dal cielo, piangendo, volesse avvertirmi».*

Il secondo segno riguarda un sogno, avvenuto dopo le prime operazioni chirurgiche: *«Mia sorella A. mi appare dicendomi di stare tranquilla. Tutta la nostra famiglia sarebbe stata vicina nella difficoltà e nel dolore».*

Queste erano le avvisaglie, ma il resto arriva per il tramite di due circostanze che emergono con forza sull'intera vicenda e che, a mio modesto e personale giudizio, hanno una rilevanza eccezionale: un'intensa presenza di profumo e una straordinaria inspiegabile visione, che fa rimanere a bocca aperta.

Allora, procediamo con ordine e andiamo ad analizzare il primo segno, quello del profumo.

La notte dell'apparizione, appena iniziata la salita per giungere alla collina del Podbrdo, partendo dalla Croce Blu, e cioè dal lato dove di solito si scende dopo essere stati alla statua della Madonna, la moglie di Bruno, insieme al marito, era in compagnia di questo gruppo di persone: Massimo Bresciani, lo chef del Twiga, Cristina, una ragazza romana di circa trent'anni, Barbara Kornfeld programmista regista per Mediaset, Filippo Marmo, il cameraman, e Lara, proprietaria dello stabilimento balneare Tropicana di Marina di Pietrasanta.

A un tratto ha avvertito, appena superata la Croce Blu, un profumo intenso. «*Ho sentito un odore penetrante di lavanda, sì, proprio lavanda. Era intenso, così intenso*» racconta V., con estrema lucidità «*che ho avuto la sensazione di far parte di un presepe vivente, come se lì, in quel momento fossi protagonista di una storia mistica.*

Ho detto ancora una volta a Bruno: tu non venire, hai fatto la chemio, vado su io. E mentre glielo dicevo ho provato una gioia infinita.

Mi ricordo perfettamente che annusavo in continuazione la mantella per capire se il profumo provenisse da quel tessuto plastificato o se ci fosse qualche cosa intorno che mi inondasse in tal modo di essenza di lavanda.

Ero decisamente stupita di questa sensazione fortissima, un odore penetrante che aveva impregnato ogni cosa addosso e intorno a me.»

Quando V. mi ha raccontato queste cose ero completamente inondato di brividi lungo la schiena, dalla testa ai piedi. E mentre scrivevo sentivo questo formicolio e l'ho avvertito come un segno di grande testimonianza e veridicità del racconto. Poiché anch'io ero presente quella notte su quello stesso percorso, sotto quel diluvio di acqua che cadeva dal cielo, mi sono perfettamente reso conto di come questa sensazione fortissima della moglie di Bruno fosse un segno speciale solo per lei e per la guarigione miracolosa del marito. Perché mi sento sicuro di questa affermazione così importante? Perché, al di là della mia fede ritrovata, fresca di un anno di tanto entusiasmo, c'è anche un ragionamento pratico e razionale da tener presente: ma chi può sentire odori in presenza di tanta acqua? Sul sentiero ripido veniva giù un torrente rossastro che intasava le fognature della frazione di Bijakovici.

Dal cielo pioveva a dirotto e quindi c'era acqua dappertutto. Ma in presenza di così tanta acqua non vi sembra che sia impossibile poter sentire, annusare, odorare profumi particolari? Quante volte nei film o nei libri abbiamo letto le famose storie di evasione di detenuti che fuggivano dal carcere attraversando torrenti e corsi d'acqua per far perdere le tracce alla muta dei segugi che li inseguivano?

E allora mi sono chiesto: ma come poteva V. sentire odori e profumi così forti in presenza di tanta acqua, dal cielo e sulla terra, che ne avrebbe dovuto eliminare ogni odore? I casi sono due: o la moglie ha mentito o il profumo c'era per davvero. E io sono sicuro che lei abbia detto la sacrosanta verità, perché solo lei lo ha sentito, perché Dio ha permesso alla Madonna di intercedere per la salvezza di Bruno, grazie anche alle preghiere di A., la cognata, e della stessa V., e dunque quel profumo era sicuramente, certamente un grande segno che preavvisava quella famiglia del miracolo in arrivo.

E la prova di questo grande segno è Bruno: Bruno, vivo senza più tumore in meno di venti giorni e contro ogni logica aspettativa. A questo punto della vicenda è necessario inserire una spiegazione di come Antonio Norrito, un noto studioso di fenomeni carismatici, interpreta il profumo di lavanda come elemento soprannaturale.

Il profumo di lavanda, padre Pio e Maria Valtorta

Per sostenere questa vicenda, insieme a Sergio Paradiso abbiamo inserito su Google la parola chiave "profumo di lavanda" per trovare dal punto di vista teologico quale fosse il significato spirituale del profumo di questa pianta aromatica. Tenete presente che un profumo che arriva dal cielo, e cioè da un santo, un angelo, dalla Madonna o Gesù o da Dio Spirito Santo o Dio Padre, ha un significato ben preciso che ci deve orientare verso qualche cosa o verso qualcuno e in ogni caso ci dà una chiave di interpretazione dei nostri problemi terreni. E tenete ben presente la situazione di angoscia, di dramma che stava vivendo questa famiglia, quando si è appellata, *extrema ratio*, alla Vergine Santa di Medjugorje.

Il computer ci ha rimandato a uno scritto commentato da Antonio Norrito, *I profumi soprannaturali di padre Pio, secondo la lezione di Gesù a Maria Valtorta*. E così siamo andati a curiosare nelle visite spirituali di padre Pio a Maria Valtorta.

Cerchiamo di capire chi era Maria Valtorta. È stata una grande mistica che aveva un'intimità spirituale fortissima con Gesù Cristo e che dal Venerdì Santo del 1943 fino al 1953 per impulso soprannaturale cominciò a scrivere la vita e gli insegnamenti del Maestro per ravvivarne l'amore di Dio tra gli uomini.

Qual era il contenuto di questi scritti? Rivedere tutti gli avvenimenti della vita di Gesù contenuti nel Vangelo (*L'Evangelo come mi è stato rivelato* è il titolo del libro di Maria Valtorta, a cura del Centro Editoriale Valtortiano di

Isola del Liri a Frosinone), cominciando dall'infanzia della Madonna fino alla sua assunzione, con episodi inediti citati con tanto di fonti, insieme a tutti gli altri episodi del Vangelo spiegati al meglio, per approfondire e riproporre la fede in Cristo e nella Madonna. Sono quindicimila le pagine di quaderno scritte a mano da Maria Valtorta. Quasi due terzi di questa sorprendente produzione letteraria comprendono commenti a brani biblici, lezioni di dottrina, storia dei primi martiri cristiani, componimenti di pietà raccolti in cinque volumi. Naturalmente questi scritti non pretendono mai di sostituire la parola di Dio contenuta nella Bibbia e approvata dalla Chiesa, ma si pongono sempre al suo servizio per spiegarla meglio.

Maria Valtorta è nata a Caserta il 14 marzo del 1897 ed è morta a Viareggio il 12 ottobre 1961, all'età di 65 anni dopo ventotto anni di infermità che la costrinsero a non alzarsi mai dal letto per una malattia alla schiena. Il 12 ottobre del '61, quando morì, c'erano alcuni testimoni e visitatori che poterono venerare la salma prima della sepoltura e poterono ammirare il candore della sua mano destra definita la "penna del Signore", mentre la sinistra diventava sempre più livida per effetto del processo naturale della morte fisica.

A causa delle sue condizioni d'infermità era costretta a scrivere, seduta sul letto, utilizzando semplici quaderni di scuola e scrivendo in qualsiasi momento sia di giorno sia di notte, non appena aveva le visioni o poteva ascoltare la voce di Gesù che le dettava le sue lezioni, anche se era stremata da stanchezza e sofferenza.

Scriveva sempre di getto e senza rivedere nulla e Gesù stesso disse al suo riguardo: «*La mia volontà è che la mia parola sia nota, diffusa, usata dai consacrati e fedeli. Maria Valtorta è la mia penna e Io sono lo scrittore. Il pensiero è mio. E io voglio che il mio pensiero, tradotto in parola per impulso d'amore, vada a vivificare coloro che muoiono in questa terra, dove sono tanto attive le forze del male*» (citazione dai *Quaderni del 1944*, 2 giugno). Ma non è tutto, ascoltate bene cosa ora dice Gesù dai *Quaderni del 1943*, 1° novembre: «*Io per pietà dei ciechi, dei sordi, degli analfabeti dello spirito, do voce e penna nelle mani e sulle labbra di chi scelgo, perché lo Spirito di Dio sia nuovamente udito e si salvino gli sviati e ritrovino la giusta direzione coloro che sono erranti, si rialzino i caduti e confidino in chi ha nome: Misericordia*».

A Viareggio è stata costituita recentemente la fondazione che gestisce il museo di Maria Valtorta ed è possibile vedere gli oggetti e visitare i luoghi dove ha vissuto questa mistica che è stata però sepolta a Firenze in una cappella del chiostro adiacente alla basilica della Santissima Annunziata.

Ogni dodici del mese, giorno della sua morte, vengono letti dinanzi alla sua tomba alcuni brani presi dalle sue opere e poi, alle 17.00, viene celebrata una Santa Messa in perenne ricordo della grande scrittrice, "la penna del Signore" Maria Valtorta.

Ora che abbiamo conosciuto Maria Valtorta, cerchiamo di capire il significato spirituale del profumo di lavanda attraverso la lettura dell'articolo *I profumi soprannaturali di padre Pio, secondo la lezione del Signore a Maria Valtorta* di Antonio Norrito. Come abbiamo appena anticipato in precedenza, questo articolo è stato individuato grazie al computer e a Google inserendo la parola chiave "profumo di lavanda" e abbiamo scoperto che nelle visite spirituali di padre Pio a Maria Valtorta, la mistica viareggina annotava un particolare che è quello del linguaggio dei profumi di padre Pio.

Maria Valtorta annusava le "paradisiache fragranze", cioè gli odori che emanava la presenza di padre Pio durante le sue visite alla mistica. L'odore e il profumo mutava a seconda della ragione della sua venuta. Per esempio: odore di aceto significa vittoria sulla tentazione, oppure profumo di rose indica la presenza spirituale del frate di Pietrelcina.

Gesù Cristo ha dettato a Maria Valtorta una pagina importantissima sul significato spirituale di queste "paradisiache fragranze".

Che cosa indicano i profumi dal punto di vista spirituale? Lo spiega il Signore a Maria Valtorta: «*Indicano la santità raggiunta nel contatto quotidiano con Dio, tramite la preghiera e l'esercizio delle virtù, per le quali il cuore si trasforma in altare dove brucia la carità per Dio e per il prossimo*».

Gesù spiega a Maria Valtorta come dev'essere un cuore quando è altare del profumo: «*Di materia preziosa all'interno e all'esterno e in ogni sua parte... nel legno di Setim* (Con il legno di Setim si sarebbe costruita, secondo *il Libro dell'Esodo*, l'Arca dell'Alleanza) *è nascosto il significato di preziosità, incorruttibilità, resistenza e leggerezza. Il tuo cuore deve essere così. Il tuo cuore deve essere prezioso perché formato dall'amore e dall'unione con Dio e dalla generosità nell'amore. Incorruttibile all'azione deleteria del senso e della tentazione, dell'insidia satanica, i tre tarli dell'anima perché l'amore generoso e l'unione rendono le fibre del cuore incorruttibili all'azione disgregatrice che proviene dall'esterno. Durissimo, resistente e forte deve essere il tuo cuore*».

L'elenco dei profumi

I profumi sono una caratteristica di padre Pio e delle sue visite spirituali.

Di solito a chi avvertiva il profumo il frate diceva: «Che c'è da spiegare... È la mia presenza». Ma si è potuto notare che a ogni visita spirituale di padre Pio c'era un profumo particolare. Enrico Malatesta, noto vaticanista e storico di padre Pio, ha stilato un elenco con tutti i significati dei diversi profumi che naturalmente va integrato con le informazioni ricevute da Maria Valtorta.

In questo elenco, occhio alla sorpresa. Alla lettera L troviamo il profumo di lavanda. A voi il compito, ora davvero facile, di verificare e di scoprire che cosa voleva significare per la moglie di Bruno il messaggio con il profumo che le ha dedicato la Madonna quando saliva il Podbrdo.

aceto: vittoria sul peccato e sulle tentazioni;
acido fenico: previsioni di sofferenze fisiche e morali;
aglio: seguire la strada presa senza rimorso;
amaro: notizie di morte;
anice: speranza;
basilico: non perdere il contatto spirituale con Dio;
biancospino: compiacimento di padre Pio per il proprio comportamento;
caffè: non stare in ansia;
canfora: avvio alla guarigione;
catrame: raddrizzarsi spiritualmente e materialmente;
cera: profumo della fede;
cioccolato: bisogna sostenersi;
farina: arrivo della Provvidenza;
fiori misti: sottomissione;
fragole: ricevere i benefici dell'intercessione;
garofani: maggiore fedeltà e sincerità;
gelsomini: impegno con Dio;
gerani: non affaticarsi;
gigli: invito alla purezza;
gomma bruciata: perdono dei peccati;
incenso: invito alla preghiera;
latte bollito: necessario intervento medico;
lavanda: armonia;
menta: devozione alla Madonna;
olivo: pace;
papaveri: non fare chiacchiere;
pino: pregare;
rose: presenza di padre Pio;
salvia: salute;
sangue: fare la volontà di Dio;
stalla: invito a san Michele;
tabacco: conversione;
torta: benedizione di padre Pio;
tuberose: buon augurio;
vaniglia: aiuto in un intervento operatorio;

viola: umiltà;
vino: letizia;
zolfo: presenza del male;
zucchero bruciato: presenza diabolica.

Dunque avete visto: *lavanda* significa "armonia" ed è questo un messaggio davvero chiaro che la santa Gospa ha voluto lanciare a Bruno e a V. e ai loro bambini e a tutta la famiglia. State sereni, siate in armonia, non vi fate più prendere dall'angoscia, dalla paura e dalla disperazione della malattia. Il tumore questa volta è stato vinto dall'onnipotenza di Dio, attraverso l'intercessione della Santa Vergine nel giorno dell'Immacolata Concezione, nel giorno dell'apparizione mariana sotto quella pioggia che cadeva violenta dal cielo come se fosse acqua benedetta per purificare i peccati di chi saliva e ripulire la malattia di chi ha avuto fede.

E armonia può essere l'armonia spirituale così come l'armonia del fisico e in quest'ultimo caso l'armonia degli organi e del sistema linfatico, aggredito dal tumore, che era stata spezzata e ora era ristabilita.

Per l'armonia dello spirito e dell'anima, Bruno fino a quel momento, come ha scritto la sua cognata A. nella lettera di ringraziamento alla nostra fondazione, non era mai stato un grande frequentatore di chiese e parrocchie, a differenza di sua moglie che invece ha sempre avuto un forte e sincero rapporto con Dio.

Oggi Bruno è già tornato un'altra volta a Medjugorje, a maggio 2010, facendo a piedi nudi tutta la salita al Podbrdo e si sta già preparando per un nuovo pellegrinaggio nella festività dei santi quando uscirà questo libro.

Nella vita si possono commettere tanti sbagli e Bruno, come tutti, me per primo, ne avrà commessi. L'importante è il perdono. E saper perdonare. E chiedere scusa con il cuore in mano. Sono le cose più difficili: come lo sono state per me quando ho commesso gli errori più gravi della vita.

Il sogno e la premonizione

Ma il racconto non finisce qui perché si arricchisce di un nuovo avvincente capitolo: il sogno premonitore.

Come vi avevo già anticipato in questa vicenda, ricca di episodi inspiegabili razionalmente e tutti di grande significato spirituale, la moglie di Bruno, durante la telefonata tra la Bosnia e l'Italia, a un tratto si decide a raccontare un particolare tenuto per ultimo, in fondo alla conversazione, dopo più di un'ora di intervista. Un particolare che riguarda un sogno premonitore di grande intensità e che avrebbe avuto la sua realizzazione nella realtà a Genova negli ambulatori dell'istituto tumori, a distanza di poco meno di 6-7 ore.

Lo stesso giorno in cui Bruno e i medici avevano fissato all'ospedale San Martino di Genova l'esame della palpazione alle ore 12.00 in punto, la moglie aveva fatto un sogno: il marito era insieme a tutti gli altri pellegrini dinanzi al nuovo asilo e al caseggiato del progetto Anziani e Orfani di suor Kornelya, la casa di accoglienza della Congregazione delle sorelle della famiglia ferita.

Come ho scritto nel primo libro, una delle missioni più importanti dell'associazione Olimpiadi del Cuore è proprio quella di costruire questo centro, che fu iniziato negli anni '90 da suor Josipe Kordic, sorella scomparsa di suor Kornelya.

Il centro ospita centoventi orfani e quaranta anziani, e grazie ai voli umanitari e ai finanziamenti raccolti in Italia dalla mia associazione e anche da tanti altri pellegrini che si recano laggiù, i lavori stanno procedendo speditamente. Ogni volta che realizzo questi viaggi, il mio desiderio è quello di portare tutti coloro che sono venuti con me, per pregare e soccorrere i bimbi, davanti agli edifici che stiamo costruendo con tanta gioia per sostenere le suore e per aiutare questi ragazzi a vivere meglio.

Quando siamo tutti insieme, pellegrini, orfani e anche qualche anziano che si aggiunge, scattiamo sempre tante foto e facciamo filmati per ricordare il nostro viaggio e testimoniare a tutti che i soldi versati finiscono là dove era stato promesso.

Anche nel volo dell'8 dicembre si fecero le foto e i video di rito, e quelle immagini dovettero rimanere ben impresse nella mente e nel cuore di V., la moglie di Bruno. Tanto impresse e fissate nella memoria che verso le tre del mattino di lunedì 21 dicembre 2009, proprio il giorno in cui Bruno, come abbiamo spiegato, aveva fissato l'appuntamento per l'esame esterno di palpazione, la moglie V. ha fatto precisamente questo sogno: «*Ho avuto una visione nelle prime ore della notte. Ho sognato a lungo mio marito insieme agli altri pellegrini mentre si mettevano in posa per le foto di rito davanti a un cantiere, forse quello dove sono in costruzione le nuove case per gli orfani. Guardando attentamente queste immagini scattate nelle fotografie ho visto distintamente mio marito e sopra di lui la Madonna.*

Era appoggiata su una nuvola bianca, si vedeva chiaramente» spiega senza un minimo di esitazione V. «*una figura femminile che era scesa proprio sopra la testa del mio Bruno. Questa giovane donna pareva appoggiata sulla nuvola e da quello che posso ricordare, mi sembrava che sfiorasse la testa di mio marito.*

Ma la cosa che ovviamente mi ha colpito di più,» continua a raccontare V. «*facendomi passare una notte dalle sensazioni fortissime, sono state le parole e il significato di questo sogno: "Non ti preoccupare, ora ci sono io"*».

La mattina alle 6.30 V. si sveglia e di lì a poco mette al corrente suo marito di questo sogno. In quel momento lui non ci fa troppo caso e anche a distanza di sette mesi, quando io gli ho ricordato questo racconto, non lo rammentava. Ma sul mio taccuino avevo annotato tutto e quando gliel'ho riferito lui lo ha subito rievocato: «*È vero, ricordo adesso. Mia moglie era particolarmente impressionata da quella visione, ma io, cercate di capire, quel mattino andavo incontro a un esame importante, l'esame esterno di palpazione delle zone tumorali, che avrebbe potuto segnare la mia vita*».

Il resto, cari amici lettori, lo sapete anche voi. La storia del profumo di lavanda non finisce qui perché la mia determinazione a raccontare le tracce del passaggio di Dio non ha voluto tralasciare nulla. Non mi sono accontentato di sentire i protagonisti, anche se per me tutto ciò poteva bastare, perché sento questa vicenda come assolutamente vera, una vicenda segnata dall'onnipotenza di Dio e dal grande potere di intercessione della Madonna di Medjugorje.

Ho voluto ascoltare l'altra faccia della vita che si contrappone a quella spirituale, quella della scienza medica. Ho preso un appuntamento per il tramite di Bruno con i due medici che lo hanno avuto in cura dopo i due drammatici interventi chirurgici: gli oncologi Anna Pessino e il primario Alberto Sobrero.

L'intervista ai medici

Partiamo da Forte dei Marmi il giorno mercoledì 23 giugno 2010, attorno alle 8.15 del mattino per essere a Genova alle 10.20.

L'incontro per l'intervista è fissato alle 11.00 nello studio della dottoressa Pessino, nella divisione di oncologia medica dell'ospedale San Martino, padiglione di patologie complesse.

Devo dire che, mentre aspettavo di essere ricevuto dalla dottoressa Pessino e dal primario, ho potuto assistere a vari momenti in cui i pazienti incontravano i medici, per controlli, esami diagnostici di TAC e PET, di ecografie, raggi X e anche situazioni di emergenza che richiedevano l'intervento del chirurgo. Senza volerlo, stando seduto nel corridoio, ho ascoltato conversazioni concitate, dialoghi tra malati e sanitari, tanti infermieri che assistevano le persone degenti.

Ho sentito anche i parenti dei ricoverati che parlavano dei medici e del personale paramedico di questo reparto, dove tutti lottano per strappare al tumore la vita delle persone. E ho percepito subito una cosa immediata: qui c'è una grande umanità, pazienza e disponibilità ad ascoltare, comprendere e dare speranza e sollievo alla sofferenza.

Quando si leggono tante notizie cattive della malasanità del nostro Paese, bisognerebbe anche ricordare che non si può fare demagogia, ma che si deve pensare anche a chi fa il proprio lavoro con professionalità e rispetto per il dolore di chi lotta per non morire.

Dopo circa venti minuti di attesa, il professor Sobrero si libera e ci riceve.

Un breve saluto di presentazione col professore e nel frattempo fa capolino nello studio anche la dottoressa.

Il dottor Sobrero si siede dietro la scrivania e la sua attenzione viene attirata da Bruno:

«Ah, è lei! Adesso la riconosco! Ci è andata di un bene!!!» esclama Sobrero guardando il suo paziente e certamente riconoscendolo tra i tanti per la unicità straordinaria del suo caso, un tumore rarissimo.

«Come va, va bene?» chiede il primario rivolgendosi a Bruno, il quale subito risponde facendo riferimento alle conseguenze della chemioterapia: *«Sì, direi di sì, io i sei cicli che ho fatto... incredibilmente... veramente non ho... a parte l'ultimo e il penultimo che avevo un po' di nausea... non ho mai avuto, accusato nessun tipo di conseguenze... diciamo particolari, l'unico problema è che talvolta ho tremore alle mani o meglio un po' di formicolio»*.

Il medico non sembra affatto preoccupato di questi sintomi post chemioterapia e risponde soddisfatto del risultato strepitoso: *«Ma stia tranquillo, è tutto normale; noi monitoriamo ogni cosa, teniamo tutto sotto controllo e faremo altre visite ed esami diagnostici. Tenga presente che la sua è una grande e significativa eccezione, perché il signore* (Un paziente in fin di vita di cui Sobrero discuteva mentre io ero in attesa. N.d.A.) *che sono andato a visitare adesso... abbiamo deciso di non fare più niente... e non aggiungo altro»*.

Bruno si sente un malato, o se volete un ex malato molto fortunato, io aggiungo miracolato: «*Sono stato benissimo, addirittura*» racconta Bruno «*le settimane degli ultimi cicli chemioterapici… andavo anche al ristorante… La chemio l'ho finita il 26 marzo*».

Interrompo il dialogo tra i due e chiedo: «Professore, che cosa sappiamo sui tumori e più in particolare sul tumore dell'uraco che ha colpito Bruno?».

«*Noi non sappiamo un sacco di cose su queste malattie rare*» spiega Sobrero «*già non le sappiamo sui tumori comuni, si figuri un po'! Prenda il tumore del colon, ad esempio: ce ne sono trentamila all'anno in Italia, ce ne sono un milione all'anno nel mondo eppure noi sappiamo che sono malattie diverse, quello che viene a lui, a me o a lei è completamente diverso. Quindi noi*» continua il professore «*abbiamo una classificazione dei tumori dell'Ottocento, va bene? Tumore dell'uraco, tumore del colon… basato sull'organo di origine; abbiamo dei farmaci che sono del* XXI *secolo e le due cose non vanno d'accordo, ecco perché molte volte non… ecco, insomma, voglio dire… bisognerebbe che aggiornassimo la classificazione. Quindi quando lei mi chiede: "Che tumore è questo qua?"* (Tumore dell'uraco. N.d.A.)*, io le rispondo: non ne sappiamo nulla.*»

«Professore, lei è in grado di dirmi quanti tumori dell'uraco ci sono nel mondo in questo momento, mentre io la sto intervistando?»

«*Pochissimi, pochissimi, non glielo so dire… proprio non saprei.*» Sobrero risponde così allargando le braccia e sospirando.

«Quando mi dice pochissimi, mi può dire un numero percentuale più o meno indicativo, per avere un'idea?»

«*Eh… cosa diciamo… non so… la vescica è intorno al… 4 per cento dei tumori, l'uraco sarà meno dello 0,1 per cento di questo 4 per cento, no? La sto buttando là.*»

«Cioè cinquanta nel mondo?»

«No, eh buonanotte, saranno cinquecento, mille nel mondo!»

«Qual è la casistica di guarigione del tumore dell'uraco?»

«Non c'è, non c'è. La regola dei tumori rari è... in generale si comportano come i tumori maligni degli altri organi e, se sono rari, la regola è: se la malattia è disseminata non è guaribile. La regola è... attenzione, eh... ma le eccezioni ci sono. La regola è che il tumore del polmone disseminato non è guaribile. Se però lei mi chiede: ha avuto pazienti che sono guariti? La risposta è sì!

Però... La medicina marcia su ciò che è probabile, non su ciò che è possibile, capisce? Quindi quando ci troviamo a dover informare i pazienti sul "dottore come andrò?", scegliamo formule intermedie. Perché, chi sono io per togliere la speranza a una persona? E se poi lui fosse quello su cento a cui va bene? Ha capito il mio ragionamento?»

«Scusi professore, ma nel caso specifico di Bruno?»

«Nel caso specifico non sappiamo nulla... Per gli altri rimane comunque difficile arrivare a una guarigione, tuttavia conosciamo la casistica. Il tumore della mammella, polmone, colon, prostata, gastrico...»

«Mi può spiegare semplicemente cos'è l'uraco?»

«È un legamento che va dall'ombelico alla vescica, ed è un residuo fetale».

A questo punto interviene anche l'assistente, la dottoressa Pessino che ci dà qualche notizia in più.

«È un tubo che normalmente funziona nel feto, ma quando il bambino nasce questo tubo si riassorbe progressivamente e lascia traccia di sé in un legamento.»

«Professor Sobrero, quanti casi ha avuto lei di tumori all'uraco?»

«Mai, zero, questo è il primo nella mia vita.»

«In quanti anni di attività?»
«Eh, 25.»

«Come si potevano definire le condizioni di Bruno al novembre del 2009?»
«Assolutamente disperate, sulla carta. Non glielo abbiamo detto in questi termini così brutali...»

«Nel suo cuore, senza dirlo al paziente, quanti giorni di vita gli poteva dare?»
«No, no, questo è sbagliato...»

«Riformulo la domanda: Bruno era un paziente che poteva vivere ancora dieci anni, vent'anni?»
«Allora, attenzione, senza cure probabilmente sarebbe andato avanti un mese o due.»

«Le cure sono la chemioterapia?»
«Sì, esatto. Con le cure, siccome se ne sa così poco, non mi azzardo in pronostici. Ha capito?... Perché? Per non togliere la speranza al paziente. Perché devo andare a stroncargli la vita dal punto di vista psicologico, dicendogli: "Guarda che morirai, morirai comunque e morirai in sei mesi"?»

«Professor Sobrero, secondo lei il caso si è risolto positivamente in maniera "inspiegabile", perché magari è intervenuto qualche cosa di particolare, oppure la chemioterapia ha guarito in meno di un mese il paziente affetto da un tumore sconosciuto?»
«Sto cercando di farle capire che tutte le volte che noi facciamo la chemioterapia possiamo avere quattro risultati: nessun effetto e lo chiamiamo progressione (peggioramento); stabilizzazione; risposta, vuol dire riduzione di massa; risposta completa, cioè scomparsa.
Con qualunque tumore questo è possibile grazie alle cure. Dov'è il problema? Il problema è che ciascun tumore ha

diversi livelli di sensibilità ai farmaci. E i tumori rari? Non sappiamo granché, non sappiamo che probabilità abbiano. Questo è il punto.»

«Dunque il tumore dell'uraco di Bruno è un tumore raro, sconosciuto e anche aggressivo? Sono fattori dipendenti o indipendenti?»

«No, sono indipendenti. Potrebbe anche non essere aggressivo.»

«Nel caso specifico, questo era raro e anche molto aggressivo?»

«Sì, a giudicare da come è andata sì!»

«Non era una condizione ideale, insomma...»

«Assolutamente no.»

«Il peggio che ci poteva essere...»

«No, il peggio che poteva esserci no, perché è molto meglio avere un tumore raro piuttosto che un tumore classico.»

«Quanta chemioterapia ha fatto? Un mese?»

Interviene Bruno: *«Quattro mesi. Ho iniziato il 27 di novembre e ho terminato il 26 di marzo, quindi sono quattro mesi pieni»*.

«Sì, però quando ha fatto la palpazione non risultava più niente, quanta chemioterapia aveva fatto prima della palpazione?»

Risponde la dottoressa Pessino: *«Aveva fatto due cicli»*. (Al momento dell'intervista la mia redazione non era in grado di documentare una risposta a questa affermazione. Tuttavia, in seguito a un'attenta verifica dei giorni effettivi di cura, i miei consulenti, sulla base della documentazione medica, hanno potuto constatare che era stato terminato solo il primo ciclo, completo. Il secondo era appena iniziato con la puntura di platino e la somministrazione delle pastiglie per i primi 3, 4 giorni. N.d.A.)

«Il 21 dicembre il paziente fa la palpazione e... sparisce tutto! Quando è venuto da lei (Rivolto al professor Sobrero. N.d.A.) ha avuto una reazione di grande sorpresa immagino...»

«Certo, certo.»

Interviene nuovamente Anna Pessino: *«Non succede tutti i giorni».*

Riprende Sobrero: *«È normale che un tumore raro e aggressivo sparisca in venti giorni. Evidentemente non riesco a spiegarmi bene: il nostro era un tumore raro, aggressivo e sconosciuto. Sono certo che la cura è stata determinante a fare sparire il tumore. Questa è l'unica certezza in un mare di incertezza.*

Un tumore come aveva Bruno era formato da circa trecento, quattrocento miliardi di cellule: allora noi lo possiamo palpare, quando è intorno ai dieci, trenta miliardi di cellule, e lo verifichiamo con la TAC *quando è intorno a un miliardo di cellule, ma se lei fa i conti... ma adesso qui andiamo un po' troppo sul tecnico: per arrivare a un miliardo di cellule ci sono trenta raddoppiamenti cellulari.*

Per arrivare poi ai limiti compatibili con la vita ce ne sono altri cinque o sei raddoppiamenti.

La fase clinica che noi vediamo, quando i pazienti si accorgono di star male e presentano i primi sintomi, è una fase molto ristretta, molto contratta nel tempo: corrisponde da un minimo di un mese a un massimo di dodici mesi.

Da una fase iniziale, quando la cellula è sballata, al momento in cui si trasforma in un nodulo, che io posso diagnosticare, può passare un arco di tempo di dieci anni.

Quindi ci sono tutte queste conoscenze in mezzo che fanno rispondere in un certo modo alle sue domande. È molto raro che sia potuto sparire. La risposta completa nelle leucemie corrisponde al 40 per cento (guarigioni totali). Nel tumore del polmone le guarigioni si verificano con un'incidenza dell'1 per cento. Invece nel tumore dell'uraco non lo sappiamo».

«Professor Sobrero, lei disse a Bruno, dopo l'esame della palpazione, che avrebbe parlato nel marzo 2010 di questo caso in un convegno internazionale a Parigi.»

«Non ne ho parlato in convegno perché i casi rari non aiutano. Tuttavia ne ho discusso con dei miei colleghi anche stranieri tramite scambio di e-mail. Ho comunicato a loro che un caso rarissimo di tumore dell'uraco si è risolto positivamente!»

«C'è una casistica di questo tumore?»

«Ho fatto una piccola ricerca: non vengono riportate risposte concrete».

«Si può dire che siamo di fronte a uno dei rarissimi casi al mondo di tumore all'uraco guarito in così poco tempo?»

«Se lei vuole arrivare alla conclusione che il caso del nostro amico Bruno sia un caso assolutamente eccezionale, è assolutamente certo.»

«Si può dire con certezza oggi che il tumore non c'è più?»

«Esatto, questo lo può dire. Prima aveva il tumore ora non ce l'ha più. TAC *e* PET *a novembre: il tumore c'era.* TAC *ad aprile: tumore scomparso. In altri termini il tumore non esiste più, mentre prima la sua presenza risultava con certezza dalle diagnosi, sia esterne, come la palpazione, sia con i riscontri della* TAC *e della* PET.*»*

«Si può parlare di guarigione?»

«Non posso parlare della guarigione assoluta perché lo status quo *è questo: il tumore non c'è più, ma una cellula dormiente potrebbe sempre risvegliarsi e l'unico strumento che la scienza ci dà è l'attenta sorveglianza. Per dire che un paziente è guarito definitivamente e clinicamente da un tumore, è necessario un lungo periodo di tempo, anni e anni.»*

A questo punto interviene la dottoressa Pessino, mentre il professore si allontana per seguire un caso urgente.

«Dottoressa Pessino, quanti sono i tumori dell'uraco guariti in venticinque giorni dall'inizio della chemio?»

«Non abbiamo dati. Questo potrebbe essere uno dei pochi al mondo, se non l'unico dato certo. C'è un sito americano che raccoglie tutte le pubblicazioni degli articoli scientifici, si chiama www.pubmed.com e raccoglie tutte le pubblicazioni e gli articoli scientifici, che siano stati valutati, che abbiano avuto una revisione critica da un board di esperti, cioè da un pool di revisori scientifici che hanno approvato la pubblicazione. In pratica è una fonte classica di informazione su tutte le terapie per la medicina italiana. Per quanto riguarda il caso di Bruno, sicuramente è un caso da parlarne a livello internazionale ma noi non l'abbiamo fatto.»

Scienza e fede: i medici di Genova e il miracolo della lavanda

Terminata l'intervista racconto ai due medici il viaggio che Bruno ha fatto a Medjugorje e delle circostanze straordinarie che ha vissuto la moglie così come le abbiamo raccontate in questo libro.

«Dottoressa Pessino che cosa ne pensa di quello che è successo in Erzegovina al suo paziente?»

«Io sono credente ma non praticante, Bruno mi aveva accennato qualcosa ma non tutto quello che mi ha raccontato lei. Guardi, io le posso solo dire con certezza questa cosa: prima di essere credente io sono un medico, tuttavia sono molto affascinata da questo racconto e penso che tutto questo possa aiutare molto, tantissimo chi è malato.»

A un tratto Bruno, che era rimasto sempre abbastanza silenzioso, si inserisce nel discorso e afferma: *«Anch'io sono sempre stato credente ma non ho mai praticato attivamente. Questa vicenda sicuramente sta cambiando la mia vita nel rapporto con la fede. Oggi sono più attento a tanti aspetti della vita quotidiana che fanno riferimento a Dio. Sono tornato in chiesa e mi sono confessato. C'è un evidente cambiamento dentro di me*».

Il professor Sobrero, dopo essere rientrato dalla corsia dove era andato a visitare un paziente, si è soffermato ascoltando il mio racconto, ma si vedeva chiaramente che voleva puntualizzare la sua opinione: «*Noi abbiamo una regola, che quando le cose vanno bene non dobbiamo assolutamente toccare niente. Nel nostro ospedale abbiamo il 30 per cento dei malati che fanno terapie alternative, cose strane, eccetera. Non abbiamo niente contro le terapie alternative... La fede è un grosso dono che aiuta molto, quindi non voglio certo impedire o contrastare nulla. Per carità, dico sempre a tutti: continuate a credere e avere fede, perché certamente noi non siamo contrari né ve lo impediamo*».

A questo punto scatta la foto di rito con Bruno e i due medici. Mentre viene immortalato questo momento finale della giornata all'ospedale San Martino, faccio tra me e me due riflessioni che ora devo riferire a voi, cari lettori.

Primo. Siamo di fronte a una malattia rarissima, aggressiva e forse unica al mondo, come si è capito chiaramente dalle stesse dichiarazioni dei due medici.

Secondo. Quando si è verificato il caso di Bruno, prima è intervenuto il chirurgo che ha cominciato a combattere il tumore con le operazioni. Ma così era evidente che non poteva più andare avanti, perché l'infezione tumorale progrediva ogni mese troppo rapidamente e quindi la chirurgia sarebbe diventata devastante.

Terzo. Nel momento in cui è emerso chiaramente che si trattava di un tumore a un organo (l'uraco) che non aveva casistica precedente, la cura all'ospedale San Martino di

Genova non era mai stata sperimentata, tanto è vero che il protocollo di chemioterapia è arrivato per iniziativa dello stesso paziente e da una persona di fiducia della moglie V. che l'ha fatto giungere dal Texas ed è stato sperimentato nel reparto delle patologie complesse.

Quarto. Per ammissione dello stesso professor Sobrero emerge un dato incontrovertibile: «*Il caso del vostro amico Bruno è assolutamente eccezionale*».

Quinto. I familiari e i medici erano concordi nel ritenere drammatica la cartella clinica di Bruno. Lo stesso Sobrero ha dichiarato: «*Senza chemio, uno, massimo due mesi di vita*». Ma, tenete presente il punto tre: nessuno aveva mai sperimentato prima questo tipo di chemio e nel mondo, probabilmente, la casistica non prevede un caso come questo, e cioè che nel giro di ventiquattro giorni, con un solo ciclo di chemio completato, «*il tumore c'è, il tumore non c'è*».

Prima di passare al sesto punto e cioè all'analisi degli elementi di una risoluzione sovrannaturale di questa malattia, vorrei ringraziare un caro amico, che si presta spesso a farci da consulente, Paolo Puccinelli, un bravo medico, che lavora nel reparto di oncologia diretto dal dottore Domenico Amoroso dell'ospedale Versilia. Anche lui nella vita ha dovuto affrontare in prima persona, colpito negli affetti più cari, il dolore e la sofferenza provocati da questo male terribile.

Sesto. Consideriamo ora gli elementi a favore della tesi miracolistica.

Ecco un elenco delle coincidenze e dei meccanismi pressoché perfetti che hanno portato a conoscenza dei familiari di Bruno le date del nostro pellegrinaggio:

– le telefonate con le guide della Toscana e della Liguria. La coincidenza della consegna del volantino proprio nel giorno in cui c'era un parente di Bruno, in una nota merceria di Genova, mentre le guide dei pellegrinaggi distribuivano il programma per esporlo al pubblico;

– la cognata A. presente nel negozio proprio in quel

momento, mentre entra il "postino" dei pellegrinaggi. A. può così informare tempestivamente Bruno e sua sorella;

– la tenacia della moglie di portarlo a Medjugorje a tutti i costi, anche se Bruno, per sua ammissione, era *"credente ma per nulla praticante"* prima del tumore e solo V. era molto attaccata alla fede;

– la riapertura del volo già chiuso dalle linee aeree croate, una circostanza questa difficilmente realizzabile, praticamente la prima volta per il nostro tour operator di Perugia Green Center;

– la volontà di Bruno, sfibrato dalla chemio, di tornare due volte nello stesso giorno sul Podbrdo e per giunta, la seconda volta, di notte sotto una pioggia torrenziale;

– i due segni preliminari vissuti da V.: le gocce d'acqua sulle sue mani e il ricordo intenso del padre; il sogno con l'avvertimento della sorella A.;

– il profumo di lavanda, sentito intensamente solo da V., la moglie di Bruno, e la constatazione che si tratta di una pianta arborea con fiori che è assolutamente impossibile trovare tra la vegetazione spontanea della collina del Podbrdo e sulle montagne vicine a Medjugorje. Non è infatti un arbusto che fa parte del patrimonio botanico di questa zona ma vi si trovano solo pochissimi esemplari, come pianta ornamentale, nei giardini di qualche villetta o davanti alla chiesa parrocchiale di san Giacomo. Tenete anche presente, come abbiamo spiegato, il significato spirituale del profumo di lavanda collegato a questa vicenda;

– il sogno premonitore fatto da V., a poche ore dall'esame esterno della palpazione, collegato alla Madonna di Medjugorje, contenente una premonizione di salvezza della vita di Bruno che si è puntualmente verificata nella realtà dei fatti.

Visti e considerati questi sei punti credo che sia opportuno farsi questa domanda: anche se non fossimo credenti, non vi pare che in questo caso ci sia da prendere in seria considerazione l'ipotesi che sia intervenuto un fattore esterno alla scienza e abbia giocato un ruolo decisivo per tenere in vita Bruno?

Certo, non fatemi questa domanda, perché sarei troppo di parte, ma se fossi nei panni di questi due autorevoli e stimatissimi medici, credetemi, una piccola riflessione la vorrei fare: come si può essere, in un caso di questo genere, sicuri di aver salvato la vita a Bruno esclusivamente con l'aiuto di un solo ciclo completo di chemioterapia?

Certo, sicuramente dal punto di vista teorico è possibile. Ma nella realtà rientra solo in pochissimi casi al mondo.

Sono veramente l'ultima persona che avrebbe diritto a parlare e dispensare opinioni, in particolare in una diatriba così dibattuta e delicata come quella tra scienza e fede.

E tuttavia ritengo che le qualità professionali e le capacità individuali di ciascuno di noi non siano altro che un grande dono di Dio. Quando cominciamo a credere che questi doni arrivino soltanto perché il merito è della nostra ragione, allora siamo arrivati all'inizio della fine.

Io penso davvero che il professor Sobrero e i suoi collaboratori abbiano avuto in abbondanza carismi professionali di intelligenza, umanità e discernimento medico per mandare avanti un reparto così importante per la salvezza dei malati. Si può verificare nei corridoi del reparto genovese delle patologie complesse, guardando come vengono curati i malati. Con professionalità e soprattutto tanta umanità.

Ricordiamoci però anche di ringraziare il Signore, perché, per mezzo del Santo Spirito, Egli ha operato attraverso le menti e le mani dei medici. Stesso ragionamento per i professionisti che parlano in tv e scrivono nei libri e nei giornali.

Quando pazienti come Bruno escono miracolosamente illesi attraverso le maglie strette del male incurabile, preghiamo per ringraziare sempre il Signore nostro e la Madre di tutti che ha operato in questo caso un grande miracolo.

Se domani mi ammalassi vorrei fare un consulto e un ricovero con i medici di Genova, di questo reparto, soprattutto, sottolineo ancora, per l'umanità con cui trattano i pazienti. Tuttavia, e mi rivolgo soprattutto al professor Sobrero, lo vorrei consigliare con affetto di seguire un po' di più sua sorella che è molto devota alla Madonna, come il professore stesso ci ha rivelato durante l'intervista. Purtroppo, mi sembra di capire che per lui non è così, ma colgo l'occasione per invitarlo al prossimo viaggio che organizzerò a Medjugorje, così da mostrargli la collina del Podbrdo, il posto dove Bruno è stato guarito. Ovviamente a parer mio.

Capitolo 3

SVELATI I TRE SEGRETI DI CIVITAVECCHIA. NATALE E CAPODANNO 2009 A MEDJUGORJE: LA SVOLTA

La svolta storica di Capodanno 2009

Quando parto per Medjugorje da Forte dei Marmi e raggiungo Roma per volare in Croazia, sento fortissimo il desiderio di passare dal santuario della Madonnina di Civitavecchia. Immancabilmente.

E così, raramente, transito per l'Autostrada del Sole, e ogni volta finisco per imboccare la Genova-Livorno fino a Rosignano e di qui procedo verso la capitale, percorrendo la superstrada Aurelia.

Diciamo pure la verità. Non è molto consigliabile perché è piena di buche, perché per lunghi tratti è senza corsia di emergenza, perché di notte gli autogrill e i distributori di benzina sono spesso chiusi ed è malamente illuminata. È una strada costellata di autovelox che ti strappano i punti della patente a ogni chilometro, ma la tentazione, nel senso buono della parola, di passare da lì, comunque, per entrare in quel piccolo santuario, è sempre troppo forte. E poi c'è la tappa del ristoro: un posticino davvero speciale dove la famiglia Brizi gestisce la cucina in prima persona. Siamo nel comune di Tarquinia, a pochi chilometri dal Pantano, dove c'è il santuario della Madonnina di Civitavecchia.

Vi racconterò un aneddoto raccomandandovi di impostare il viaggio per fermarvi a gustare quei piatti davvero prelibati, con una dritta sul menù. Quando? Quando arriveremo al viaggio del 22 dicembre, saprete tutto. Tranquilli, mancano ancora poche pagine...

Intanto facciamo un riassunto dei miei viaggi in Bosnia nel primo anno della mia conversione, dal 2 febbraio 2009 al 2 giugno 2010, l'ultimo viaggio organizzato mentre andiamo in stampa con questo libro. Si tratta di una sorta di vademecum sui pellegrinaggi a Medjugorje, viaggi che ho organizzato perché spinto da un desiderio irrefrenabile. Come se qualcuno o qualche cosa di indescrivibile e misterioso mi indicasse come e quando decidere di partire.

Ricordo benissimo tutti i viaggi che ho fatto: ma il primo è quello che non si scorda mai. Come gli amori più belli.

Era il 2 febbraio 2009. Mi ero trovato faccia a faccia con i produttori di Mediaset che mi invitavano a lavorare alle riprese di *Stranamore* e alle dirette del campionato di calcio e della Champions che sarebbero iniziate proprio in quei giorni.

Dissi la verità, e cioè che dovevo andare laggiù in Bosnia-Erzegovina, per ringraziare la Madonna che mi aveva salvato dal baratro.

Sgranarono gli occhi, increduli di fronte alla sicurezza, alla tranquillità e alla serenità con cui spiegavo la mia decisione di andare a Medjugorje. Ma quando ho pronunciato la parola Madonna, nessuno, e dico proprio nessuno, ha avuto dubbi o perplessità.

Come se questo viaggio, una vera e propria avventura, apparentemente assurda per lo stile di vita condotto fino ad allora, diventasse improvvisamente normale e condivisibile.

Il 2 febbraio è un giorno denso di significati: la presentazione di Gesù al tempio, la celebrazione della Madonna della Candelora e, per giunta, il due di ogni mese in Erzegovina a Bijakovici, alla Croce Blu, c'è l'apparizione pubblica della Madonna per intercessione della veggente Mirjana.

E proprio il 2 febbraio 1995, a Civitavecchia, alle ore 16.20, cominciò a lacrimare sangue una statuina di gesso della Madonna di Medjugorje, nel giardino dell'abitazione della famiglia Gregori, un miracolo con pochi precedenti.

La seconda lacrimazione avvenne il 3 febbraio alle ore 18.45 e, per altre quattordici volte, sono state testimoniate altrettante lacrimazioni. Pensate che il 15 marzo 1995, uno di questi miracoli è avvenuto alle 8.15 del mattino proprio di fronte al vescovo di Civitavecchia, monsignor Grillo, alle suore rumene della curia, alla sorella del vescovo e a suo marito.

Il pastore di Civitavecchia, fino a quel momento, si era sempre dichiarato scettico di fronte al fenomeno.

Da lì in poi eventi miracolosi e messaggi mariani si sono susseguiti in continuazione, coinvolgendo devoti, curiosi, scettici, ma soprattutto i Gregori, il padre Fabio e la figlia più piccola, Jessica che all'epoca aveva appena sei anni.

C'è un piccolo grande particolare che tutti "dimenticano di ricordare": dove fu comprata la statuina? Da quale posto del mondo proviene quella semplice Madonna di gesso? Perché nessuno mai sottolinea la località dove il sacerdote della parrocchia dei Gregori, don Pablo Martin, l'aveva comperata?

Don Pablo l'acquistò il 16 settembre 1994 in una delle tante bancarelle di Medjugorje vicine alla chiesa. Due giorni dopo la statuina fu regalata alla famiglia Gregori che la sistemò in una piccola nicchia in giardino.

Ancora una volta, dunque, tutto parte da Medjugorje, da quel piccolo paese stretto tra le due montagne, il Krizevac e il Podbrdo.

Ma perché questo dettaglio così importante non viene ricordato da nessuno? Oppure: perché si fa tanta fatica, quando si ricorda l'evento del Pantano a pronunciarne il nome Medjugorje?

Per esempio, ho seguito con grande attenzione una delle testimonianze più importanti della vicenda Civitavecchia. Siamo a Osimo, nelle Marche, domenica 21 marzo 2010, esattamente alle ore 17.00, durante la Santissima Messa, nel corso dell'omelia. Era un incontro di preghiera e di testimonianze, organizzato da Alberto Ronconi, marchigiano, la guida dei pellegrinaggi dalle Marche per la Bosnia.

Davanti a ottomila persone stipate nel palazzetto dello sport, monsignor Grillo ha parlato per cinquanta minuti senza fermarsi un momento, raccontando tutta la verità su Civitavecchia. È stato emozionante vedere l'autocritica che faceva a se stesso, dopo che per tanto tempo non aveva creduto né ai Gregori, né all'evidenza del fenomeno.

Eppure, come lui stesso ha ricordato, Giovanni Paolo II lo aveva chiamato al telefono per «mostrare più misericordia nei confronti di quella statuetta». Il papa sapeva benissimo perché si dovesse mostrare questa maggiore benevolenza per quelle lacrime di sangue: glielo aveva detto la Madonna stessa ogni volta che gli appariva.

Come è stato scritto, dopo la morte di Wojtyla e in particolare nel libro di Antonio Socci *I segreti di Karol Wojtyla*, ripreso anche da trasmissioni radio e tv, il papa più amato spesso si intratteneva con la Madonna, nel cuore della notte, con preghiere e scambio di messaggi e notizie.

Tutto questo è stato confermato anche dai più stretti collaboratori del papa, preoccupati e meravigliati nel vedere le luci accese nelle sue stanze in piena notte, nonostante gli interruttori fossero tutti spenti. Una luce, certamente, non elettrica.

E, tuttavia, nonostante questo, nel racconto di monsignor Grillo, a Osimo, in ben cinquanta minuti, ho sentito pronunciare a bassa voce e una sola volta, il nome chiave: Medjugorje.

Ultime rivelazioni da Civitavecchia: i tre segreti svelati dal vescovo Grillo

Ma il capitolo Civitavecchia non finisce qui perché, quando questo libro è ormai chiuso e consegnato all'editore Piemme Mondadori a Milano, ecco tornare alla ribalta il vescovo Grillo a Porto San Giorgio, sempre nelle Marche, domenica 19 settembre 2010, al palazzetto dello sport davanti a oltre seimila persone. Mi trovo a scrivere questo paragrafo di notte, con l'acqua alla gola, insieme al mio collaboratore Alessandro Bonocore, il giorno mercoledì 22 settembre 2010 alle ore 23.30, cercando conferme di fatti e notizie proprio come facevo a «La Nazione» di Firenze e al «Secolo XIX» di Genova quando succedevano fatti dell'ultima ora.

Vediamo che cosa è successo di così importante per riaprire il libro.

Stavolta il vescovo, nel corso di un congresso interdiocesano, "Apostoli Divina Misericordia di Fermo" (ho partecipato testimoniando insieme a Claudia Koll, la veggente Mirjana, i vescovi Domenico Cancian e Luigi Conti, di Città di Castello e di Fermo), ha diffuso notizie a raffica sui retroscena della Madonnina di Civitavecchia. Girolamo Grillo ha approfondito i particolari sui tre segreti della Madonna, rivelati dalla veggente Jessica Gregori, rendendo poi noto per la prima volta il vero motivo per cui la Madonnina ha lacrimato sangue: la piaga della pedofilia.

All'inizio del suo intervento ha presentato un libro edito dalla Shalom dal titolo *Rinnegare se stesso per vivere in Cristo.* Si tratta di un compendio di teologia curato dal vescovo ma che arriva da Bucarest. È stato scritto da suor Maria Ionela, la fondatrice della congregazione del Cuore Immacolato di Maria, istituto religioso fondato nel 1950 nella capitale rumena.

Il libro non è firmato volutamente da suor Ionela perché la madre superiora afferma di averlo scritto sotto dettatura di Gesù Cristo. E così si viene a scoprire che in Romania esiste una tra le più grandi mistiche viventi perché è in grado quotidianamente, attraverso la preghiera e una vita di grandi rinunce e sacrifici, di comunicare direttamente con il Signore.

La suora ha vissuto una vita di stenti e di privazioni, sopportando dieci anni di carcere duro, sotto la dittatura di Ceausescu. In quei lunghi anni di detenzione il libro era già stato "stampato" nel suo cuore e nella sua mente. Quando monsignor Grillo ha scoperto il manoscritto e, per conto dell'editore Shalom ne ha curato la pubblicazione, la madre superiora si è rifiutata di rivendicarne la paternità: «Perché devo firmarlo? L'ha scritto Gesù, lo firmi lei, vescovo, non sarò certo io». La madre superiora ha fondato una congregazione di forte ispirazione mariana nel mondo latino e greco cattolico. La Famiglia delle sorelle del Cuore Immacolato è stata dichiarata fuorilegge in Romania dallo stato comunista insieme a tutta la Chiesa greco cattolica. Nel 1953 suor Maria Ionela è stata arrestata e poi liberata nel 1964, dopo quasi undici anni di carcere.

La regola di questa congregazione si basa sul carisma della riparazione: pregare per le persone lontane da Dio, per gli atei, per i non credenti, per i bestemmiatori e per tutti coloro che sono vittime dei vizi e dei peccati più gravi.

Questa premessa è doverosa per capire come mai monsignor Grillo ha conosciuto queste suore rumene.

Oggi, infatti, così come a metà anni Novanta a Civitavecchia, sono due le suorine di questa congregazione latina che lo accudiscono a Roma.

Il libro è stato paragonato dal vescovo addirittura ai diari polacchi di suor Faustina Kowalska e deve essere letto non più di due o tre pagine al giorno. Sono parole dense di significati, da meditare, dettate da Gesù, che riguardano tutti i vizi e le debolezze umane. Il Signore indica i criteri per combattere il peccato. Diciamo che si tratta di una sorta di prontuario per combattere il male in ogni sua sfaccettatura.

La madre superiora svolgerà un ruolo fondamentale di profezia nella vicenda delle lacrimazioni della Madonnina di Civitavecchia.

A un tratto Grillo, verso le 11.20 di domenica 19 settembre 2010, entra nel vivo del racconto: «La Madonnina di Civitavecchia ha pianto nelle mie mani, nella camera di suor Teresa, il 15 marzo del 1995. Io inizialmente non credevo, avevo disposto la distruzione di quella statua. Me l'hanno nascosta e l'ho fatta sequestrare. Credo di essere stato l'unico vescovo al mondo che voleva distruggere una statua della Madonna».

Questa dichiarazione – grazie a Dio, ho pensato subito quel giorno – è una clamorosa autocritica e revisione del pensiero del vescovo davanti a seimila persone, prima a Osimo e poi, sempre nelle Marche, nel palazzetto dello sport di Porto San Giorgio.

Prosegue Grillo: «I primi che hanno creduto alle apparizioni di Civitavecchia e alle lacrime miracolose di sangue vero della Madonnina della famiglia Gregori sono stati, oltre alla bambina Jessica, ai familiari e ai tanti fedeli, quattro grandi mistici che tutti mi hanno chiamato per darmi un segnale e un forte avvertimento: suor Ionela di Bucarest, papa Giovanni Paolo II, Chiara Lubich e don Giussani.

Vediamo la prima mistica: come mai suor Ionela da Bucarest aveva già capito tutto, addirittura prima ancora che la Madonna iniziasse a lacrimare?

Un anno prima del fenomeno, nel 1994, era morta mia mamma» ha spiegato Grillo «e se ne era andata pure mia sorella. Allora dissi: prendiamo una domestica che mi dia una mano perché ero rimasto solo nel palazzo vescovile. Ho chiesto per caso a una suora rumena se nel suo paese ci fosse qualcuno disposto a venire qui per aiutarmi.

A Bucarest venne riunito dalla madre generale il consiglio della congregazione per decidere quale risposta darmi. Le suore dissero di no alla madre, perché erano uscite dal periodo difficile della dittatura di Ceausescu e, per giunta, avevano già dato un parere negativo per un'analoga richiesta del nunzio apostolico del Marocco. Allora suor Ionela si alzò e davanti a tutte le consorelle disse: "Ebbene, due delle nostre andranno a Civitavecchia". Le sorelle stupite esclamarono: "Ma madre, abbiamo detto di no!". E lei, dodici mesi prima dei miracolosi eventi di Civitavecchia, disse: "Andate subito, perché più avanti capirete il motivo di questa mia decisione".

Il secondo mistico ad avere intuito tutto è stato il papa Giovanni Paolo II, che ha disposto un incontro per vedere la Madonnina in Vaticano. Questa storia è già nota ma è molto importante da ricordare: si pregò nell'appartamento privato del papa in omaggio alla Madonnina di Civitavecchia che ricevette anche il rosario personale di Wojtyla che poi mi disse: "Un giorno il papa dirà al mondo che ha venerato la Madonna di Civitavecchia!".

"Quando, quando, quando?" chiesi io per ben tre volte al papa.

"Lo capirà, lo capirà a suo tempo" mi rispose il pontefice».

Il primo segreto di Civitavecchia

Prima di entrare nei dettagli dei segreti di Civitavecchia vorrei segnalare a questo riguardo anche il libro di Andrea Tornielli e Paolo Rodari, edito da Piemme, intitolato *Attacco a Ratzinger*, dove si possono leggere notizie riconducibili alle rivelazioni del vescovo monsignor Grillo e alla vicenda di Civitavecchia.

Grillo: «Questo giorno importante, incredibile, arrivò davvero (15 marzo 1995 quando la statuina ha lacrimato tra le sue mani. N.d.A.) e si è manifestato con degli avvenimenti che mi hanno spaventato. Perché, se è vero che la Madonnina inizialmente ha pianto soprattutto per l'Italia, come mi aveva detto il famoso esorcista padre Amorth, in un secondo momento, nel mese di settembre di quell'anno, del 1995, la piccola Jessica Gregori, che aveva sei anni e ha visto piangere la sua Madonnina, venne da me portata in braccio da suo papà al quale disse: "Papà stai fuori, lasciami stare da sola con il vescovo, c'è un messaggio per lui dalla Madonna".

Io la prendo in giro: "Ma che dici?" Ridevo e non credevo. "Ma dove l'hai vista, ma dove l'hai incontrata? Che cosa ti ha detto?".

Jessica aveva sei anni, era il settembre 1995, era a scuola ed era venuta apposta a trovarmi nel palazzo vescovile dicendomi: "Mi trovavo a scuola e la Madonna mi è apparsa in classe: 'Angioletto mio (Grillo spiega che solo più tardi capirà che *Angelo* in quel caso significa messaggero. N.d.A.) vieni che ti devo accompagnare a casa, ti devo parlare'.

Jessica: "La maestra non mi manda".

La Madonna: "Ho detto di chiedere alla maestra e vedrai che lei ti darà il permesso".

Ed infatti la maestra non sollevò obiezioni lasciandola andare a casa: "Fai la colazione e poi ritorna"».

Grillo: «E di che ti parlava? Come era vestita e come camminava?».

Jessica: «Nel percorso da scuola a casa, la Madonna mi parlava del suo bambino, come giocava con Lui. Lo sai mi ricordo anche che quella bella ragazza si chiamava Maria e insegnava tutto al suo bambino, pure le preghiere».

Grillo: «In quel momento pensai: questo è esatto perché Maria ha insegnato a suo figlio la prima preghiera degli ebrei, quella che gli israeliti recitano giorno e notte».

Qualche tempo dopo c'è un altro messaggio per il vescovo: «Devi andare e poi parlare all'orecchio del vescovo» aveva detto la Madonna a Jessica che si fa portare nuovamente dal papà.

Grillo: «Ah sì, e che mi devi dire stavolta?».

Jessica: «Chinati, ti devo parlare all'orecchio».

Così per il vescovo inizia un dramma che si è poi rivelato nella realtà, proprio come fu riferito da Jessica in quel giorno di settembre 1995.

Jessica: «La Madonna dice che attorno a te ci sono delle brutte figure, dei sacerdoti che ne stanno combinando di tutti i colori e tu non te ne accorgi».

Grillo: «Pensate un po', una bambina di 6 anni che diceva a me cose che si sarebbero poi puntualmente verificate».

Grillo: «Ma va» dico io «che stupidate che mi racconti. Ma chi te le dice queste cose?».

La bambina: «Lo sapevo, lo sapevo che non mi avresti creduto» esclamò Jessica davanti al vescovo piangendo a dirotto «però la Madonna ha detto che tu devi scriverti queste cose, perché se no come al solito te le dimentichi».

Grillo: «Io non scrissi nulla di quel primo segreto se non in un successivo incontro. E infatti annotai tutto in un diario».

Il secondo segreto di Civitavecchia

La seconda volta, Jessica, un mese dopo, arriva con un altro segreto, nell'ottobre 1995, che comincia sempre così: «C'è un messaggio per te e dice che tu devi consacrare i sacerdoti al Cuore Immacolato di Maria. Devi fare un atto di affidamento al Cuore Immacolato. E queste stesse cose dovrai dirle al papa Giovanni Paolo II».

«Ah sì?» risponde stupito il vescovo.

Io parlo col papa che quasi quasi si mortifica perché dice: «Ho consacrato tante volte i sacerdoti al Cuore Immacolato di Maria. Ma ancora non le basta alla Madonna? Non è ancora contenta?».

E qui Grillo ricorda che alla fine dell'Anno Santo Giovanni Paolo II fa, in effetti, arrivare la Madonna di Fatima a Roma in piazza San Pietro, perché la piccola veggente Jessica parlava e riferiva tutto sempre facendo riferimento alla Madonna di Fatima. Il vescovo specifica nel suo intervento di Porto San Giorgio: «La Madonnina di Civitavecchia è arrivata da una bancarella di Medjugorje, però la veggente Jessica parlava sempre della Madonna di Fatima».

Grillo ricorda: «Mi trovavo anch'io là, insieme a migliaia di vescovi e cardinali a ripetere l'atto di consacrazione al Cuore Immacolato di Maria. Però la bambina» osserva Grillo «non aveva detto atto di consacrazione, ma aveva pronunciato una parola difficile, proprio come Bernadette parlò al suo parroco dell'Immacolata Concezione: atto di affidamento al Cuore Immacolato di Maria. Che parola strana» dissi alla bambina «fingendo di non capire. Ma che significa?» le chiesi.

E Jessica: «Boh, Lei mi ha detto proprio così, che ne so io! Tutti i sacerdoti del mondo, anche tu e il papa dovete essere sottoposti all'atto di affidamento».

Nel frattempo, tra un messaggio e l'altro della piccola Jessica, si muovono anche altri mistici che fanno arrivare segnali precisi al vescovo incredulo.

«La terza mistica che mi ha contattato» spiega Grillo «è stata Chiara Lubich, la fondatrice del grande movimento dei Focolarini. Un giorno arriva da me, a Civitavecchia, una persona molto vicina a Chiara Lubich e mi dice: "C'è Chiara che sta pregando in questo momento accanto alla statua della Madonnina". La mia risposta, in quei giorni in cui non credevo per niente alle lacrimazioni, fu lapidaria: "Pure Chiara crede a queste stupidate delle lacrimazioni!".

Quarto mistico, don Giussani. In quei giorni si trovava a Rimini e mi spedisce un telegramma che ancora le mie suorine rumene conservano gelosamente dove diceva: "Caro monsignor Grillo io sono con te e prego per la Madonnina". Il vescovo rispose: "Pure tu, don Giussani, credi a queste stupidaggini della Madonnina!".»

Il terzo segreto

Grillo: «Al terzo segreto crollo definitivamente perché la bambina me lo viene a raccontare insieme al quarto che però mi preoccupava di meno».

Jessica: «La Madonna dice che io e te su questa terra soffriremo moltissimo».

Grillo: «Ora mi vedete col bastone. Io prima ho sofferto moralmente perché un anno dopo il primo messaggio del settembre 1995 si è verificato un episodio che mi ha profondamente turbato e pesantemente colpito. La polizia ha pescato in mezzo alla campagna, accanto a una vecchia fonte termale, all'epoca zona incustodita e malfamata soprattutto di notte, alcuni miei collaboratori a bordo dell'autovettura ufficiale del vescovo.

A quel punto, e ascoltato anche il terzo segreto, ho cominciato a riflettere. La bambina di allora è oggi una studentessa universitaria e ha avuto tutte le malattie di questo mondo, povera figlia, il cancro, problemi gravi alla tiroide e quando mi vede mi dice che io soffrirò in un modo e lei in un'altro. Ho cessato di soffrire moralmente quando mi sono ritirato lasciando l'incarico ma, da allora, ho cominciato, proprio il 2 febbraio, quando ha pianto la Madonnina, ad avere problemi fisici. Ero andato a benedire i fedeli e quando me ne sono tornato a casa insieme a suor Teresa abbiamo visto che non riuscivo più a mettere il piede per salire sulla macchina. Mi sono recato al pronto soccorso. Sono rimasto parecchio tempo inchiodato sulla carrozzella, i medici mi hanno operato di ernia al disco, ma alcuni di loro avevano sconsigliato l'intervento perché temevano per la mia vita. Successivamente, e ora potete vedermi con il bastone, sono caduto perché la gamba non ha retto. Mi faceva male il nervo sciatico e per questo sto facendo molta fisioterapia».

Il vescovo telefonò a Madre Ionela perché non se la sentiva più di andare in Romania a testimoniare. Lei gli rispose: «Eccellenza, ma non sa che deve soffrire? Stia tranquillo, verrà in Romania e parlerà, non con la bocca ma con la sua sofferenza. Quando la Madonna ti vuole bene ti accompagna sempre. Lo sa che la Madonna» mi ha rivelato la Madre superiora «le ha fatto tante visite? Lei non si muoveva, non camminava e la Madonna ha detto: "Adesso il vescovo deve uscire, muoversi e deve camminare, deve salire e scendere i gradini"».

Grillo: «Io non volevo, non me la sentivo, stavo male e poi, quando dovevo parlare alle suore e ai ragazzi, ho sentito una forza misteriosa che mi spingeva. Come se mi dicesse: "Vai e cammina". E allora è successa una cosa inspiegabile: ho fatto tutto il giro a piedi, scale e gradini compresi».

Madre Ionela: «La Madonna le ha fatto tante visite, era lì che camminava con lei».

Grillo: «La vicenda di Civitavecchia è una storia per me molto amara e triste perché, da questo intreccio tra Fatima e la Madonnina del Pantano, ho visto piangere due grandi papi. In questi giorni (Settembre 2010. N.d.A.) ho visto piangere Benedetto XVI per gli scandali della Chiesa cattolica in Inghilterra. La Madonnina di Civitavecchia non avrebbe lacrimato inutilmente, ha pianto sangue per lo scandalo della pedofilia.

L'ultima volta che vidi Giovanni Paolo II è stata l'unica occasione in cui il papa non mi domandò niente della Madonnina. Io andavo sempre a Roma in Vaticano perché facevo parte della congregazione dei santi. Lo incontrai e gli baciai la mano. Il Santo Padre mi guardò e io gli dissi: "Ma non mi dice nulla, Beatissimo Padre?".

Lui mi fissò a lungo e poi esclamò: "Civitavecchia, Civitavecchia, Civitavecchia". Lo ha detto tre volte ed è poi scoppiato a piangere davanti a me. Piangeva per il dolore della pedofilia. Aveva già capito molte cose, aveva adottato anche qualche provvedimento generale.

Questo papa, Benedetto XVI, ha ripetuto l'atto di affidamento. Che cosa ha fatto a Fatima?

Atto di affidamento al Cuore Immacolato di Maria. Leggetevi quando è andato in aereo. E l'altro giorno (Il vescovo si riferisce al viaggio in Inghilterra del settembre 2010. N.d.A.) durante il volo per Londra il papa era angosciato. Povero papa, era molto angosciato.

Dunque, la Madonnina di Civitavecchia che cosa ha anticipato, servendosi di quella bambina? Poco tempo fa ho rivisto Jessica, oggi studentessa ventunenne, e le ho chiesto: "Ma tu capivi quello che mi dicevi quando mi confidavi i tre segreti della Madonnina?". E lei mi ha risposto: "Lo capivo allora che avevo sei anni, figuriamoci ora che ne ho ventuno!"».

Grillo: «È la prima volta che rivelo per esteso queste cose, solo una volta a Milano ho accennato a queste vicende. E sull'aereo a papa Benedetto XVI è stata fatta questa domanda e lui ha risposto: "La Chiesa ha vigilato poco. Il pontefice soffre in una maniera incredibile e piange. Ha pianto due volte, a Malta e ha pianto ieri a Londra"».

Fatima 1917, Medjugorje 1981, Civitavecchia 1995: veggenti laici e veggenti di Chiesa

Dopo aver ascoltato le importanti dichiarazioni di Grillo sul caso Civitavecchia mi rimane una sola grande preoccupazione: come mai la Madonna di Civitavecchia ha un legame diretto e così forte con la Madonna di Fatima? Perché Jessica e il vescovo Grillo continuano a dire che è la Madonna di Fatima a parlare con la veggente del litorale laziale? Medjugorje ha fornito la statuetta che ha lacrimato sangue ma tutta la vicenda ruota attorno a Fatima. Dietro i tre famosi segreti consegnati a Lucia c'è ancora un forte alone di mistero soprattutto nel terzo segreto che, secondo alcune interpretazioni, non sarebbe stato divulgato completamente. Si dice sempre più insistemente che un allegato sarebbe rimasto sconosciuto.

Un'ipotesi che si fa sempre più strada indicherebbe proprio nei gravissimi mali della pedofilia, che hanno colpito dall'interno una parte ristretta della Chiesa, il contenuto di questo segreto solo parzialmente svelato. Se questa ipotesi fosse vera probabilmente si spiegherebbe anche perché a Civitavecchia e a Medjugorje i veggenti sono stati scelti dalla Madonna tra bambini e ragazzi cattolici rimasti laici, cioè che non hanno preso i voti religiosi, come suor Lucia a Fatima e Bernadette a Lourdes, e quindi non costretti dalle gerarchie dell'epoca all'obbligo dell'obbedienza.

Questa strategia consentirebbe alla Madonna di muoversi con più libertà sulla terra perché i segreti potranno essere letti pubblicamente solo quando e come lo diranno Dio e la Santa Vergine, senza pericoli di presunte censure, ritardi o altre limitazioni. D'altra parte questa scelta si inserisce bene nel concetto di nuova evangelizzazione voluto da Giovanni Paolo II e Benedetto XVI, secondo cui la Chiesa è tenuta, in modo particolare, a ritornare al suo compito originario che è quello dell'essenzialità, cioè del Vangelo di Gesù Cristo, dell'eucaristia, della confessione, della preghiera, perché altrimenti rischia di snaturarsi per diventare un gruppo come un altro all'interno della società civile.

Medjugorje, la Chiesa, il papa e gli scandali

Torniamo a chiederci: perché? Perché questa riluttanza dei vertici della Chiesa a pronunciare il nome di un posto dove da trent'anni è immensa e potente la presenza della misericordia di Gesù e di sua Madre Maria Santissima? Come mai?

Non ne capisco fino in fondo i motivi, ma so bene che il mio entusiasmo non si combina sempre con la dovuta prudenza della Chiesa. E, ovviamente, per ben altri motivi, anche di tutta quella moltitudine di persone che non credono o sono lontane da Dio. Come lo ero io, Paolo Brosio, un anno e mezzo fa. Ma se dalla categoria degli atei, dei non credenti, dei qualunquisti, materialisti, edonisti eccetera, un atteggiamento del genere è comprensibile, viceversa mi appare incomprensibile la chiusura totale o lo scetticismo, nei confronti di un luogo in odore di santità come Medjugorje, da parte di una piccola cerchia minoritaria, molto ben definita, e degli ambienti ecclesiastici e laici a essa collegati. Comprendo bene prudenza, capacità valutativa, discernimento, osservazione e analisi di tutti i frutti di Medjugorje, però dinanzi a cotanta grazia attorno alla parrocchia di san Giacomo consiglierei un'analisi critica più misericordiosa. E sono sicuro che alla maggior parte del clero stia a cuore quel luogo ricco di così tanta spiritualità. Ma non comprendo, al contrario, ostilità, scetticismo, presa in giro o semplice rifiuto di aprire la mente e il cuore alle apparizioni del Podbrdo.

Intendiamoci bene: ognuno è libero di fare quel che vuole ma chi ha scelto di servire Dio per tutta la vita, a maggior ragione, dovrebbe rendersi conto di persona andando laggiù a guardare, toccare, ascoltare e trarre le dovute conclusioni.

D'altro canto, se tutti parlano dell'albero Medjugorje, perché non andare a vederne i frutti: miracoli, vocazioni, conversioni, confessioni e comunioni a decine di migliaia, tantissimi giovani alla messa e all'adorazione? Se i frutti sono acerbi o spinosi significa che l'albero non è una creatura di Dio, ma se al contrario sono dolci e succosi non viene qualche dubbio sulle posizioni prese?

Premetto di essere perfettamente al corrente della procedura di riconoscimento delle apparizioni mariane e della complessità di questo accertamento investigativo da parte delle autorità ecclesiastiche. So benissimo che mentre scrivo c'è una commissione designata con decreto del pontefice e presieduta dal cardinal Ruini.

Tuttavia, in questi diciannove mesi in cui ho frequentato tantissimo gli ambienti legati alla Chiesa, dalle piccole parrocchie e oratori, fino ai palazzi dello stato vaticano, ho notato, con mio grande dispiacere, che quella piccola parte della Chiesa mal digerisce l'esistenza di quel posto baciato direttamente da Dio. In questo caso non si tratta di prudenza nell'accertare un fenomeno dalle dimensioni colossali come Medjugorje, bensì credo proprio di una sorta di scetticismo a priori, come una sentenza senza istruttoria e senza dibattimento: imputato e condannato senza processo.

Come se la Madonna non avesse il diritto di apparire come e quando vuole e soprattutto a chi e dove vuole.

Al contrario sono felice di conoscere tanti frati, sacerdoti, suore e poi vescovi e cardinali, che, pur non essendo ancora andati in Bosnia, lasciano a Dio ciò che Dio desidera fare e si rimettono alla Sua volontà, studiando con grande attenzione i frutti dello straordinario mistero che si chiama Medjugorje. Così come sono felice di averne conosciuti alcuni aperti alla discussione o addirittura capaci, contro qualunque ipocrisia o protocollo, di essere andati là a toccare la grazia di Dio, sempre disponibili a ragionare spiritualmente raccogliendosi in preghiera. Uomini obbedienti alla Chiesa ma col cuore aperto allo spirito: il vescovo di Città di Castello, mons. Domenico Cancian, il vescovo di Fermo, mons. Luigi Conti, l'ex vescovo di Cesena e Sarsina, oggi vescovo di Modena, mons. Antonio Lanfranchi; il cardinale vicario del papa per la diocesi di Roma e arciprete della basilica di San Giovanni in Laterano, mons. Agostino Vallini; il cardinale Ersilio Tonini; mons. Paolo Benotti, vescovo di Pisa; mons. Carlo Liberati, vescovo di Pompei; mons. Giovanni D'Ercole, vescovo ausiliario de L'Aquila; mons. Angelo Comastri, cardinale vicario del papa e arciprete della basilica di San Pietro, S.E. Christoph Schönborn, primate d'Austria, cardinale e arcivescovo di Vienna; e tanti altri che si sono recati laggiù in visita privata, diciamo pure in incognito, e ne sono tornati profondamente toccati nel loro cuore.

Miracoli, segni potenti, conversioni, tantissime vocazioni, guarigioni straordinarie e inspiegabili del fisico e dell'anima e poi la presenza eccezionale di tanti giovani e giovanissimi innamorati della preghiera e inginocchiati per ore dinanzi al Santissimo nella parrocchia di san Giacomo a pregare con il rosario tra le mani. Ma quando mai ne vedi così tanti nelle chiese italiane? Nulla di tutto ciò è sufficiente a placare lo spirito di scetticismo, incredulità, talvolta persino di supponente sarcasmo dello schieramento anti-Medjugorje. Un sarcasmo neppure troppo velato da ironia evidente nei confronti di chi va là per ritrovare, o trovare per la prima volta, la strada per abbracciare Cristo.

Ma questo muro di negatività e ostruzionismo finisce per scontrarsi con quella colossale e possente ondata di umanità che, dopo essere andata in Bosnia-Erzegovina, torna nelle proprie case, trapassata e ispirata dallo Spirito Santo. E, così, come un megafono possente, alimentato da pile Duracell inesauribili, diffonde quella gioia inarrestabile di raccontare, di parlare, di testimoniare ciò che gli occhi e le orecchie hanno visto e udito in quel posto unico al mondo per volontà di Dio.

Papa Benedetto XVI e il problema della pedofilia. Il vescovo Fisichella e la nuova evangelizzazione

E sono sicuro, perché lo sento dal più profondo della mia anima, che anche questo papa Benedetto XVI vorrebbe esser già andato laggiù, in Erzegovina, così come lo desiderava ardentemente il suo predecessore Giovanni Paolo II.

L'ho capito dal modo con cui ha affrontato il malessere profondo che sta aggredendo la Chiesa dal suo interno. Papa Ratzinger sta usando la ramazza per ripulire l'angolo più oscuro e maleodorante che è stato scoperto nella Chiesa in questi ultimi secoli: lo scandalo della pedofilia, con indagini a tappeto in Italia e all'estero per un reato orripilante.

Dagli Stati Uniti all'Irlanda, dal Belgio all'Italia fino all'Austria. Che pena per questo papa! Con tanta tristezza nel cuore ha avuto il coraggio e la forza di sostenere tutta la Chiesa e di portarne la croce. Al contempo, si è rimboccato le maniche e ha dovuto scoperchiare la pentola maleodorante dove bolliva la pedofilia in un vortice di reati commessi un po' dovunque nel mondo, in maniera così inarrestabile da scuotere pericolosamente i palazzi più importanti del clero mondiale.

Quando se ne è andato Giovanni Paolo II, amato in tutto il mondo, ed è arrivato Benedetto XVI, grande teologo, riservato, schivo e poco avvezzo a comunicare in modo sapientemente popolare come usava fare Wojtyla, tutti, chi più chi meno, siamo rimasti delusi perché orfani del ricordo del pontefice più grande di tutti. Poi, pian piano, abbiamo capito perché è toccato a questo sacerdote diventare papa.

Solo un uomo determinato, serio, capace, volitivo e scrupoloso come un prete tedesco poteva affrontare una crisi grave come questa nata proprio dentro la Chiesa: andare avanti senza guardare in faccia a nessuno, fare pulizia in modo radicale tenendo bassi i toni della disputa e della polemica, perché importante è levare il marcio con i fatti, non limitarsi a condannare lo scandalo e perdere tempo in chiacchiere.

Questa tenacia, sopportazione, dedizione al lavoro, disciplina ferrea nella fede e nell'onestà intellettuale e spirituale, sono doti tipiche dei paesi nordici, in particolare del popolo tedesco, che ha saputo risollevarsi dalle rovine della guerra e dalle divisioni politiche con il carisma della costanza, del lavoro serio e della disciplina d'acciaio.

Sono sicuro che Benedetto XVI userà scopa e aspirapolvere, per pulire le schifezze e i malesseri che hanno stretto d'assedio una parte della Chiesa.

Dico una parte, perché non si può fare demagogia. Non si possono dimenticare quelle decine di migliaia di preti, suore, missionari, frati che ogni giorno rischiano la vita nei paesi dove convivono con religioni integraliste, come in Iran, Pakistan o India, o in Africa.

Oppure coloro che vivono in quei paesi dalle difficili condizioni ambientali a causa delle malattie, della povertà, delle guerre civili, lontani dalle loro case e dall'affetto dei propri cari. E che dire delle suore che ogni giorno sgobbano con umiltà negli ospedali, negli ospizi, negli orfanotrofi e nelle scuole per aiutare i meno fortunati? Non dimentichiamoceli mai. La Chiesa è fatta da loro, non dai preti pedofili o da quelli che si sono resi protagonisti di scandali finanziari o che magari reggono sottobanco, secondo alcune inchieste, le fila di presunti traffici commerciali che nulla hanno a che fare con il Vangelo.

Lo stesso papa Ratzinger aveva dichiarato l'11 maggio 2010, mentre era in volo verso Lisbona, per il pellegrinaggio a Fatima: «*Oggi lo vediamo in modo terrificante: la più grande persecuzione della Chiesa non viene dai nemici fuori, ma nasce dal peccato nella Chiesa*».

Il giorno mercoledì 29 giugno 2010, come risulta dalle cronache del «Corriere della Sera», in un articolo del giornalista Gian Guido Vecchi, il papa Benedetto XVI a San Pietro, nella Messa per i santi Pietro e Paolo, ha confermato più che mai la sua linea riformatrice contro la sporcizia nella Chiesa, ribadendo che non esiste nessun complotto ma che, al contrario, ci sono «*divisioni, incoerenze, infedeltà al Vangelo che minacciano seriamente la Chiesa*».

Il papa ha poi aggiunto: «*La parola di Cristo è chiara:* non praevalebunt. *Le potenze degli inferi non prevarranno sulla Sua Chiesa*».

Il giorno 29 giugno, festa dei santi Pietro e Paolo, nella messa appare serio e determinato, come scrive il cronista del quotidiano milanese.

Il papa non fa riferimenti né alla pedofilia, né a inchieste di altro tipo. Ma il senso del discorso è molto chiaro: «*In due millenni di storia per i cristiani non sono mai mancate prove e persecuzioni. Queste persecuzioni però non costituiscono il pericolo più grave per la Chiesa, il danno maggiore la Chiesa lo subisce da ciò che inquina la fede e la vita cristiana dei suoi membri e delle sue comunità. Le minacce sono soprattutto di ordine spirituale*».

Il papa ha poi parlato degli «*atteggiamenti negativi che appartengono al mondo e possono contagiare la comunità cristiana: egoismo, vanità, orgoglio e attaccamento al denaro*». Fino a ricordare con l'apostolo: «*Gli uomini che operano il male non andranno molto lontano*». Il pontefice dà segni chiari e forti di aver preso in mano la situazione: «*La Chiesa deve essere unita, uno degli effetti tipici dell'azione del maligno è proprio la divisione*».

A mezzogiorno di mercoledì 30 giugno 2010 viene ufficializzata la nomina dell'arcivescovo Rino Fisichella in qualità di responsabile del recente Consiglio pontificio per la nuova evangelizzazione.

E il giorno giovedì 1° luglio, sempre sul «Corriere della Sera», il giornalista Vecchi intervista Rino Fisichella, 58 anni, originario di Codogno, provincia di Lodi. Gli chiede che cosa può fare la Chiesa contro gli scandali e la crisi dovuta alla secolarizzazione: «*Stiamo vivendo un momento difficile però la crisi ci fa diventare di nuovo progettuali e il progetto è quello di tornare all'essenziale: mettere al centro l'annuncio di Gesù. Dobbiamo recuperare la missione della Chiesa che è appunto l'evangelizzazione*».

Il papa dice che il pericolo più grande è dentro la Chiesa. L'arcivescovo Fisichella risponde: «*Certo, ci sono i casi di pedofilia e più in generale i casi di distrazione dagli obiettivi essenziali che portano a impegolarci in tante situazioni estranee. Se la Chiesa dimentica il suo scopo, cioè di annunciare la salvezza e dare speranza all'uomo di oggi, allora è inevitabile che diventi uno dei tanti gruppi presenti nella società. La Chiesa diventa un gruppo come tanti e rischia di trasformarsi in un gruppo sociale. Ma la Chiesa si è distinta sin dai primi tempi da qualunque altra comunità perché celebrava l'eucaristia, annunciava la parola di Dio e testimoniava la carità. E l'annuncio del Vangelo al mondo contemporaneo richiede testimoni credibili*».

Ma noi cristiani dobbiamo stare vicino alla Chiesa come istituzione, che Gesù ci ha consegnato duemila anni fa. E soprattutto, nei momenti di grave difficoltà, come nel caso drammatico della pedofilia, non facciamo demagogia e quindi, come si dice, di ogni erba un fascio: se ci sono mele marce stacchiamole, isoliamole, che Dio le giudichi per primo e i tribunali dell'uomo facciano poi il loro dovere. Ma noi abbiamo l'obbligo di fronte a Cristo di salvare l'albero che è sano e che Lui ci ha lasciato come guida per la nostra vita. Questo papa sarà un gigante in mezzo a tante miserie umane e ci traghetterà verso un futuro migliore e noi, pregando per le intenzioni del sommo pontefice e di tutti i sacerdoti, non dimentichiamoci mai di invocare lo Spirito Santo affinché dia loro la forza di attraversare questa burrasca senza precedenti.

Il diario dei viaggi in Erzegovina in dodici mesi

Ma ora torniamo ai miei viaggi a Medjugorje.

Il primo viaggio

Dal 2 al 6 febbraio mi trovavo laggiù, tra le rocce e la terra rossa trasmutata in fango per le piogge copiose di quella stagione inclemente, fredda e umida.

Ma ero felice, una felicità che mi procurava pace, serenità e tanto desiderio di riscattare una vita tumultuosa, libertina e sempre alla ricerca del mio successo personale. Una vita incapace di salvarmi e che non mi ha insegnato nulla nel momento in cui sono stato schiacciato dal dolore.

Tutte le volte che sono tornato da Medjugorje ho sentito fortissimo il desiderio di tornare il più presto possibile in quel piccolo fazzoletto di terra, dove non c'è quasi nulla e dove l'unica cosa che abbonda è la grazia di Dio.

Ed è talmente potente la presenza di Cristo che, quando sei là, non avverti la stanchezza, i mali fisici, le sofferenze e le ferite morali e senti solo il desiderio di vivere intensamente ogni minuto in quel posto brullo, selvaggio pieno di sassi e di spine.

Così ho riabbracciato con tanta gioia quelle pietre appiccicate dal terriccio rossastro, la chiesa con le due torri campanarie, i frati francescani, gli amici veggenti, le guide croate più volte nello stesso anno, un formidabile, bellissimo, emozionante 2009, con la preghiera nel cuore, per la prima volta nella mia vita.

Quando vado a Medjugorje sono felice di alloggiare in quelle pensioncine semplici dove ti accolgono con tanta umanità e ti vogliono bene come uno di casa. Sono così contento che mangio tutto, a pranzo e a cena, anche se i sapori e il cibo non hanno nulla a che vedere con la cucina italiana. Se in Bosnia gli spaghetti, ahimè, vengono vivisezionati, torturati e tagliati in tre parti e serviti belli scotti; se il vino, la carne e le verdure vengono presentati insipidi o troppo conditi, poco importa: sono felice lo stesso come un bambino e, quando torno dal Podbrdo e dal Krizevac, spolvero ogni cosa che appare sulla tavola senza lamentarmi mai e con una gioia e una serenità infinita nel cuore.

Credo che sia l'abbondanza dello Spirito Santo nell'aria, che gira ovunque da quelle parti, che fa apparire tutto meraviglioso. Pensate allora che cosa sarà il paradiso quando saremo in cielo, se ce lo saremo meritati, seguendo le indicazioni della Gospa.

Ora capisco perché quel gran santo fiorentino di Filippo Neri – ironico, dalla battuta pronta, con il carisma di grande confessore che ha trasmesso a tutti i confratelli fino ai nostri giorni – amava sempre esclamare ad alta voce: «Paradiso, paradiso!» seminando ottimismo e desiderio di vivere in terra come ci dice di fare Gesù per meritare di finire lassù.

Medjugorje è sassi, spine, veggenti e frati, cielo stellato in maniera indescrivibile, sole che gira con rotazioni impressionanti, tramonti rossi come non mai a forma di croce, nuvole nel cielo che rimangono impresse con la forma degli angeli custodi, profumi intensi nell'aria, di lavanda, di rose e di ciclamini senza che attorno vi sia neppure l'ombra di quel fiore o di quelle piante che hanno sparso quell'essenza nell'aria. È per me lo spettacolo del paradiso sulla terra. Penso con tutta la sincerità possibile, cari amici lettori che avete voluto darmi fiducia anche in questo secondo libro, che, lassù, Dio abbia preso le forbici e tagliato un pezzo di cielo facendolo cadere sulla terra. Quel lembo di paradiso, precipitando, è andato a incastrarsi perfettamente in quel fazzoletto di terra, stretto tra la montagna del Krizevac e la collina del Podbrdo.

Come dice il cardinale Comastri nelle meditazioni del rosario, che sto imparando a memoria a furia di pregare, il quinto Mistero Glorioso è proprio questo di cui sto parlando: lo spettacolo del paradiso, «Maria nostra Madre dal cielo ci protegge e prega per noi».

Il paradiso è l'immagine di una grande festa che ci aspetta: Gesù più volte ce ne ha parlato come di un banchetto, e noi quando siamo attraversati dal dolore e piangiamo disperati nelle sofferenze, dobbiamo sempre pensare che domani ci sarà la festa dei santi nel cielo. Dipende solo da noi arrivare lassù, diamoci da fare allora! Cambiamo tutti il nostro cuore! Avviciniamoci al mondo spirituale. Togliamo qualcosa dalle nostre abitudini ormai incancrenite sulle consuetudini e sui vizi materiali che ogni giorno ci avvolgono come in una tela di ragno e senza i quali non sappiamo più vivere.

Ma se proviamo, anche solo per qualche istante, ad abbandonarci alla forza della preghiera recitata con cuore aperto e con il desiderio di parlare con Dio, allora è come se potessimo stringere in mano un rasoio tagliente per squarciare i filamenti appiccicosi di quella tela che avvolge e imprigiona la nostra vita in un grigiore mortale.

Come vi ho già spiegato, nel capitolo delle tentazioni e delle scivolate nel sesso senza amore, dopo la conversione, mi sono lasciato andare ai vizi del passato, poche volte per la verità: in due anni si contano sulle dita di una mano e in confronto al 2008, dove c'è stata la mia discesa verso il baratro, siamo di fronte a un vero miracolo. Ma dal 2 febbraio 2009, giorno del primo viaggio a Medjugorje, ho capito subito dove potevo aggrapparmi in questi momenti difficili: a quella roccia sicura, salda, forte, che trasmette serenità, la fede. E la fede, alimentata dalla preghiera, ti riallontana subito dai pericoli, perché dona serenità e semplicità di vita, allentando la morsa di vizi e tentazioni.

Al ritorno da quel viaggio, era il 6 febbraio 2009, ho capito una cosa che per me era impossibile appena poco tempo prima.

Avevo il desiderio fortissimo di tornare in Bosnia. «Ma come,» mi chiedevo «sono appena partito, non sono manco rientrato a casa mia, a Forte dei Marmi, e sento già un desiderio infinito di programmare un viaggio per ritornare a camminare nelle stradine di Bijakovici e di Vionica? Per parlare con i veggenti, pregare insieme ai frati – padre Milenko, Danko, Svetlosan – andare da suor Kornelya, abbracciare la piccola Iva. Incontrare tutti gli amici che ho lasciato laggiù ma che porto nel cuore ogni giorno, ogni minuto, tutti i secondi del mio tempo che scandisce i ritmi della vita in Italia.»

Era proprio così. Il seme di Dio, la fede, l'amore per la Madonna avevano invaso il mio cuore. Com'è stato possibile arrivare a un punto simile? Io lo so, l'ho capito attraversando un periodo terribile della mia vita. Ho passato decine e decine di giorni in giro per l'Italia, da nord a sud, da Trapani a Trento, a spiegare in tantissime testimonianze, a migliaia di persone, che cosa era accaduto nella mia vita quando ho aperto una piccola fessura del cuore alla potenza di Dio: sono stato invaso dallo Spirito Santo, una forza immensa che è penetrata attraverso quella fenditura come un vortice d'aria che ha investito e sconvolto dolcemente la mia anima.

Gesù ha bussato incessantemente al mio cuore, e quando finalmente Gli ho aperto la porta, Lui ha potuto salvare la mia vita che ora Gli appartiene e che può amare intensamente.

Dio è onnipotente e può ogni cosa, ma siccome ci ama così tanto da renderci liberi di scegliere il destino della nostra vita, ecco che se noi non l'accettiamo Lui non può, con la forza della Sua onnipotenza, prevaricare le nostre scelte.

Ci ha donato il libero arbitrio, cioè possiamo scegliere all'incrocio della vita quale strade prendere: verso il bene o verso il male. Se passiamo davanti a una chiesa sta a noi decidere che fare: entrare e inginocchiarci oppure tirare dritto senza manco volgere lo sguardo alla croce. Lui ci vuole soltanto per Sé, ci protegge, ci dona il Suo amore, ci sana le ferite psichiche, fisiche e morali a patto che noi lo desideriamo con il nostro cuore e Gli lasciamo aperta una piccola porticina.

Tutti i miracoli sono importanti perché fanno riflettere chi è lontano da Dio, ma il miracolo più bello è quello della conversione del cuore, perché soltanto quando il cuore si apre nella direzione del cielo, allora solo in quel momento l'uomo si confonde con l'immagine di Dio, cammina sul Suo sentiero e gode della Sua immensa protezione che arriva a modificarne incessantemente anche la vita materiale.

Questa è una riflessione che scaturisce dalla mia vita, dall'esperienza personale e non dalla lettura di testi teologici.

Con il cambiamento del cuore Dio può aprire un circuito di amore e di bene che passa da una persona all'altra e quindi si crea una tensione positiva di amore, solidarietà, altruismo, carità, entusiasmo per la vita spirituale che si riflette in tutti i nostri comportamenti materiali. Il male cede il passo al bene, che solo così può primeggiare nella società civile. Ecco perché la Madonna a Medjugorje insiste su questo punto: apertura e preghiera a cuore aperto.

Nulla è potente come l'aria che si respira in Erzegovina. Neppure i più grandi congressi di spiritualità dove trentamila persone pregano con i più potenti carismatici del mondo. Dio ha stabilito che in quel posto la Madonna completerà i suoi disegni, iniziati a Fatima, e dunque è un luogo prescelto da Lui.

Oggi so che a Medjugorje, ci sono grandissime "dosi" di Spirito Santo in ogni dove: nella terra, nelle rocce e nell'acqua che scende copiosa dal cielo quando si incappa nei periodi delle grandi perturbazioni.

Quanta pioggia mi sono preso in Erzegovina! Quante secchiate di acqua in faccia mi sono arrivate mentre pedalavo in bicicletta dalla chiesa di san Giacomo alla salita del Podbrdo, proprio mentre passavano a velocità folle sui grandi bozzi i tassisti di Medjugorje!

Ora, dopo tutte queste riflessioni e questa pioggia dal

cielo, vi ricapitolo la mia agenda, che racchiude tutta una serie di viaggi tra l'Italia e la Bosnia. Eccoli in sintesi.

Il primo, come ho detto, è quello dal 2 al 6 febbraio.

Lì ho conosciuto Vicka, la veggente che la Madonna ha scelto con l'intenzione di preghiera per i malati e lei ha pregato su di me, per più di venti minuti. Ho dormito a Bijakovici nella Pansion Lidia.

Il giorno 6 sono stato a Siroki Brijeg, venti minuti di macchina da Medjugorje, dove ho conosciuto padre Jozo che mi ha dedicato un'ora del suo tempo, pregando e affidandomi alle cure della santa Gospa.

Appena qualche giorno dopo padre Jozo lascerà la Bosnia per ordine del suo superiore, padre Ivan Sesar, il provinciale di Mostar dei frati francescani minori.

Ho conosciuto, sempre in questo primo viaggio, la realtà dell'orfanotrofio di suor Kornelya e me ne sono innamorato: là ho abbracciato la piccola Iva che è sempre nel mio cuore.

Ho visitato i centri di accoglienza di padre Svetlosan e di Nuovi Orizzonti, fondati dai frati il primo e da Chiara Amirante il secondo.

Ho promesso a Gesù risorto di portare settantamila euro entro la fine del 2009 a suor Kornelya, ai suoi bimbi e ai suoi vecchi e ce l'ho fatta, portandone ventinovemila a maggio più quarantamila alla festa dell'Immacolata Concezione dell'8 dicembre 2009, e altre decine di migliaia subito dopo nel 2010, fino ad arrivare a un totale di centoventinovemila euro e così suddivisi: quattordicimila ai frati francescani della parrocchia di Medjugorje (quattromila agli orfani di padre Svetlosan e diecimila al progetto Radio Medjugorje), centoquindicimila al progetto Nonni e Nipoti di suor Kornelya. A questi si aggiungono centoquarantamila euro già versati per il tramite della Fondazione Danilo e Luca Fossati di Lugano presieduta dalla mia amica Daniela Fossati, che ha condiviso con me questo progetto di suor Kornelya sin dai primi giorni della mia conversione. Anche questo è un altro miracolo: grazie Daniela, grazie Stefania, grazie Marco e Cleò Fossati. Grazie di cuore a loro, a tutti gli imprenditori, i professionisti e le persone più semplici e umili che, anche solo donando dieci euro sul conto corrente delle Olimpiadi del Cuore, mi hanno dato fiducia e hanno contribuito al raggiungimento di un totale complessivo di duecentosessantanovemila euro versati da maggio 2009 a maggio 2010.

Tra le famiglie della grande impresa italiana che mi hanno aiutato per questa raccolta fondi devo ricordare altri due imprenditori soci di riferimento di un'altra azienda prestigiosa, leader nel settore delle scommesse sportive: la Snai s.p.a. Si tratta della famiglia Ughi e della famiglia Ginestra. I due soci, Maurizio Ughi e Francesco Ginestra, sono a capo di una grande impresa che è molto attenta anche al profilo dell'etica sociale. Il dottor Maurizio Ughi, presidente Snai, è entrato nella fondazione Olimpiadi del Cuore come socio fondatore. Il presidente attualmente è l'avvocato Vittorio Gatti del foro di Alessandria. Maurizio Ughi ha sostenuto generosamente due importanti progetti delle Olimpiadi del Cuore: la realizzazione di un campus per le famiglie vittime dello tsunami in Sri Lanka e il progetto Nonni e Nipoti di suor Kornelya. Un grazie particolare lo devo proprio a lui, alla sua famiglia e a Francesco Ginestra per la serietà, la trasparenza e l'impegno che mi hanno sempre dimostrato dando grande fiducia a me personalmente e ai collaboratori della associazione onlus.

Un'altra istituzione di grande prestigio che mi è sempre stata vicina è il Monte dei Paschi di Siena, con il suo presidente avvocato Giuseppe Mussari e il direttore generale dottor Antonio Vigni che, fino a oggi, mi hanno confermato grande stima e considerazione per tutti quegli obiettivi di livello nazionale di solidarietà che ci siamo preposti in questi anni. A livello locale devo ringraziare la Cassa di Risparmio di Pisa Lucca Livorno, guidata dall'amministratore delegato Francesco Minotti, che mi ha sostenuto nel primo pellegrinaggio del 13 maggio 2009 acquistando numerosi posti che sono stati dati in omaggio a persone povere e malate. Davvero un gesto di grande sensibilità!

Queste e altre iniziative mi hanno regalato una gioia indescrivibile. Ricevere l'aiuto di tutte queste persone e istituzioni è stato davvero importante, poiché in questa fase della mia vita, per me, è molto più appagante ed entusiasmante donare che ricevere. Come se avessi un grande debito da saldare con il cielo, che mi ha salvato dalla disperazione in cui mi ero cacciato dopo aver affrontato con armi inadeguate e spuntate le mie disavventure.

Sento che dovrò compiere altre cose per Dio e spero, in tutta umiltà, di essere in grado di svolgere questo compito, anche se sono ancora troppo soggetto a tentazioni forti e non mi sento spiritualmente preparato a un compito così arduo. Spesso mi domando perché mi sia successo tutto questo. E quando ci penso, mi chiedo perché Dio voglia questo da me. Perché proprio io? Sono davvero in grado di pensare e di affrontare una situazione così inedita per lo stile di vita e per le mie abitudini?

Oggi sono cambiato molto e di questo me ne rendo conto. Tuttavia sento la difficoltà di staccarmi completamente dal mio mondo col quale ho convissuto per ben trentacinque anni. E temo che la perseveranza e la coerenza nel seguire Gesù possano diventare, in certi frangenti, veramente difficili da mantenere.

Una parete di sesto grado che provo a scalare ma che, guardandola dal basso, talvolta, mi fa tanta paura, perché temo di non farcela, venendo meno ai miei impegni.

So che queste paure devono essere esorcizzate con l'aiuto della preghiera, della confessione e della guida spirituale dei santi sacerdoti che non mi mollano mai un secondo. Solo invocando lo Spirito posso superare quella parete senza scivolare. Ma le brutte cadute, per me, sono ancora un pericolo reale come vi racconterò nel prossimo capitolo. Questo perché oltre alla difesa spirituale è necessaria una forte partecipazione personale con un grande sforzo di volontà.

Il mio sogno, in questa fase della vita, è quello di essere sereno e gioioso per fare le cose più belle che mi vengono chieste dal cielo e, per lunghi tratti della giornata, vivo proprio con questa forza che sento nel cuore.

Ma è sufficiente anche un solo istante, un film, un libro, uno spot, una semplice telefonata al momento giusto, che poi è quello sbagliato, per cadere e per essere trascinato giù nella tentazione. Come vorrei essere sempre forte e perseverante come lo sono quando attraverso i momenti di grazia, i momenti più belli della mia giornata!

Sono convinto, però, che poco per volta migliorerò per raggiungere la vetta di quella parete scoscesa. Ma la strada è lunga, stretta e difficile: per me, ora come ora, è come salire a mani nude sul Monte Bianco in una "prima" invernale.

Per far questo ho bisogno di tempo e di stare, in certi momenti, lontano dalla confusione, dalla pubblicità, dalla gente, dal lavoro, per avere una scansione dei ritmi della vita che sia regolata dall'orologio spirituale, anche se so, lo ribadisco, come ha detto un grandissimo carismatico della provincia di Cuneo, Franco Mondino: *«Dio vuole da te che tu stia nel fango senza schizzarti col fango»*.

Il secondo viaggio

È stato organizzato con un volo straordinario delle linee aeree croate Pisa-Spalato. Abbiamo portato in Erzegovina 167 pellegrini e, con un altro volo, partito da Linate, altri 20.

Partenza 12 maggio, rientro 15 maggio 2009 con una giornata straordinaria vissuta il giorno 13, una data di grandi significati mariani, poiché è l'anniversario della Madonna di Fatima. Quel giorno abbiamo assistito a una irripetibile e straordinaria rotazione del sole, mentre ci trovavamo a Mostar, sul ponte ricostruito dopo i bombardamenti della guerra civile. Alle 18.40, l'ora in cui i veggenti iniziano la preghiera e poi raggiungono l'estasi nel momento dell'apparizione, a Mostar rimasi folgorato da quel fenomeno sovrannaturale.

Capii, in quel momento, che c'è qualcuno nel cielo che, probabilmente, desidera che io raccolga questi segnali così potenti per poterli raccontare al maggior numero possibile di persone, in tutti modi che conosco.

Insomma, faccio come Pollicino: raccolgo le molliche di pane che mi vengono lanciate da lassù. Non devo fare altro che chinarmi, prenderle, valutarle e poi, con la gioia nel cuore, lanciarmi a testa bassa nel mio lavoro, che è proprio quello che sto facendo ora per voi, cari amici lettori, di scrivere nel libro e poi raccontare in tv e durante le testimonianze in giro per l'Italia.

Il terzo viaggio: due miracoli sulla collina del Podbrdo (ventottesimo anniversario – 25 giugno 2009)

Parto dalla Toscana il 22 giugno 2009 insieme a Simona Amabene, 32 anni, una delle collaboratrici delle Olimpiadi del Cuore.

Partiamo attorno alle 19.30 di lunedì 22 giugno 2009, a bordo della mia vecchia monovolume Lancia Phedra 2.5 turbodiesel.

Passate le gallerie del raccordo autostradale Viareggio-Lucca, troviamo, come traccianti nel cielo, due arcobaleni colorati che sembravano dipinti di vernice fresca con i colori dell'iride.

Solo oggi, a distanza di un anno e mezzo, capisco il significato di quella immagine che ho ancora indelebilmente impressa nella mia memoria: qualche giorno prima ero ricaduto nelle tentazioni, proprio alla vigilia dell'anniversario di Medjugorje.

Mi ero subito riattaccato a Dio in uno stato di grande difficoltà psicologica perché mi sentivo profondamente in colpa per aver trasgredito ed essere nuovamente cascato giù nei vecchi vizi.

L'incontro col sacerdote, la confessione e la vista rassicurante ed emozionante di quei due arcobaleni erano tutti segni di luce, risalita e di reazione immediata. E non solo, in quel viaggio mi sarei avvicinato per ben due volte alla grandezza di Dio: il miracolo di Raffaella, guarita dalla cecità, e quello di Jeshua, il bimbo di tre anni di Putignano di Bari che lottava contro così tanti tumori che i medici gli avevano dato solo pochi giorni di vita. Il 2 luglio alla Croce Blu lo portai tra le braccia accanto alla veggente Mirjana, che lo affidò alla Gospa e, venti giorni dopo, la madre mi chiamò per annunciarmi con gioia che i tumori alle ossa erano completamente spariti mentre il cancro al polmone era notevolmente ridotto.

Qualche mese dopo all'ospedale pediatrico Meyer di Firenze, all'antivigilia di Natale, Jeshua è stato operato e gli è stato completamente asportato l'ultimo residuo di tumore maligno. Per il piccolo Jeshua era stata preparata una saletta nel reparto di rianimazione pediatrica, ma non è stato necessario. Il bimbo di Putignano di Bari, ad appena sei ore da un intervento così delicato, era già vispo e pieno di forze. Scorrazzava per i corridoi, saltellando nelle salette ludiche del Meyer, perché voleva già giocare con gli altri bambini.

Il quarto viaggio: 8 dicembre 2009 – festa della Immacolata Concezione

Stiamo parlando in realtà del secondo viaggio umanitario di pellegrinaggio per portare aiuto a suor Kornelya e ai suoi bambini.

Questo è il viaggio del caso di Bruno e del miracolo del profumo di lavanda. Un miracolo che è stato confezionato dal cielo non soltanto per la guarigione fisica di un tumore incurabile, ma anche per la catena di solidarietà e di eventi straordinariamente coincidenti, che si sono verificati per permettere al malato di salire a bordo dell'aereo noleggiato. Per i medici è stata la chemioterapia a guarire Bruno in due settimane. Per me siamo di fronte a uno straordinario evento miracoloso, considerata la circostanza che il paziente era stato sottoposto solo a un ciclo completo di trattamento chemioterapico.

Il quinto viaggio: Natale e Capodanno (dal 22 dicembre 2009 all'8 gennaio 2010)

Parto con grande entusiasmo martedì 22 dicembre 2009 a bordo di un SUV Mercedes, messo a disposizione da Beatrice Fineschi di Prato, concessionaria di autovetture che sponsorizza i miei viaggi per il lavoro in tv, le presentazioni del libro, le testimonianze in tutta Italia e i pellegrinaggi personali. Grazie Beatrice.

Anche lei, come me, è una superdevota mariana e spesso raggiungiamo località sconosciute dove ci troviamo in contatto con dei santi e umili sacerdoti che ci insegnano, con i loro carismi, ad avvicinare Dio pregando intensamente.

Inizia un viaggio che mi regalerà un'emozione fortissima: vivere il Natale e il Capodanno a Medjugorje.

Tra poche pagine saprete ogni cosa...

Il sesto viaggio: Pasqua a Medjugorje (dal 1° aprile al 5 aprile 2010)

Dopo il Natale, avevo il desiderio di vivere in Bosnia anche la morte di Gesù e la sua risurrezione, con la Vergine fisicamente presente ai piedi della croce: la Pasqua.

E così è stato. Un viaggio per me nuovo, inedito, che ho vissuto senza stanchezza e con la pace nel cuore. Un lungo tragitto per la prima volta in pullman, come i tanti pellegrini che in questi ventinove anni hanno affrontato i disagi del percorso, la stanchezza di almeno diciotto ore di strada, partendo dalla Toscana o dalla Liguria. Anch'io ho voluto provare questa fatica.

Tante volte ci siamo trovati in situazioni di difficoltà per raggiungere un santuario o percorrere certi itinerari, magari a piedi o in bicicletta come milioni di pellegrini hanno fatto a Santiago de Compostela. Prima della mia conversione mi sono sempre chiesto: «*Perché si deve faticare così tanto o sacrificarsi per andare a pregare in un posto lontano. Che senso ha? Quali sono i motivi che spingono i pellegrini a faticare?*».

Oggi l'ho capito e ho voluto condividere con voi questi viaggi per spiegare le ragioni delle mie scelte.

Quando ci si avvicina a Dio, in genere, si fa un percorso molto simile a quello di un fidanzamento con una bellissima ragazza. Sapete, ricorderete, che cosa si fa quando si perde la testa i primi giorni d'innamoramento. Si fa di tutto. Si affronta ogni cosa, ci si scaglia contro ogni tipo di ostacolo e difficoltà per conquistare il cuore della donna amata, armati di una gioia e di una passione senza fine. Si accettano i sacrifici pur di vederla contenta e il cuore comincia a battere e a svolazzare come una farfalla impazzita. Avete presente una falena notturna che gira come una forsennata attorno alla luce di una lampada, sbattendo qua e là e picchiando forte le ali e il capo contro il vetro? Ecco, vedete, anche noi facciamo così: giriamo, giriamo, fino a perdere la bussola, dopodiché stramazziamo in terra, stremati da questa danza d'innamoramento forsennata.

Quando conosci Gesù e cominci a pensarlo in ogni momento della giornata, allora Lui vuole metterti alla prova per vedere se sei sinceramente innamorato. All'inizio, Gli dedichi anche delle rinunce e qualche sforzo per accontentarlo. Man mano che il cammino prosegue Gli concedi sempre di più, con tanta gioia e accetti i sacrifici come una cosa normale.

Un anno fa avrei preso un pullman per fare diciotto ore di strada per andare a pregare in Bosnia? Se me l'avessero detto, non ci avrei creduto. Non ci avrei mai creduto.

Pensavo a ben altro e i "sacrifici" li facevo per le ragazze, per lo sport, per il lavoro e per il divertimento. E quando me li chiedevano i miei genitori li facevo, ma brontolando tutto il giorno.

In conclusione, ho voluto fare come quei pellegrini che da tanti anni vanno laggiù, accettando le fatiche del viaggio come un dono da offrire alla Gospa.

Partenza alle 4.30 del mattino di giovedì 1° aprile dalla piazza del Fortino di Forte dei Marmi, a bordo di un pullman gran turismo con quaranta persone, con seconda fermata a Firenze per caricare altri pellegrini. Viaggio diretto senza fermate di pernottamento, in tutto diciotto ore di tragitto.

La circostanza più clamorosa di questo viaggio è stata la presenza massiccia, fino ad allora mai registrata, di migliaia e migliaia di pellegrini provenienti da tutte le parti del mondo, con tantissimi italiani, più del 60 per cento dei visitatori.

Secondo i dati in possesso dei frati francescani minori di Erzegovina, rispetto all'anno precedente c'è stata una notevole e inaspettata crescita nel periodo pasquale. In pratica, rispetto al 2009, c'è stato un aumento nello stesso periodo del 40 per cento dei pellegrini.

Dunque, volendo fare il raffronto con Lourdes, pare proprio che la Pasqua 2010 di Medjugorje abbia superato per la prima volta i dati di affluenza del santuario francese. Intendiamoci, non è questo un derby tra le Madonne, perché Maria è sempre e soltanto Lei. Tuttavia rimane il fatto che si tratta di un risultato semplicemente clamoroso.

L'aspetto più emozionante di questo viaggio è stato quello di viverlo intensamente accanto a Marija, Jakov e Mirjana. Con Jakov sono in rapporti di affettuosa amicizia e insieme a lui, padre Milenko e il fotoreporter Damir Ivankovic di Medjugorje, titolare dello studio di comunicazione Digital Foto Video Dani, abbiamo partecipato a un evento importante vicino a Crema per raccogliere fondi per assegnare delle borse di studio agli studenti bosniaci meritevoli in difficoltà economiche. Lo studio Dani è specializzato in riprese televisive e fotografie ed è l'unico autorizzato dalla parrocchia dei frati a filmare e a fotografare gli eventi spirituali più importanti. In questi sedici mesi ho lavorato tante volte con l'agenzia Dani e ho potuto riscontrare personalmente la loro professionalità e serietà.

Con la veggente Mirjana, suo marito Marco e le loro due figlie Marija e Veronika, sono sempre in contatto e ci vediamo sempre in Italia nei grandi raduni di preghiera e in Bosnia ogni volta che mi trovo a Medjugorje. Mirjana e suo marito hanno sempre a cuore la mia situazione e si raccomandano sempre che io trovi il tempo di ritirarmi nella preghiera e nel raccoglimento. Ho potuto approfondire anche la conoscenza di Ivanka perché ci siamo ritrovati a Sarzana, a Casarano in provincia di Lecce, per due giorni a Erba vicino a Como e per due giorni a Milano per l'evento spirituale del PalaSharp organizzato da Chiarina, fondatrice dell'associazione Mir i Dobro.

Con Marija e la sua famiglia, il marito Paolo Lunetti e i quattro figli: Giovanni chiamato Giogiò da mamma Marija, il più piccolo di 8 anni, Marco di 13, Michele di 16 e Francesco di 14 anni e mezzo, si sta consolidando sempre più l'amicizia, anche perché questa famiglia vive in Italia a Monza, e quindi è più facile incontrarci. Pensate che al piccolo Giogiò ho regalato una macchina fotografica che funziona anche come videocamera e l'ho nominato capufficio stampa della "Gospa Press" di Medjugorje, raccomandandogli di immortalare tutte le apparizioni per verificare ogni foto che possa essere utile per testimoniare la Gospa. E lui ha accettato con entusiasmo e ha nominato suo fratello Marco vicecapufficio stampa. Marco, questa estate, è scivolato e si è fatto male al braccio, fratturandosi il polso. È stato curato all'ospedale di Mostar ma in casa Lunetti erano tutti tranquilli perché la Gospa lo proteggeva.

Fig. 1 - Ironì Spuldaro durante una preghiera di intercessione in una chiesa di San Paolo in Brasile.

Fig. 2 - Paolo con Damian Stayne a Rimini in una pausa della XXX convocazione del Rinnovamento nello Spirito Santo.

Fig. 3 - Il carismatico inglese mentre si sottopone alla preghiera in lingue prima di cominciare a invocare le guarigioni fisiche, psichiche e morali.

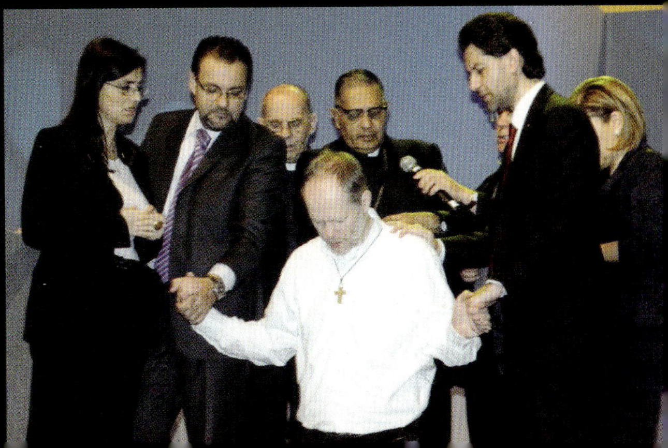

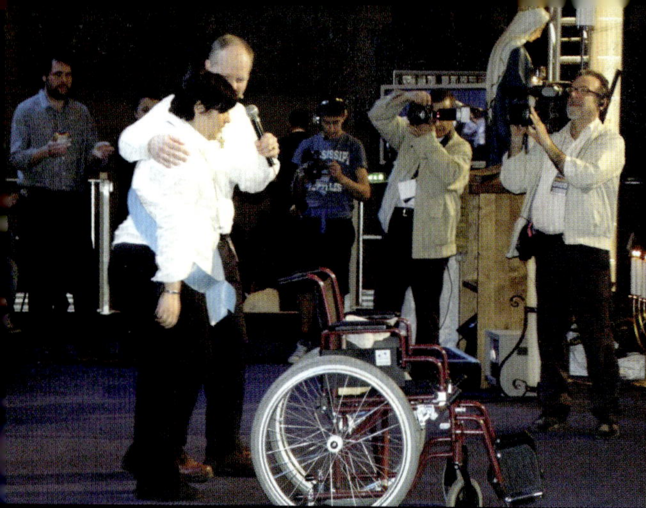

Fig. 4 - Rimini, 30 aprile 2010, un miracolo si è compiuto: la donna che era in carrozzina ora cammina dopo la preghiera di invocazione di Damian Stayne «Jesus is alive» ("Gesù è vivo ed è qui con noi").

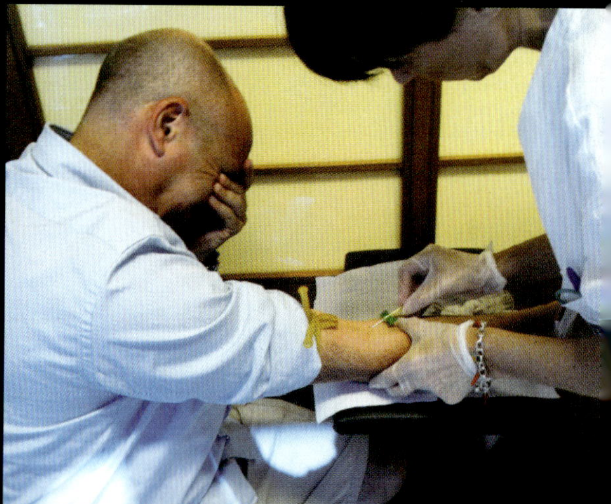

Fig. 5 - Firenze, luglio 2010. Paolo durante gli accertamenti clinici per stabilire gli esiti delle rivelazioni di Ironì Spuldaro.

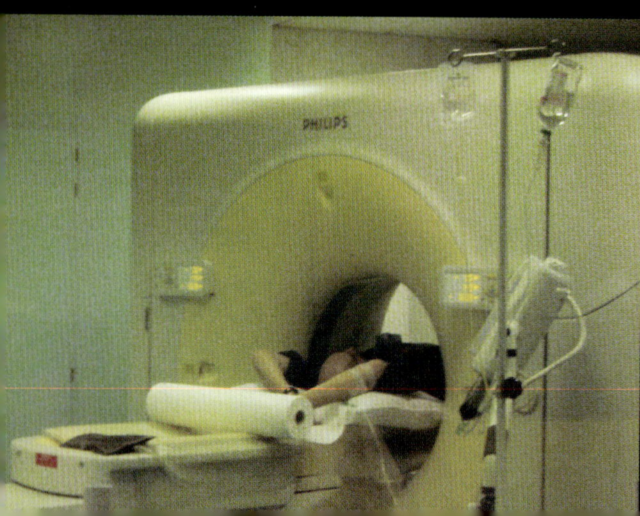

Fig. 6 - Paolo si sottopone, in una famosa clinica di Firenze, a una TAC *all'addome per verificare l'esistenza delle cicatrici al fegato e ai polmoni.*

Fig. 7 - Monsignor Giovanni D'Ercole il giorno dell'ordinazione insieme a Paolo, Paola Rivetta (Tg5) e Tiberio Timperi (Rai 2). Strano destino, tutti e tre siamo stati giornalisti a Mediaset e abbiamo lavorato insieme.

Fig. 8 - Monsignor Giovanni D'Ercole a Roma nella chiesa di Don Orione.

Fig. 9 - Una bella immagine della maestosa chiesa di Santa Afra nel centro di Brescia. Qui Brosio racconta il singolare episodio del risotto nell'omelia del viceparroco don Francesco Pedrazzi.

Fig. 10 - La partenza per il pellegrinaggio dell'8 dicembre 2009 a Medjugorje dall'aeroporto di Pisa Galileo Galilei.

Fig. 11 - Partenza dall'aeroporto di Pisa per Dubrovnik, in Croazia, per il pellegrinaggio dell'8 dicembre 2009, festa della Immacolata Concezione.

Fig. 12 - L'arrivo di notte alla chiesa di San Giacomo. Un'immagine suggestiva della spianata con le panchine vuote per ospitare i fedeli.

Fig. 13 - La salita del giorno 8 dicembre, Immacolata Concezione, alla collina del Podbrdo.

Fig. 14 - Massimo Bresciani, lo chef del Twiga di Marina di Pietrasanta, in un momento di preghiera.

Fig. 15 - Michele Vasilj e Mirela Sego Tortorici, due guide croate autorizzate dai frati bosniaci per accompagnare i pellegrini italiani.

Fig. 16 - Madre Rosaria, fondatrice dei Figli del Divino Amore.

Fig. 17 - Melinda, la famosa violinista rumena di Medjugorje.

Fig. 18 - Roland, cantante, chitarrista e compositore.

Fig. 19 - La notte dell'8 dicembre 2009, ore 22.15, la statua della Gospa sulla collina del Podbrdo. Sotto la pioggia battente i pellegrini attendono l'apparizione notturna con il veggente Ivan.

Fig. 20 - Il saluto alla Croazia poco prima dell'imbarco. Sullo sfondo uno scorcio di Dubrovnik, città antica, patrimonio dell'Umanità.

Fig. 21 - La merceria Mary Rosa a Genova in via XX settembre dove A., la cognata di Bruno, ha ricevuto il volantino del viaggio a Medjugorje da Sandro Bellini del gruppo di preghiera Regina della Pace.

Fig. 22 - Sandro Bellini con la commessa della merceria mentre mostra il volantino del viaggio a Medjugorje dell'8 dicembre 2009.

Fig. 23 - Bruno, il protagonista del miracolo che dà il titolo al libro, insieme a Paolo e ai due medici che lo hanno curato a Genova: il professor Alberto Sobrero e la dottoressa Anna Pessino.

Fig. 24 - Paolo mentre parla con Bruno che gli racconta la sua odissea contro il cancro.

ig. 25 - Bruno nostra gli esiti lei due interven-i chirurgici che hanno preceduto l viaggio a Me-ljugorje dell'8 licembre 2009.

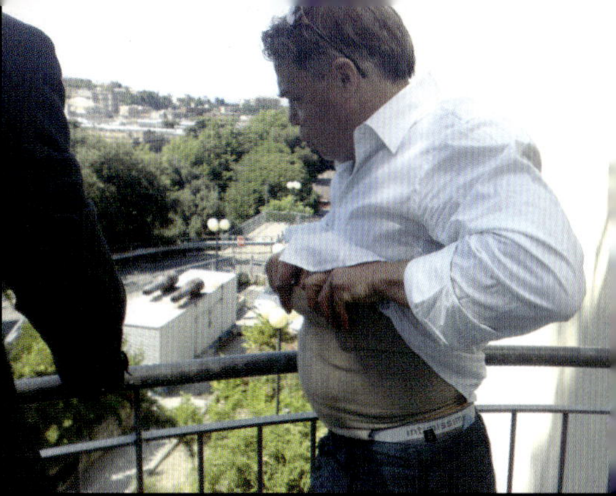

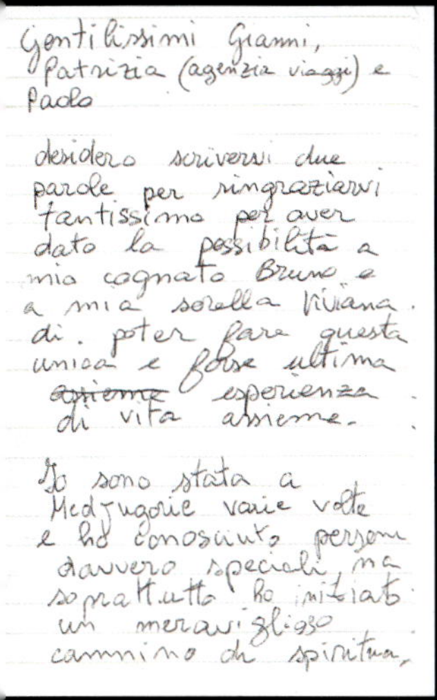

Gentilissimi Gianni,
Patrizia (agenzia viaggi) e
Paolo

desidero scrivervi due
parole per ringraziarvi
tantissimo per aver
dato la possibilità a
mio cognato Bruno e
a mia sorella Viviana
di poter fare questa
unica e forse ultima
~~assieme~~ esperienza
di vita assieme.

Io sono stata a
Medjugorje varie volte
e ho conosciuto persone
davvero speciali, ma
soprattutto ho iniziato
un meraviglioso
cammino di spiritua,

Fig. 26 -La parte iniziale della lettera in viata dalla cognata di Bruno a Paolo con cui ringrazia per l'invito a Medjugorje e racconta le vicissitudini del cognato che ha combattuto contro il male del secolo

Fig. 27 - Il cardinale Schönborn in un'immagine che lo ritrae mentre spie ga la catechesi sulla Divina Misericor dia del 30 dicembre 2009 nella chiesa parrocchiale di San Giacomo.

Fig. 28 - L'incontro tra Paolo Brosio e il cardinale Schönborn. Sullo sfondo Christian Stelzer, il medico austriaco amico dell'arcivescovo di Vienna.

Fig. 29 - L'arcivescovo di Vienna Christoph Schönborn insieme a suor Elvira nella sala auditorium della comunità Cenacolo.

Fig. 30 - Paolo Brosio mentre riceve la comunione dalle mani del cardinale di Vienna.

Fig. 31 - Un'immagine dell'intervista al cardinale ripreso dalla telecamera del programma La vita in diretta *curato dal vicedirettore di Rai 1 Daniel Toaff.*

Fig. 32 - Uno dei momenti dell'intervista per Rai e Mediaset all'arcivescovo Christoph Schönborn.

Fig. 33 - Il cardinale esce dalla sacrestia per iniziare la messa di mezzanotte entrando dall'ingresso principale.

Fig. 34 - Il cardinale Schönborn, preceduto dagli altri concelebranti, benedice a mezzanotte la folla entusiasta, tra cui Paolo Brosio in ginocchio fuori campo.

Fig. 35 - Marija Pavlovic insieme al primate d'Austria Schönborn.

Figg. 36 e 37 - Paolo Brosio a Medjugorje nel periodo di Natale: si traveste da Babbo Natale per fare una sorpresa agli orfani di suor Kornelya.

Fig. 38 - La consegna dei regali di Natale ai bambini dell'orfanotrofio di Vionica e la gioia dei bambini.

Fig. 39 - Suor Kornelya abbracciata da Paolo Brosio, vestito da Babbo Natale, mentre le consegna come regalo natalizio Brontolo, la statuetta del più burbero dei sette nani.

Fig. 40 - Quattro delle sette suorine della congregazione della Famiglia Ferita ritratte con i regali dei sette nani.

Fig. 41 - Uno dei momenti più suggestivi del presepe vivente animato dai ragazzi della comunità Cenacolo di suor Elvira.

Fig. 42 - Gli attori del presepe vivente che hanno rappresentato Giuseppe e Maria con il piccolo Gesù.

Fig. 43 - Un ballerino, vestito da angelo, mentre compie spericolate evoluzioni sopra la campana.

Fig. 44 - Padre Livio, Marija Pavlovic e la piccola Iva dell'orfanotrofio di suor Kornelya, nella cappella della veggente. Iva, 3 anni, ha recitato tutte le decine del rosario insieme a loro.

Fig. 45 - Padre Livio con Anna Brosio, la mamma di Paolo.

Fig. 46 - I lavori per la costruzione del nuovo centro spirituale con foresteria e auditorium di Marija Pavlovic Lunetti a Bijakovici.

Fig. 47 - La piccola Iva ha voluto visitare insieme a Paolo la libreria di Medjugorje dove sono esposti libri e manifesti della pubblicazione A un passo dal baratro.

Fig. 48 - Don Piero Malvaldi, il parroco di Forte dei Marmi, la veggente Marija e Paolo Brosio.

Fig. 49 - Padre Joy Xavier frate carmelitano calzato, 46 anni, originario dello stato del Kerala, India. È per Paolo Brosio una guida spirituale di fondamentale importanza. Fa parte della curia di Pisa.

Fig. 50 - Paolo Brosio e Vicka insieme nel salotto della casa della veggente a Vionica. Sullo sfondo il quadro profetico di Medjugorie.

Fig. 51 - Paolo Brosio insieme al fotoreporter Matteo Pizzi in ginocchio dinnanzi a Vicka per una preghiera alla Madonna.

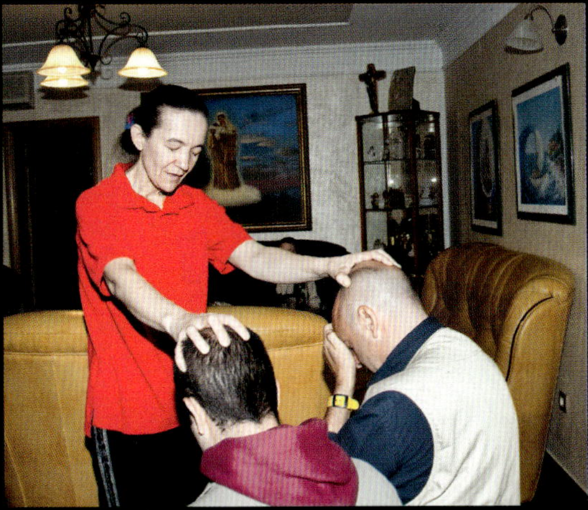

Fig. 52 - Sulla cima del monte Pruno Paolo Brosio prega la Madonna. Sullo sfondo la piana del Sele, accanto alla Madonna la Croce Blu come a Bijakovici. La Madonna indicò questo punto a Pasquale in sogno.

Fig. 53 - Un'immagine notturna: Pasquale insieme alla moglie Giuseppa Dell'Aglio. A sinistra, il parroco don Angelo, a fianco l'amico Antonio Cruoglio che mi ha spedito per e-mail la storia.

Fig. 54 - La salita al monte Pruno.

Fig. 55 - La preghiera dinnanzi alla Madonnina comprata a Medjugorje da Pasquale.

Fig. 56 - Suor Maria Michela, madre superiora del convento di clausura di Montecarlo a San Giovanni Valdarno nella curia di Fiesole.

Fig. 57 - La chiesa e l'ingresso del monastero di Montecarlo, situato su un colle di quasi 300 m che sovrasta San Giovanni Valdarno.

Fig. 58 - L'antico chiostro e la chiesa, che risale al 1424, fondata da san Bernardino da Siena per donazione di una villa dei marchesi Ricasoli.

Fig. 59 - Un momento dell'adorazione perpetua voluta da madre Maria Michela.

Fig. 60 - I lavori al convento. Quattro anni fa la struttura cadeva a pezzi. Le suorine lo stanno ristrutturando tra mille difficoltà. Manca il riscaldamento per l'inverno. Urge un aiuto economico immediato.

Fig. 61 - Paolo Brosio mentre raccoglie notizie sulla congregazione delle clarisse del Cuore Immacolato di Maria che hanno trovato ospitalità nella curia di Fiesole.

Fig. 62 - Una suorina percorre il viale alberato che raggiunge il monastero. La chiesa e il convento sono circondati da alcuni ettari di parco e da piante secolari.

Fig. 63 - Un momento della giornata dedicato alla cura dell'orto. Sullo sfondo il panorama delle montagne e del Valdarno superiore in provincia di Arezzo ma ad appena 20 minuti da Firenze.

Fig. 64 - L'inizio della cerimonia del noviziato di una sorella.

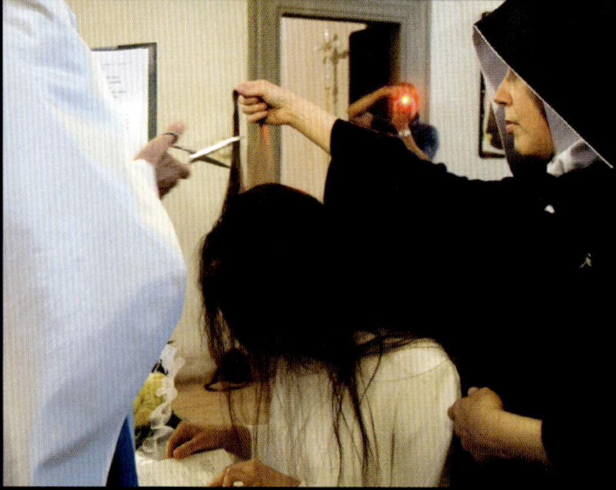

Fig. 65 - I momenti più significativi del noviziato di Giuseppa Picone, siciliana, sposa di Cristo, che ha preso il nome di suor Maris Stella.

Fig. 66 - La vestizione.

Figg. 67 e 68 - La croce e la clausura.

ig. 69 - Il libro di suor Josipe Accorgersi dei bisogni degli al-ri *scritto da fra Iko Skoko.*

Fig. 70 - La famiglia di suor Josipe, fotografata alla celebrazione della messa per il sacerdozio del fratello padre Kornelyo.

Fig. 71 - Le tende da campo. È stato questo il primo centro di accoglienza per i più afflitti dalla guerra realizzato da Josipe.

Fig. 72 - Suor Josipe nei primi due anni della guerra ha costruito sulla terra di famiglia un centro moderno per i giovani e le suore. Un convento, una chiesa e campi sportivi.

Fig. 73 - Il centro per le persone abbandonate iniziato da Josipe. Suor Kornelya lo ha portato a termine.

Fig. 74 - Suor Josipe ha incontrato tante volte papa Giovanni Paolo II e da lui ha sempre ricevuto un incoraggiamento e la benedizione per il suo immenso lavoro.

Fig. 75 - Suor Josipe con le sue consorelle fotografate sullo sfondo delle famose cascate di Kravica.

Fig. 76 - Suor Josipe insieme al cardinale Ivan Diaz, suo padre spirituale. Suor Josipe faceva parte del gruppo di preghiera Speranza al quale spesso partecipava il cardinale Diaz.

Figg. 77 e 78 - Due momenti indimenticabili dall'album fotografico dei viaggi di Paolo: l'incontro e l'abbraccio con suor Kornelya.

Fig. 79 - 8 dicembre 2009, la consegna di un assegno delle Olimpiadi del Cuore da 30.000 euro.

Fig. 80 - Suor Kornelya con uno dei piccoli

Fig. 81 - Paolo Brosio insieme a suor Kornelya prega, il 29 giugno 2009, sulla tomba di suor Josipe nell'antico cimiterino di Citluk.

Fig. 82 - Paolo Brosio mostra il progetto Nonni e Nipoti che si è impegnato a realizzare con la sua fondazione Olimpiadi del Cuore.

Fig. 83 - Brosio indica il nuovo caseggiato costruito per ospitare l'asilo nido e la scuola materna per gli orfani di suor Kornelya. Questa costruzione è stata terminata di recente e accanto a essa sorgerà il progetto Nonni e Nipoti.

Fig. 84 - Paolo Brosio in auto con la piccola Iva e con Bobo di fronte all'orfanotrofio.

Fig. 85 - Un altro scatto con la piccola Iva, dentro l'autovettura, dinanzi all'asilo nido.

Fig. 86 - Foto scelta come copertina del libro Profumo di lavanda. *Un'immagine sensazionale mostrata in tutta la sua ampiezza e il suo mistero.*

Fig. 87 - Uno scatto della povera contadina croata che vende i rosari e che Paolo ha incontrato lungo il cammino sul monte Krizevac.

Fig. 88 - Paolo Brosio ammutolito ed emozionato stringe tra le mani i rosari donati dalla Madonna alla famiglia Ivankovic.

Fig. 89 - Questi sono gli scatti straordinari dei due rosari misteriosi che la Madonna ha regalato alla famiglia di Vicka, secondo il racconto del fratello Franjo e di mamma Zlata.

Figg. 90 e 91 - Questo è il rosario che indicheremo con il nome di GOSPA-A Il retro della croce (immagine a destra) è cavo perché nascondeva un pezzettino di legno e una pergamena con scritti misteriosi.

Fig. 92 - Un dettaglio del rosario GOSPA-A. La foto raffigura il volto della Madonna che prega a mani giunte con le dodici stelle che le fanno da corona

Figg. 93 e 94 - Questo è il rosario che indichiamo con il nome di GOSPA-B. Il retro della croce (immagine a destra) è impreziosito da un lavoro artigianale raffinato che rappresenta le stazioni della Via Crucis.

Fig. 95 - Un dettaglio del rosario GOSPA-B. La Madonna prega con le mani giunte. È lavorata presumibilmente in rame mentre la catena è forgiata con altri metalli.

Parlando con Marija ho saputo di una loro importantissima idea che da tanti anni avevano in mente ma che si è finalmente concretizzata il 15 giugno 2010: la realizzazione di una casa di spiritualità e di accoglienza per pellegrini, a Bijakovici, nel terreno della loro famiglia, che sorge proprio ai piedi della collina del Podbrdo, in un'oasi di tranquillità in mezzo al verde e a poche centinaia di metri dalla chiesa parrocchiale di san Giacomo che si può raggiungere anche passando per le stradine sterrate di campagna tra i filari d'uva, in un silenzio e in una pace che è sempre più difficile trovare a Medjugorje. Il progetto risponde alla necessità di adempiere al meglio alla missione che Marija ha di diffondere nel mondo la presenza e i messaggi della Madonna, e fa capo a un'associazione di diritto bosniaco denominata Antares, riferita a Marija stessa. Si tratta, in sostanza, di offrire ai pellegrini un luogo dove poter fare un'esperienza di fede per tornare alle proprie case arricchiti spiritualmente. Il progetto prevede un piano interrato dove ci sarà una sala per le conferenze, una cappella e posti a sedere per duecentocinquanta persone. È prevista anche una sala riunioni per le traduzioni simultanee e diverse aule per le catechesi di piccoli gruppi. Verrà allestita anche un'aula informatica e per la comunicazione e la riproduzione di testi di volumi religiosi. Al pianoterra si trova la sala di accoglienza, zona per cucina e ristorazione e una hall spaziosa per il tempo libero e la lettura. Primo e secondo piano sono dedicati all'ospitalità di famiglie, gruppi e singoli.

Tutta l'attività del centro sarà coadiuvata e supervisionata dalla veggente Marija e da ecclesiastici che garantiranno l'ortodossia degli insegnamenti e l'obbedienza alle norme della Chiesa.

Il viaggio pasquale, dove ho appreso questo progetto che era ancora sulla carta, l'ho vissuto serenamente con gli amici più cari. Un gruppo affiatato che mi ha permesso di pregare, insieme ai veggenti, con tanta tranquillità nonostante le decine di migliaia di pellegrini che affollavano le strade di Medjugorje, che sarà sempre più invasa da fedeli provenienti da tutti i paesi del mondo, perché in Erzegovina, e non altrove come ha deciso Dio, tra non molto saranno divulgati i segreti che riguardano la storia dell'umanità di questo millennio.

Il settimo viaggio: dall'1 al 4 giugno

Lo ricorderò come il viaggio del maggior numero di pellegrini mai accompagnati a Medjugorje con la fondazione: due autobus e tre aerei con trecentodue persone.

È stato anche il viaggio per mezzo del quale siamo riusciti a ricavare la somma più alta da devolvere in beneficenza: sessantamila euro in contanti per il progetto Bosnia.

Ultima notizia di questo viaggio del 2 giugno: la Madonna ci ha fatto il dono di regalarci due scoop bellissimi. Il mistero dei rosari di Bijakovici e la straordinaria vicenda di Ivo collegata al terzo segreto di Medjugorje.

Ma prima di narrarvi questa incredibile serie di storie di cui siamo stati testimoni diretti, vi lascio alla cronaca incalzante dell'arrivo del Natale 2009 e soprattutto di quello del primate d'Austria, cardinale Christoph Schönborn, fotografato in esclusiva con la veggente Marija mentre si reca in pellegrinaggio alla Croce Blu, sulla cima del Podbrdo, a pregare sotto la statua della Madonna.

E tutto comincia ricollegandoci con la partenza da Roma per Spalato alla vigilia del 25 dicembre 2009.

Natale a Medjugorje

Martedì 22 dicembre alle ore 10.30 del mattino viene fissata la partenza in auto da Forte dei Marmi per Fiumicino con decollo del Roma-Spalato alle ore 18.00.

Avevamo appena lasciato la Versilia, Sergio Paradiso alla

guida del SUV Mercedes, mia mamma accanto al conducente e io, dietro, con Bobo che russava come un ghiro, già pregustavo la fermata al mitico Brizi, il ristorante dei camionisti e dei pellegrini diretti al Pantano, il piccolo santuario della Madonnina di Civitavecchia.

Vi avevo promesso una parentesi sfiziosa e gustosa per questa pretappa al tour di preghiera del Pantano. Prima si prega, poi si mangia e si prosegue per l'aeroporto.

I Brizi sono ristoratori che, sin dai primi anni Sessanta, hanno aperto una piccola trattoria da dieci, quindici coperti lungo l'Aurelia nel comune di Tarquinia.

La nonna Loreta fu l'artefice della prima ristorazione di questa famiglia di Civitavecchia, che oggi può vantare, dopo due generazioni e anni di lavoro, un piccolo gioiello, meta obbligata dei viaggiatori che sfrecciano su questa trafficatissima strada.

La trattoria, pian piano, si è trasformata in un ampio ristorante. Accanto è sorto un albergo a quattro stelle con piscina, centro convegni, sala da ballo e una seconda sala per la ristorazione.

L'aspetto più interessante per noi è la fede che unisce la famiglia: il padre Valerio, la madre, la signora Katia e i tre figli: Giordano 36 anni, Letizia, 37 e Dario, il più piccolo, di 21 anni; tutti devoti, come dicono loro e quelli del posto, alla Madonnina del "Pantano di Sotto". La loro struttura, invece, si trova a tre chilometri dal santuario in località "Pantano di Sopra".

Nel 1995, quando ci furono, nel giro di pochi giorni, le prime lacrimazioni di sangue nel mese di febbraio e Civitavecchia balzò alle cronache mondiali, arrivando persino ai telegiornali di BBC e CNN, la famiglia Brizi partecipò al completo a un puntata del *Maurizio Costanzo Show*, insieme ai Gregori, dei quali mamma Katia era molto amica prima ancora delle apparizioni.

Non solo. La famiglia di ristoratori è sicura che da sempre, come dice il figlio Giordano: «*Siamo protetti da un angelo custode che viene sempre invocato dalla mamma e da mia sorella Letizia»*.

Ultima nota, stavolta culinaria. Le novità del menù di quest'anno sono due primi coi fiocchi: gli spaghetti al dente dell'ammiraglio con mille tipi di pesce sfilettato e una zuppa di crostacei con cozze, vongole, calamari e moscardini. Ma non uscite da lì se non avete assaggiato la mozzarella di bufala col crudo toscano tagliato a coltello e le tagliatellone casalinghe con pomodoro e basilico. Come hanno sempre detto i viaggiatori: *«Quando vedete i tir ammassati davanti a una trattoria, state tranquilli che lì si mangia bene e si spende poco.»*

Riuscirete a ripartire da un posto così accogliente dopo aver mangiato tanto bene? Noi ci siamo riusciti, a fatica, ma ce l'abbiamo fatta e per giunta siamo arrivati all'aeroporto di Fiumicino pieni di panettoni e pandori perché, certamente non lo sapete, queste specialità natalizie italiane in Bosnia non si trovano.

Entriamo nell'atrio e ci prepariamo per il check-in, dopodiché ci infiliamo nel varco di sicurezza con le valigie, i panettoni, la mamma e il cane Bobo con tanto di gabbietta per il viaggio. E lì accade il primo clamoroso intoppo, perché, distratti dai controlli severissimi, posiamo la gabbietta del cane in un angolo e lì la dimentichiamo, proseguendo felici e inconsapevoli del "dramma" che ci aspettava.

Abbiamo atteso l'aereo davanti al nostro gate per Split (Spalato) per circa due ore e poi, tutto d'un tratto con un ritardo di quarantacinque minuti, arriva la voce dall'altoparlante: «Per Spalato imbarco immediato. I passeggeri per Spalato, imbarco immediato».

Mia madre chiama Bobo che nel frattempo, come d'abitudine, continuava a marcare il territorio dell'aeroporto con varie, frequenti e rapide innaffiate di pipì negli angoli più remoti: «Bobo, Bobo, vieni qui. Dove sei? Finalmente si parte».

D'un tratto Sergio Paradiso, mi chiama allarmato e col suo accento fiorentino esclama: «O Paolo, ma 'ndove gli è la gabbia d'i cane... o dove la s'è lasciata?».

Un brivido percorre le nostre schiene. C'è il cane ma non c'è la gabbia. Era rimasta al varco della sicurezza e cioè, lontanissima, a quasi due chilometri da dove eravamo in quel momento.

Dunque: senza gabbia il cane non parte.

Ma senza cane mia madre non parte.

E senza mia madre, non parte nessuno.

E quindi, a un passo dall'imbarco, nemmanco io vado a Medjugorje.

Il volo che stava per partire si blocca di colpo!

Ma non possiamo restare fermi più di un tanto perché decine e decine di pellegrini si stanno imbarcando e l'aereo inchiodato sulla pista rischia di intralciare il traffico di Fiumicino. In pochi minuti, mentre serpeggia il nervosismo tra gli altri viaggiatori che ci lanciano occhiate impazienti e un filino velenose, dobbiamo trovare una soluzione che riunisca Bobo Brosio ad Anna Brosio.

Ed ecco arrivare, come nei film, un angelo custode.

Una delle ragazze per l'assistenza ai disabili con la carrozzina che aiutava la mia mamma, si offre, immolandosi in un folle corsa, di andare a recuperare in extremis la gabbietta abbandonata di Bobo: «*Sono appassionata di corsa e maratona, signora… non si preoccupi, ci penso io. Per me è un piacere darle una mano*».

Mi stropiccio gli occhi, incredulo e, mentre realizzo, lei è già partita.

Pim, pam. Pum, pum. Ed è già tornata con la gabbietta in mano. E come ha fatto?

«*Semplice, sono andata a razzo, sono molto allenata e ho fatto tutte le scorciatoie che conoscevo all'interno dell'aerostazione.*»

Cari lettori, mettete insieme la gabbietta, il cane e mamma Anna, e finalmente i viaggiatori tirano un sospiro di sollievo: il pilota sorride, esce perfino un raggio di sole dalle nuvole e, alla fine, si può partire. Destinazione: Gospa.

Dopo mezz'ora di volo tranquillo dall'Italia, tutti allegri e contenti meno Bobo un po' scontroso, chiuso nella gabbietta, ecco che di colpo mutano le condizioni atmosferiche e l'aereo si infila in una bella perturbazione di nuvole spesse e nere che costringono il pilota a cambiare rotta e ad arrivare a diecimila metri di quota.

Tutto bene, fino a che non comincia la discesa verso Spalato.

L'aereo comincia a ballare improvvisamente per i forti venti e il maltempo. Non si vede più nulla dai finestrini, non si riesce a scorgere nemmeno una piccola lucetta delle città lungo la costa croata; tra i passeggeri si avverte una certa ansia mentre le hostess vanno su e giù per il corridoio per tentare di rassicurarli.

Improvvisamente mia madre ha un'illuminazione, mentre stringe la gabbia di Bobo tra le braccia, come se di lì a pochi minuti non dovesse mai più vederlo: «Siamo venuti a trovare la Gospa e sarà lei a tirarci fuori da questa tempesta. Va bene, allora visto che oggi è martedì 22 dicembre e ci sono i misteri dolorosi, noi cominciamo a pregare il rosario. Vedrete che ci verranno tutti dietro».

Nonostante le mie raccomandazioni di pregare a bassa voce, mamma Anna, comincia a sgranare il rosario a voce altissima.

«AVE MARIA, PIENA DI GRAZIA... etc., etc.»

E io, per evitare di spaventare i passeggeri: «Mamma, forse, se preghi a bassa voce, la gente non si spaventerà e sarà più tranquilla perché penserà che l'aereo ce la farà...»

Ma ormai il rosario era partito e, pian piano, si sono accodati tutti quelli seduti vicino a noi. Abbiamo ballato per la perturbazione e pregato per la Madonna che ci ha aiutato, come sempre. Facendoci atterrare tra gli applausi dei viaggiatori ormai terrorizzati.

A Spalato pioveva a dirotto tra tuoni, fulmini e fortissime raffiche di vento. Abbiamo imboccato l'autostrada e vi assicuro che ho avuto più paura ad andare sul pulmino, soprattutto nel tratto tutto curve e a strapiombo verso Medjugorje, che ad affrontare tutta la manovra di atterraggio.

A bordo del bus, il conducente, che era cugino della guida croata Michele Vasilj, parlava con me in inglese facendomi capire che il turismo italiano si era improvvisamente sviluppato a dismisura con cifre da record e aveva surclassato inglesi e americani. Nel frattempo aveva molte difficoltà nel tenere la strada per l'abbondante pioggia e infatti i tergicristalli facevano fatica a spazzare l'acqua dal vetro, andando a destra con affanno e tornando a sinistra quasi di colpo.

Arriviamo a Medjugorje a tarda notte, stanchi ma felici di essere sani e salvi, Bobo compreso, con l'aiuto di Dio.

Il 23 mattina mi sveglio col profumo di Natale che si avverte ovunque tra le stradine di Medjugorje adiacenti alla chiesa di San Giacomo.

C'è aria di festa, non fa neanche molto freddo e in giro ci sono pochissimi stranieri perché Natale rimane comunque una celebrazione da trascorrere in casa con i propri cari, ma io avevo fortissimo il desiderio di venire qui per assaporarne la ritualità, la tradizione e il significato spirituale.

Insieme ai frati di Bosnia e ai cattolici croati, che affrontano con grande intensità e concentrazione di preghiera il momento della nascita di Gesù Bambino, ero sicuro di poter vivere un'emozione indimenticabile. E così è stato, soprattutto durante la Santa Messa e l'adorazione, con l'accompagnamento del violino di Melinda e della voce di Ronald e della sua chitarra.

Uno dei momenti più significativi, per divertire le famiglie e dare gioia ai più piccini è quello, davvero festoso, dell'animazione del presepe vivente che viene organizzato dai ragazzi della comunità Cenacolo di suor Elvira, una comunità estesa ormai in tutto il mondo, nata a Saluzzo in provincia di Cuneo.

Un'ora e mezza di musical e spettacolo realizzato da circa cento membri di questa comunità, ragazzi e ragazze che, dopo le gravi difficoltà incontrate nella vita a causa delle dipendenze, hanno vissuto un'esperienza di rinascita nel Cenacolo di suor Elvira.

Ho assistito personalmente a tutti e tre gli spettacoli: la vigilia di Natale, la festività dei Santi Innocenti e il 31 dicembre, sempre stringendo tra le braccia la piccola Iva, la bimba dell'orfanotrofio di suor Kornelya, protagonista della copertina del primo libro, che veniva accompagnata dagli altri bimbi e da suor Paolina.

Anche Iva, insieme a un gruppetto di bambini di suor Kornelya, sgranava gli occhi di fronte alle scene musicali, ai rintocchi di un'enorme campana al cui batacchio era appeso un ballerino molto spericolato e atletico, che roteava nell'aria eseguendo ogni tipo di acrobazia.

Poi i fuochi accesi nel villaggio, completamente ricostruito in legno, come se fosse la Palestina di duemila anni fa, l'arrivo dei soldati romani con gli squilli di tromba, le urla dei centurioni che annunciavano il censimento dei cittadini, i pastori con gli agnellini sulle spalle e il gregge di pecore che li seguiva, circondato dai cani. E infine, lassù, su un piccolo poggio ricostruito in pietra, la capanna della natività con Giuseppe e Maria e il piccolo Gesù, un vero bambino tutto imbacuccato per il freddo.

Intanto scorreva l'acqua di un torrente artificiale e gli abitanti di Betlemme si agitavano chiamandosi a gran voce per avvertire che i romani stavano entrando per il controllo del censimento.

In lontananza i re magi si stavano avvicinando alla grotta, facendo bene attenzione di non essere seguiti dai soldati di Erode.

Tutta la scena era sapientemente illuminata dai riflettori manovrati dal caposcenografo e dal regista Marco Zappella, che aveva allestito la sua postazione su una torre alta dieci metri. Ma non è tutto, perché al culmine delle scene più rappresentative della natività veniva sparata una musica fortissima con grandi effetti sonori e visivi, con giochi di fumo, luci e fiaccole già predisposte per essere accese d'un tratto lungo tutto il perimetro della rappresentazione teatrale.

La mattina ho raggiunto la chiesetta dietro la schiera dei confessionali accanto alla redazione di Radio Medjugorje e ho assistito alla messa degli italiani che si tiene ogni giorno alle 11.00. Sono rimasto stupito perché eravamo tutti seduti con qualche posto libero. Di solito qui non riesci neanche a respirare a causa della folla dei pellegrini che assistono alla celebrazione.

Mia mamma è entrata con la carrozzella che utilizza per non stare in piedi delle ore, come accade di solito a Medjugorje. Quella volta, però, non ci fu neanche bisogno di aprirla perché trovò subito posto. Chi viene frequentemente qua sa bene quanto sia difficile sedersi comodamente per ascoltare l'omelia o l'adorazione per la folla che si accalca attorno all'altare. Pensate, spesso è difficile perfino cambiare posizione per inginocchiarsi. E, cosa ancora più sorprendente, è vedere tanti giovani, bei ragazzi e bellissime ragazze, pregare con gioia e condividere tutti insieme le giornate spirituali che volano via, perché il tempo, purtroppo, qui scorre troppo velocemente e quando cominci a stare bene, troppo bene, è già il momento di fare le valigie.

Arriviamo alle ore 23 della vigilia di Natale. L'ho atteso così tanto questo momento perché volevo pregare nell'angolino della chiesa di San Giacomo dove c'è la statua della Gospa: era strapieno. Tantissimi croati, pochi pellegrini.

E così me ne sono stato lì in silenzio con Sergio e mia madre, seduti in prima fila dalla parte opposta, ad aspettare l'inizio della celebrazione. Non avevo la radiolina per la traduzione simultanea, ma francamente non me ne importava nulla, perché ero lì semplicemente per aspettare l'avvento di Gesù Bambino, sapendo che in quel punto Maria era apparsa migliaia di volte: Lei, la madre di tutti, che dal 2 febbraio 2009 avevo ospitato nel mio cuore e che aveva ribaltato il mio stile di vita, il modo di pensare, di stare con gli altri. Tutto.

Padre Nostro e Ave Maria ormai li recito in croato. A forza di sentirli ripetere intorno a me, è come se mi trovassi sulla collina delle apparizioni, lontano da mille problemi e di riflesso, pieno di quella pace che solo Dio onnipotente può regalare a chi si apre a Lui.

Lasciati abbandonare quando sei a Medjugorje, non pensare con la tua testa di risolvere ogni cosa. Vai da Lei e affida le tue pene nelle sue mani e la Madonna non si dimenticherà di te.

Trascorre il tempo della Santa Messa di Natale mentre questi pensieri volano nella mia mente e realizzo con tanta determinazione che ho assistito alla prima messa di Natale della mia vita in Bosnia accanto alla Madonna che appare vicino a tutti. Un'emozione infinita, mentre nasce Suo Figlio che cambierà la storia dell'umanità. E, dopo trentacinque anni, ha cambiato anche la mia, profondamente, con una forza che ha sconvolto soavemente la mia anima. Senza prevaricare mai, ma semplicemente coinvolgendo la mia volontà con la grandezza dello Spirito Santo.

Mentre sento la liturgia, vicino a me, giovanissimi ragazzi bosniaci, tutti cattolici ferventi di etnia croata, inginocchiati davanti al Santissimo, con gli occhi socchiusi, pregano aspettando la comunione più bella dell'anno, e io, insieme a loro, pur facendo fatica a capire il senso delle parole, mi sento spiritualmente vicino e vorrei che quei momenti non finissero mai.

Torniamo alla Pansion Sulic, stanchi e un po' infreddoliti, e trovo sul letto della mia cameretta una grande scatola rossa con un gigantesco fiocco blu spillato con un bigliettino con su scritto: *«Tanti auguri di Buon Natale da parte di Mirela, Silvana e Michele Vasilj»*.

Apro incuriosito e scopro che i miei amici croati sono riusciti nella "mission impossible" di recuperarmi un bel completo da Babbo Natale con tanto di campanaccio, stivaloni, cinturone, barba e baffi bianchi per fare un blitz festoso all'orfanotrofio di suor Kornelya.

Sono rimasto senza parole! Sapevano che avrei voluto

improvvisare uno show natalizio travestito da Babbo Natale, facendo suonare la campana a più non posso, mentre esclamavo: «*Merry Christmas to everybody! Merry Christmas!*».

Questo era il mio sogno. E per tanti mesi ho chiesto a Mirela, a Michele e a Silvana di trovarmi qualche cosa che somigliasse a un costume di Babbo Natale per giocare con quei bambini che ogni giorno ho nel cuore.

Non mi aspettavo di trovare un costume così perfetto: barba e baffi bianchi, stivaloni di pelle nera con il bordo ripiegato, cinturone con borchia quadrata, papalina con il pon pon, il campanaccio e poi, per completare l'abbigliamento degno di un Santa Claus di Manhattan alla vigilia di Natale, ho deciso di recarmi con Mirela in un magazzino di Citluk dove vendono una grande varietà di articoli da regalo per bambini e famiglie.

Ho riempito di doni un grande sacco di iuta e ho nascosto tutto nell'albergo in attesa del fatidico 25 dicembre, dove ci aspettavano per la Santa Messa alle 11.00 celebrata per l'occasione da fra Kornelyo Cordic, fratello di suor Kornelya.

Tutti e due oggi devono portare avanti l'eredità pesante di suor Josipe, una suora in odore di santità, con il carisma dell'organizzazione, della comunicazione e del piglio combattivo in omaggio alla carità, alla solidarietà, sempre e soltanto in nome di Dio.

Oggi suor Josipe non c'è più, è stata stroncata da un male incurabile qualche anno fa e la sua opera viene continuata dalla sorella Kornelya, che con tenacia, umiltà e tanto amore e carità di Dio, accudisce, grazie alla Divina Provvidenza, i suoi 120 "cuccioli" e i 40 anziani che vivono in una palazzina fatta costruire negli anni '96-'97, subito dopo la sanguinosa guerra civile.

E proprio questi figli, frutto della violenza carnale, che nessuno voleva più, oggi sono gli angeli cresciuti con l'amore di Dio grazie all'opera di queste sante suore della Famiglia Ferita delle Sorelle Missionarie, che tra mille sacrifici e pericoli hanno portato avanti, con l'aiuto di migliaia di pellegrini italiani e di quelli provenienti da tutti i paesi del mondo, il progetto "Orfani e Anziani" che oggi è diventato "Nonni e Nipoti".

Ma torniamo ora al giorno di Natale, venerdì 25 dicembre 2009 ore 11: la Santa Messa nella chiesetta del centro di accoglienza di Vionica, intitolato a Giovanni Paolo II.

La chiesa era piena e stipata in ogni ordine di posto, per la maggior parte cittadini croati e anche qualche pellegrino.

Alcune delle coppie presenti, soprattutto italiane, hanno voluto passare così il Santo Natale vicino a quel bimbo o a quella bimba o a qualche anziano al quale si erano particolarmente affezionati nei pellegrinaggi precedenti. Così come per me era accaduto con la piccola Iva.

Natale, infatti, è la festa delle famiglie e passarla con suor Kornelya e la Famiglia Ferita significa darle un valore assoluto di spiritualità, di solidarietà, di carità, di amore e di provvidenza divina.

Quella messa in lingua croata mi ha trasmesso ancora una volta emozioni fortissime pur capendo poco o nulla delle parole di quella omelia.

Ma le facce della gente, i volti dei bambini e le espressioni delle suorine, non hanno bisogno di interprete per la traduzione simultanea, poiché è sufficiente stare vicino a loro, ai ragazzini e ai vecchi per capire un concetto molto semplice: si va laggiù credendo di portare loro un aiuto, si torna da là con la certezza che sono stati invece loro a insegnarci un valore immenso. Il valore della famiglia unita.

È vero· chi più chi meno, me compreso, porta loro soldi, viveri, suppellettili, regali e ogni altro genere di aiuto o bene di consumo, pensando che questa elargizione possa magari risolvere tutti i problemi di questa comunità di accoglienza. L'aiuto materiale è importante, ma la verità assoluta è un'altra cosa: l'elemento essenziale per la vita di questa Famiglia Ferita è l'amore di Dio trasmesso attraverso l'opera e la preghiera delle suore, vere e proprie custodi dell'anima ferita dei piccoli e degli anziani, vittime della cattiveria bestiale della guerra civile, definita una delle peggiori mattanze del secolo scorso.

A che serve, dunque, ricoprire di beni materiali questa comunità se poi nessuno si cura dell'anima e non trasmette amore e dolcezza a quei bimbi?

A che serve comprare un generatore di corrente nuovo, per la casa degli anziani, se poi non c'è nessuno che ogni giorno fa sentire loro che sono amati come se ci fossero ancora i loro cari vivi?

Suor Kornelya mi ha insegnato questi concetti e io le sono tanto grato, ed è per questo che ho passato il Natale qui. Non ho più voluto organizzare la stagione sciistica, le vacanze invernali nelle località mondane come ho sempre fatto nella mia vita. Perché da Madonna di Campiglio sono passato a Madonna di Medjugorje.

Queste riflessioni fluttuavano velocissime nella mia mente durante l'omelia in croato di padre Kornelyo.

La Famiglia Ferita era riunita. Ma chi era il più ferito di tutti? Sicuramente i ragazzi e gli anziani martoriati dai ricordi della guerra, dai genitori che non ci sono più, dai parenti morti e sepolti e da tante privazioni e sofferenze.

Ma siamo sicuri che quei pellegrini che arrivano da tutte le parti del mondo per cercare a Medjugorje la pace nel cuore siano immuni dalle ferite della ricca società del consumismo, dei paesi industrializzati, delle moderne nazioni d'Europa o dei ricchi stati americani?

Quanti di noi hanno bisogno laggiù di cicatrizzare le ferite dell'anima?

Sono tanti, sono quasi la maggior parte, anche se hanno il portafoglio gonfio e il conto corrente pieno di soldi. Hanno una bella casa e magari una famiglia a cui non manca niente Ma tutti sono alla ricerca di un qualche cosa che non si può comprare neppure nelle boutique più importanti di Milano o di Londra e neppure nei grandi magazzini delle multinazionali del lusso di Parigi o di New York.

C'è qualcosa che non si compra: è l'amore di Dio, che ti fa riscoprire la pace nel cuore.

La messa di Natale con quegli orfani mi ha riempito la vita e non vedevo l'ora di scrivere queste emozioni per poterle trasmettere a voi che magari laggiù non ci siete ancora stati.

Dopo la benedizione finale, la cena con mia mamma al tavolo d'onore insieme a padre Kornelyo e sua sorella, con tutte le suorine. Dopo una serie di piatti gustosi, un piccolo show canoro con tutti i bimbi schierati per un'esibizione a passi di danza: la più piccola era Iva, e io ero molto emozionato a vederla cantare e ballare. Ma dopo pochi istanti ho capito che non aveva studiato molto, perché non ne azzeccava uno e la sua abilità è stata quella di arrivare fino in fondo sempre fuori tempo.

Non gliene fregava un granché: si vedeva che aveva la testa altrove. Però quella era la sua famiglia e lei cercava di dare il suo contributo come poteva.

Chiudete gli occhi e pensate di ritrovarvi a trascorrere il Natale in quella piccola comunità baciata da Dio: quale modo migliore per celebrare le festività in famiglia?

Morto mio padre, persa per sempre mia moglie, provavo un odio infinito persino per mia madre, la donna che mi ha messo al mondo, perché la ritenevo colpevole di non avere mai accettato la ragazza che più di ogni altra ho amato nella mia vita. L'odio, la gelosia e l'orgoglio si erano insinuati nella mia famiglia, tra parenti, persone amate come non mai. Un circuito perverso che ha portato alla rottura totale dei rapporti interpersonali. Poi ci si è messa la responsabilità del sottoscritto che non ha mai saputo essere né un buon padre, né un buon marito: non ho saputo mettere al mondo un figlio che mia moglie desiderava, non ho saputo darle serenità e capirla come lei avrebbe voluto.

Eppure Medjugorje e la Madonna hanno sanato queste ferite. Mi hanno dato la forza di perdonare tutto e tutti, di girare pagina, di uscire da un tunnel oscuro.

La preghiera mi ha fatto riavvicinare persino a mia madre

che per un lungo periodo ho detestato e colpevolizzato di tutto. È lei, l'ultimo baluardo della mia famiglia, l'ultimo pezzo di casa Brosio. Dopo di lei rimango solo, con gli amici che ho scoperto con la fede. Ho trovato la forza di riavvicinare mia madre, parlarle e portarla con me nella terra dove appare la Madonna. Io, lei e il cane Bobo. Ho trovato la pazienza e la serenità di sopportare le sue richieste, raccomandazioni, premure. Ho trovato la calma e la disponibilità per ascoltarla e stare con lei per interi periodi a Medjugorje.

Mi sembrava questa un'operazione impossibile. Un recupero difficile, per un carattere irrequieto e ribelle come il mio che mal ha sopportato nella sua vita la pesantezza di essere figlio unico con una madre dalla personalità prorompente e spiccata.

La Madonna mi ha fatto capire il valore della famiglia. Oggi per me la cosa più importante.

Ecco perché ho deciso di stare lontano da tutti e andare in Bosnia per venti giorni a dicembre e per la prima volta nella mia vita di vestirmi da babbo Natale. Mi sono cambiato di nascosto nel bagno di suor Kornelya, trasformandomi in Babbo Natale con tanto di cuscino sul sedere e sulla pancia.

Ho sistemato il sacco di iuta sulle spalle e, scampanellando a più non posso, ho cominciando a distribuire i doni tra i bambini che si stropicciavano gli occhi per l'incredulità e mi guardavano toccandomi come se stessero vivendo la storia di una fiaba.

Mi dispiaceva lasciare fuori le suore da questi regali e allora ecco il gran finale a sorpresa. Nella sala dei giochi per i bimbi ho distribuito un regalo alle sette suorine e a ciascuna di loro ho regalato uno dei sette nani. Da Eolo a Mammolo, da Cucciolo a Pisolo, fino all'ultimo che non poteva essere diversamente per suor Kornelya: un gigantesco Brontolo. E migliore accoppiata, mi perdonerà la madre superiora, non si poteva certo inventare! Perché suor Kornelya, che ha fatto del nascondimento una ragione della sua vita, da quando mi ha incontrato ha cominciato a temere ogni mia iniziativa perché, per effetto del mio lavoro e del turbinio delle mie iniziative, è finita, suo malgrado, sotto la lente d'ingrandimento di libri, televisione e giornali più popolari d'Italia. E così, ogni volta che mi vede, teme qualche mia "diavoleria", e comincia a brontolare come una pentola di fagioli che bolle e ribolle. E la conseguenza è micidiale: raffiche di divieti uno dopo l'altro e censure di iniziative di ogni tipo, anche se sono sicuro che nel suo cuore lei ha capito che io le voglio molto bene, non ho secondi fini e sono sinceramente affezionato a questa nuova famiglia.

Alle 18.46 comunico all'ultimo momento a suor Kornelya la seconda sorpresa del giorno di Natale: i fuochi d'artificio. La ragione è molto semplice, certe volte è meglio dirle le cose all'ultimo momento perché se ci pensa ti dice di no.

Aiutato da Michele Vasilj, detto Mikka, abbiamo sparato quattordici girandole, sedici razzi a lunga gittata, cinquanta castagnole e dodici volpine che sono dei razzi piccolini che esplodono disegnando nel cielo un'immagine di fuochi colorati che ricorda la coda del pavone. Tutti i bambini erano felici, e io più di loro, tranne una: la piccola Iva.

I botti forse le hanno ricordato, attraverso le paure ereditate dalla madre, i drammi della guerra e così ha cominciato a piangere come una fontana, spaventatissima. Ho faticato tantissimo a consolarla, promettendole che non avrei mai più festeggiato con i fuochi. L'ho tenuta in braccio per mezz'ora mentre gli altri bambini erano felici e per nulla spaventati. Poi un'intuizione: le ho promesso di portarla a vedere il presepe vivente a Medjugorje e comprarle una piccola chitarra che rappresentava il suo sogno più grande per Natale.

Come per magia il bambin Gesù ha risolto tutto e la piccola Iva ha ritrovato il sorriso e la serenità: *«Sì, sì, voglio la ghitar, ghitar, sì, ghitar, sì»*.

Prima di andare in paese abbiamo fatto una serie di fermate nelle abitazioni delle guide croate e dai parenti, per fare felici anche i loro bambini con un blitz vestito da Babbo Natale.

A casa di Michele sotto il Krizevac, insieme alla moglie Irene e i figli: Marco di tredici anni, Ivana di dodici, Luca di dieci, Nicolina otto, e Ivan, il più piccolo, di cinque. Tutti erano allegri e gioiosi, ma quando mi ha visto il più piccolo si è spaventato e si è nascosto sotto il letto, temendo che gli rubassi i regali di Natale. A nulla sono valse le parole rassicuranti del papà e della mamma Irene.

La situazione è migliorata nel caseggiato sottostante la strada che porta al monte Krizevac, a un tiro di schioppo dall'abitazione di Michele. Qui abbiamo trovato la signora Sima Vasilj, mamma di Mikka, suo fratello Jozo con la moglie Tina e i due figli, Toni di nove anni e Bruno di sei, che mi hanno accolto con una raffica di fuochi artificiali. I botti, laggiù, sono una tradizione, un segnale di grande gioia per celebrare la nascita di Gesù e, a mezzanotte, anche l'anno nuovo.

Poi siamo andati da Silvana e suo marito Anthony Pivac che ci hanno portato da tutta la famiglia schierata al gran completo: la sorella Ankica e Darko Bevanda, con i figli Kristina, Marko, Magdalena, Mihaela e Marija. L'altra sorella Ljilja e Rajko Zelenika con i figli Ana, Marta, Katarina, Klara e Ante. Di fronte alla loro casa i vicini sono scesi al gran completo, incuriositi dai campanacci e dai mortaretti: Slavica e Dinko Sego con i figli Matias, Marijana e Ivan.

Gran finale a casa di Mirela Sego, dove i suoi tre figli, Marco, Micol e Luca, con i loro cuginetti figli dei fratelli Miro e Amir, Martina, Noemi e Magdalena, e poi Nicola, Paola e Andrija.

Ci hanno accolto con torte e pasticcini, che hanno fatto la felicità della piccola Iva che ne ha mangiati molti e poi si è messa a piangere di nuovo perché le è venuto un mal di pancia fortissimo. Pensavo che avesse sete e le ho dato la Coca-Cola. In realtà lei diceva in croato: «*Ve zè. Ve zè*» tirandomi la barba finta di Babbo Natale, non capivo che cosa volesse dire. Me ne sono accorto solo quando se l'è fatta addosso, perché non riuscivo a capire quelle parole che mi ripeteva in continuazione. Poi Mirela mi ha spiegato che "*ve zè*" significa WC cioè pipì o popò urgente. Nella sventura per fortuna mi è capitato il danno minore, ma comunque la mia piccina aveva inondato completamente mutande, calze e pantaloncini nuovi di zecca sfoggiati per l'occasione, in un completo rosa shocking.

Quando l'ho riaccompagnata all'orfanotrofio mi sono beccato i rimbrotti di suor Paolina e di suor Kornelya, preoccupate del suo mal di pancia. Quando poi si sono accorte che se l'era fatta addosso ho capito la mala parata e sono fuggito di corsa mentre perdevo i cuscini che mi imbottivano il sedere e la pancia. Ma ero felice.

Ecco perché mi sono travestito da Babbo Natale, perché ho acceso i fuochi d'artificio, ho giocato e pregato con i bambini per venti giorni: avevo sete di famiglia e mi sono dissetato a quella fonte. Non ero più soltanto appagato per aver aiutato quei bimbi portandogli i fondi che avevo raccolto: volevo star loro vicino e giocare con loro, volevo abbracciare suor Kornelya e la piccola Iva e portarla a fare un giro nei negozi di giocattoli per distrarla qualche ora. E per far felice anche me, insieme a lei.

Anch'io, per questi motivi, mi sentivo di far parte a pieno titolo della Famiglia Ferita.

Alcune volte, nei periodi invernali, quando a Medjugorje c'è poca gente, mi sono ritrovato nel seminterrato dell'orfanotrofio a pregare il rosario dinanzi al Santissimo insieme agli orfani e alle suore. Che grande privilegio. Oppure d'estate sotto gli alberi la preghiera delle 17.00 o ancora in chiesa, magari da solo con suor Kornelya che passa e mi guarda negli occhi senza dire una sola parola. Ma si capisce già che lei è più contenta quando mi vede così, da solo, in silenzio che prego e mi concentro seguendo il filo dello spirito: in quel momento "faccio il pieno", come fermarsi all'autogrill per riempire il serbatoio di carburante.

In quella chiesetta di Vionica, come in quella di San Giacomo, si disseta l'anima che è disidratata, perché spesso la nostra spia segna rosso.

La svolta epocale: arriva il cardinal Schönborn!

La giornata di Natale è stata intensa, ricca di spiritualità, ma anche di colpi di scena divertenti, come abbiamo visto in queste pagine.

Uno dei momenti più emozionanti si è consumato nel giardino della villetta di Jakov Colo.

Alle 15 in punto, davanti a circa quattrocento persone, a Jakov è apparsa la Madonna nella sua unica estasi di tutto l'anno, poiché a lui è stato consegnato il decimo segreto il 12 settembre 1998.

Apparizioni, messaggio, preghiere e... sparizioni

Quel giorno la Gospa gli disse che per tutta la vita avrebbe avuto una sola apparizione all'anno, nel giorno della Santa Natività.

A Jakov, che è sposato e ha tre figli, la Gospa ha affidato l'intenzione di preghiera per i malati.

Ecco il contenuto del messaggio: «*Cari figli. In tutto questo tempo in cui Dio in modo speciale mi permette di stare con voi, desidero guidarvi sulla via che porta a Gesù e alla vostra salvezza. Figlioli miei, solo in Dio potete trovare la salvezza, e per questo, specialmente in questo giorno di grazia, con il piccolo Gesù tra le braccia, vi invito: permettete a Gesù di nascere nei vostri cuori. Solo con Gesù nel cuore potete incamminarvi sulla via della salvezza e della vita eterna. Grazie per aver risposto alla mia chiamata*».

Al termine del messaggio Jakov in persona ha specificato che: «*La Madonna è apparsa oggi con una veste molto speciale, quella che di solito indossa nelle grandi occasioni. Indossava infatti una veste completamente dorata e aveva Gesù Bambino in braccio*».

Ho pregato insieme a un amico che ho conosciuto quel giorno, mentre mia madre e Sergio erano nel salotto di casa Colo, dove tutti si accalcavano in attesa del momento cruciale.

Mi sono tolto l'orologio, per guardare l'ora precisa tenendolo davanti a me e l'ho appoggiato in terra su un'aiuola, sopra una pietra, mentre recitavo una coroncina della Divina Misericordia. Quel giorno era la nascita di Gesù, e proprio in quel momento appariva Sua Madre. Mi sono distratto pensando intensamente a tutto ciò e il mio orologio è sparito. L'ho perso? Me l'hanno fregato? Pazienza, tanto era un'imitazione del Daytona della Rolex da pochi euro, però ci ero affezionato perché lo avevo ricevuto come regalo da un'amica, Daniela Preda, che lo comprò a Milano vicino a piazza del Duomo in un'orologeria.

Il re e il fabbro: la fiaba di domenica 27 dicembre, festa della Santa Famiglia

Il 27 dicembre 2009, quarantott'ore dopo Natale, si comincia a respirare l'aria di Capodanno e alle 11.00, come sempre, raggiungo la chiesetta dove ogni giorno si celebra la messa in lingua italiana.

Quella mattina c'è un sacerdote dall'aspetto davvero particolare, capelli rasta, lunghissimi, intrecciati tra di loro e riportati sulla nuca con un mollettone.

È proprio vero che l'abito non fa il monaco, anzi il cappuccino. Nel caso direi proprio l'acconciatura, piuttosto che l'abito di padre Lucio Saggioro, quarant'anni, originario di Legnago, nel veronese.

Questo frate ha insegnato all'università di teologia Laurentianum di Venezia due corsi di pastorale legati alla scienza delle comunicazioni sociali. Ha scritto un libro su san Francesco e il cinema, una lettura sull'apostolo Giacomo, saggi, commenti e articoli sulla tv generalista, i reality e sul cinema.

Ha fondato dieci anni fa un movimento dal nome curioso,

Pelli Sintetiche Family, insieme a tre ragazzi, tra cui Ciccio e Andrea, tutti giovani con un passato turbolento, vita libertina con problemi anche di dipendenze legati all'ambiente della vita notturna nelle discoteche.

Perché il nome Pelli Sintetiche Family? "Pelli Sintetiche" sono le membrane degli strumenti musicali di percussione che usano quando si esibiscono come artisti, musicisti, giocolieri da strada, cantando e pregando. "Sintetiche" ha due significati: il primo "artificiale", ed è l'opposto di ciò che loro vogliono fare nella vita e di come vogliono viverla, e cioè il più naturale possibile. Il secondo significato rappresenta il valore fondamentale ed evangelico della semplicità.

Questo movimento non ha né una sede né un luogo dove ritrovarsi. È un movimento postmoderno, dove il punto d'incontro è solo virtuale su internet, ma una volta al mese organizzano un incontro di preghiera e di animazione di dodici ore nella piazza di una città che identificano di volta in volta.

Hanno partecipato alla giornata mondiale per la gioventù con papa Benedetto XVI a Colonia, e poi hanno preso parte anche alla giornata di Sidney in Australia.

I loro obiettivi sono: amore, carità e luce nei cuori ai giovani che si sono persi nel buio di una vita povera di valori spirituali.

Oggi padre Lucio Saggioro esercita il suo ministero nel santuario della Beata Vergine di Castelmonte, vicino a Cividale, in provincia di Udine, ma spesso lo si può trovare a Medjugorje o in giro per l'Europa, a cercare vescovi o cardinali che siano disposti a sostenere il suo movimento e ad aiutare i giovani che ne fanno parte.

La sua famiglia, il padre Luigi, allevatore di bestiame, la mamma e il fratello Paolo, docente di filosofia e teologia nelle scuole, nonché autore di un pregevole testo contro il razzismo e a favore della diversità, vive a Montagnano, vicino a Bovolone.

Fra Lucio, che aveva fatto storcere il naso a qualcuno dei

presenti per la sua acconciatura rasta, ha parlato per trenta minuti abbondanti nell'omelia del 27 dicembre, incantando tutti i fedeli, anche quelli più scettici, parlando del momento difficile che vivono oggi le famiglie, partendo dal racconto di una fiaba davvero suggestiva:

Tanto, ma tanto tempo fa, esisteva un regno: si chiamava Roverchiaro. E questo regno aveva un re.

Il re, come tutti i re, doveva fare la guerra e aveva bisogno di armi e spade speciali. Un giorno fece un bando per cercare un fabbro che costruisse spade molto forti.

Si presentarono tantissimi fabbri, ne scelse uno perché aveva scoperto una lega specialissima, per forgiare spade forti ed elastiche.

A questo fabbro fu assegnato il sotterraneo del castello, dove fu allestita una fucina meravigliosa, e faceva delle spade stupende.

L'artigiano, giustamente, non poteva lavorare da solo e allora chiamò il figlio insegnandogli tutti i segreti. Il re, così, diventò il più potente, perché il suo esercito, combattendo con queste spade, diventò invincibile.

La vita andò avanti e il fabbro morì. Il re non ebbe paura perché pensò: «Nessun problema, il figlio ha lavorato per tanti anni con suo padre, può continuare lui il lavoro di forgiatura».

Allora il re fece un grande funerale, per riconoscenza al vecchio artigiano e dopo una settimana andò a vedere se il lavoro nella fucina del castello continuava. Scese, e vide che era tutto fermo.

In un angolo c'era il figlio del fabbro che piangeva e il re pensò che fosse disperato per la morte del padre. Si avvicinò e gli chiese: «Cosa c'è che non va?». E il figlio del fabbro, con aria molto triste disse: «Eh, be', mio padre mi ha insegnato tutti i segreti di questa lega speciale, ma io non posso cominciare perché non mi ha spiegato come accendere il fuoco».

Se non si accende il fuoco, non si può sciogliere il ferro, e quindi non si possono costruire le spade.

La metafora della favola e il suo significato

«Questa storia così apparentemente insignificante» cominciò a spiegare padre Lucio *«ci fa capire bene il senso della festa della Santa Famiglia che oggi la Chiesa ricorda subito dopo il Natale. Ricordatevi che niente nella liturgia viene per caso.*

La famiglia è uno degli architravi che sostengono il castello della religione cristiana, e dunque rappresenta uno dei più grandi valori. Sapete perché? Perché a Natale Gesù nasce, ma Lui ha bisogno che qualcuno ricordi sempre questa natività, qualcuno deve fissare nella memoria della gente la figura di Gesù.

E le prime persone che sono abilitate a fare questo sono proprio i genitori. Con questa festa Gesù ci dice che siete voi, genitori, quelli che dovete fare in modo che il Natale si accenda nei cuori dei vostri figli. Dio è grande, e ha scelto voi perché siete creatori come Dio, e potete, quindi, allevare figli nel nome del Signore. Dio è grande perché è il creatore: voi siete i creatori, i creatori dei vostri figli, perché li avete messi al mondo.

Allora vedete, tante volte voi genitori, voi che avete degli impegni educativi, vi preoccupate di tante cose, insegnate loro tantissime cose, siete preoccupati perché facciano questo o quello, li iscrivete ai corsi di inglese, di nuoto, di danza, di tennis, di karate, di calcio, musica, canto… per carità, tutte cose buone. Però tante volte vi dimenticate di insegnargli come "accendere il fuoco". Proprio come ha dimenticato di fare il fabbro con suo figlio. Conosceva tutte le formule più raffinate per forgiare armi forti ed elastiche. Sapeva tutto per fare le armi, ma non si è ricordato di insegnare al figlio la cosa più importante: accendere il fuoco. E dobbiamo essere sinceri: purtroppo la nostra società è una società senza padri, è la società degli orfani con i genitori.

Ci sono tanti, tanti ragazzi, tanti bimbi, tanti giovani spenti. Perché? Perché nessuno ha insegnato loro come accendere il fuoco! Ma allora? Dobbiamo fare un semplice esame di coscienza: come facciamo ad accendere il fuoco se non l'abbiamo acceso neanche per noi stessi?

Allora vedete... Oggi non voglio dilungarmi più di tanto, però voglio lanciare una provocazione, a tutti i genitori che sono qui presenti tra noi. Avete avuto un grande dono, il dono di essere come Dio: di essere creatori. Il primo compito vostro è quello di insegnare ai figli, che Dio vi ha donato, e non che voi avete voluto... che Dio vi ha donato e che voi avete accolto. Il primo compito è... "insegnate come accendere il fuoco nelle persone", nel cuore dei vostri bambini. Perché non si può più andare avanti con un cuore freddo, non si può andare avanti così! Se non c'è Gesù non si va avanti, non si va da nessuna parte. E mi rivolgo anche a tutte quelle persone che vogliono diventare papà e mamma, tutte quelle persone che vogliono crearsi una famiglia. Preoccupatevi di tante cose: della scelta del vestito, della casa, eccetera. Però preoccupatevi, per prima cosa, di imparare ad accendere il fuoco.

Se avete deciso di mettervi assieme vuol dire che avete già un fuoco, ma dovete alimentarlo sempre, altrimenti si spegne.

E l'unico che può alimentare il fuoco è Gesù Cristo. Nella famiglia ci deve essere Gesù Cristo. E mi rivolgo anche a tutte quelle persone che sono battezzate: ogni battezzato ha il compito di diffondere il fuoco di Cristo. E se sentite il vostro cuore freddo, fatevi un bell'esame di coscienza, perché forse state perdendo tempo con cose che non vi fanno appiccare il fuoco. Se continuo a mettere cose fredde nel mio cuore» spiega Padre Lucio «*il mio cuore continua a rimanere freddo.*

Per riscaldarlo, se sentiamo che in questo momento il nostro cuore è freddo, allora stamani siete venuti nel posto giusto: la casa di Dio. Questa è la fucina, qui c'è il fuoco che può riscaldare qualsiasi persona, qui ci sono le fiamme che divampano e che possono sciogliere e riscaldare tutti i cuori freddi. Amen!»

Cari amici lettori, quando è finita l'omelia, e poi la messa, era quasi mezzogiorno. Nel mio taccuino ho annotato l'ora e le emozioni di quei momenti che mi facevano ripercorrere la vita ricca di successi materiali, di contratti, di spot, di soldi, di telepromozioni, di sport, ma, ahimè, dannatamente povera, anzi poverissima di vittorie spirituali, di successi con la donna amata, di matrimoni felici: due separazioni, due divorzi, tanti insuccessi familiari, incomprensioni, tanta tristezza e molto rammarico per non aver avuto bimbi intorno a me.

Litigi e discussioni in famiglia a non finire, di quelle che ti lacerano la serenità e la pace nel cuore.

Ho riflettuto a lungo quella mattina del 27 dicembre, festa della Famiglia: ma io che vita ho fatto, pensando solo al lavoro? Forse se ora avessi qualche Telegatto in meno sulle mensole di cristallo di casa mia, probabilmente avrei avuto un figlio, una moglie felice e magari avrei acceso prima il fuoco nel mio cuore, scoprendo Gesù e salvando la famiglia.

Ma chi può dire quali siano i tempi giusti della nostra vita?

Forse era proprio necessario che dovessi percorrere tutto, fino in fondo, il sentiero del dolore.

Solo così, attraversando l'abisso che ho percorso per dimenticare la tristezza infinita, ho avuto l'umiltà di abbracciare la Madonna e Gesù, per invocarne l'aiuto. E in quel momento ho sentito il caldo del fuoco proprio come la fucina del fabbro del re di Roverchiaro. Grazie, Dio, che mi hai salvato.

Quella mattina, finita la celebrazione, esco nel prato verde antistante la chiesetta dove viene celebrata la messa per gli italiani e faccio due chiacchiere con un giovane di Terni che avevo incontrato poco prima e avevo notato che registrava tutto: Marco Piagentini, quarant'anni, un vero e proprio appassionato delle cronache di Medjugorje.

Le sue annotazioni finiscono su una newsletter online, una sorta di bollettino per i fedeli iscritti, denominata Informazioni da Medjugorje.

Sono più di cinquemila in tutto gli associati a questo diario online, e nessuno di loro si perde una sola parola di ciò che viene riportato da Marco.

Mi viene subito in mente di collaborare con lui perché di questo periodo tra Natale, Capodanno e Befana, non mi voglio far scappare proprio nulla. W la Gospa! Perché? Ma perché sì, per la gioia di gridarlo a tutti.

Tra l'altro, proprio quel giorno, si blocca il mio cellulare della Nokia e Piagentini, con grande abilità, contattando un croato di Citluk, riesce a sostituirmi una componente elettronica che si era rotta e rimette in sesto il telefonino. In quei posti tagliati fuori dal mondo, anche questo è un piccolo miracolo.

Come lavora Marco?

Il lavoro di questo ragazzo umbro è molto prezioso, perché di solito lui registra integralmente la traduzione simultanea delle omelie, delle adorazioni, delle testimonianze più importanti e delle catechesi più prestigiose, inserendosi direttamente sul segnale radio della frequenza 99.7 Mhz (Mega Hertz. N.d.A.) che viene trasmesso dalla stazione del capannone giallo. Dopo questa operazione sbobina le registrazioni parola per parola per poi ribatterle sul computer e lanciarle sul diario online. Questo lavoro fa sentire più vicina a Medjugorje tanta gente che vive in Italia e che magari non si può permettere di arrivare sin qua o che ne è impedita dal lavoro.

Ed è proprio la mattina di lunedì 28 dicembre che arriva la notizia bomba, destinata a decretare una svolta storica dei Misteri di Medjugorje e di trent'anni di apparizioni e miracoli. Durante l'omelia della sera, anzi, più precisamente verso la fine, padre Tomislav Pervan annuncia che il cardinale Christoph Schönborn, arcivescovo di Vienna e primate d'Austria, era arrivato nel pomeriggio dalla capitale, aveva pranzato con i frati e aveva preso alloggio in una semplice e modesta cameretta nella comunità Cenacolo di suor Elvira a Bijakovici, proprio accanto al terreno confinante della proprietà dove sorge da generazioni il casale con la cappella privata della veggente Marija Pavlovic.

Ecco il testo del discorso di padre Pervan e le prime

dichiarazioni fatte dal cardinale Schönborn al suo arrivo, rivolgendosi ai frati della parrocchia di San Giacomo: «*Oggi è venuto qui a Medjugorje nel nostro ufficio parrocchiale il cardinale Schönborn. Egli ha dichiarato di esser venuto qui per la propria anima affinché davanti alla madre di Dio si possa convertire con tutta la sua volontà e forza spirituale.*

È venuto qui a Medjugorje per pregare e, quando stamattina è partito dall'aeroporto di Vienna ed è arrivato nell'area dei controlli prima di entrare in aereo, è stato fermato, come tutti, da un ufficiale della polizia di frontiera, addetto alla sicurezza.

Gli hanno controllato il passaporto e il biglietto dove era segnata la destinazione Zagabria e poi Spalato.

Gli hanno chiesto espressamente dove andava e per quale tipo di viaggio si recava in Croazia.

Il cardinale ha risposto: "Vado a Medjugorje!". E a quel punto Schönborn ci ha riferito che a quel poliziotto si sono illuminati gli occhi perché era stato anche lui a Medjugorje e ha provato il dono e la grazia infinita di essere stato in questo posto.

L'ufficiale ha detto al cardinale che quello che succede a Medjugorje è indistruttibile, non si può cancellare dalla memoria».

Padre Pervan continua nella sua descrizione degli eventi di questo primo incontro con il cardinale austriaco: «*Lo stesso cardinale, otto anni fa, diceva in una sua catechesi nella cattedrale di Vienna che Medjugorje è una missione continua e che si tratta di una missione perpetua di Maria Santissima e che Lei stessa svolge qui a Medjugorje le sue missioni insieme a centinaia di migliaia, milioni di fedeli. Ci ha poi raccontato la storia di un medico di Vienna, che è venuto a Medjugorje e si è convertito ed è diventato sacerdote. Ed è spesso qui da noi come sacerdote medico. Ormai è anziano e dall'alto della sua esperienza dice: "Se vuoi rinnovare la tua parrocchia, tu che sei il parroco, organizza pullman, riempili di parrocchiani, portali a Medjugorje, lasciali lì cinque giorni, che stiano in pace e tu non fare nulla... Abbandonali a Dio nella preghiera, lasciali in pace... Che loro facciano quello che il Signore e la Madonna fanno qua... Lasciali alle cure della Gospa e poi te li riporti 'cotti' e convertiti". Questa è Medjugorje: non noi, non il nostro potere, non la nostra capacità, non i nostri doni, non i nostri talenti... Non le nostre omelie... Dio e Maria sono quelli che, per così dire, cuociono le persone, che rimangono cotte.*

E quando tu, parroco, torni a casa, hai delle persone che sono convertite, a opera di Gesù Cristo e della Sua grazia».

«*Questo diceva il cardinale*» spiega padre Tomislav Pervan «*a noi stamani nell'ufficio parrocchiale. Medjugorje per lui è il proseguimento di quello che il Signore faceva negli* Atti degli Apostoli. *Ora tutto questo accade qui, si rinnova qui in questa chiesa viva. È stato qui in chiesa per adorare il Santissimo un'ora fa, poi si è fermato in fondo alla navata a pregare, pregare e pregare. Si è alzato e uscendo fuori ha detto: "Ma chi può improvvisare questa cosa, chi può inventare questa cosa? No, per l'uomo non è possibile, questa non è opera umana".*»

Padre Pervan continua: «*Non dimenticate che questo cardinale è l'uomo che era redattore del catechismo della Chiesa, all'epoca dei fatti, molto vicino e amico del nostro Santo Padre Benedetto XVI*».

Queste indiscrezioni sono state rivelate al termine dell'omelia della messa serale del giorno lunedì 28 dicembre, con Schönborn che era arrivato da qualche ora.

Quella messa ricordava la liturgia dei Santissimi Innocenti Martiri e cioè il giorno in cui la Chiesa onora come martiri quella schiera di fanciulli vittime ignare del re Erode che, per cercare di uccidere Gesù Bambino, informato dai re magi che andavano a trovarlo a Betlemme, fece una strage di maschi al di sotto dei due anni, strappandoli dalle braccia delle madri. L'episodio narrato dall'evangelista Matteo si indirizzava ai lettori ebrei e pertanto intendeva dimostrare che Gesù era il figlio di Dio e non un semplice profeta.

Ma vediamo ora di capire, quando parliamo del cardinal Schönborn, in primo luogo, con chi abbiamo a che fare e, in

burbero e poco avvezzo a credere a miracoli e apparizioni. Voleva sapere chi era quella signora, voleva sapere se era vero che Bernadette la vedeva, chiedeva continuamente prove di veridicità delle visioni. Un giorno Bernadette, probabilmente ispirata dallo Spirito Santo, dette una risposta che è il cavallo di battaglia di tutti i veggenti puri e credibili: *«Ma io, padre Dominique, che cosa volete che vi dimostri? Io non devo dimostrare proprio nulla. Non sono in grado di poterlo fare. L'unica cosa che voi potete fare è di prendere atto dei messaggi e delle notizie che la Signora mi dà e che io devo trasmettere al mondo»*.

Pensate le polemiche che ora divampano sulla credibilità o meno dell'evento di Medjugorje. Pensate allo scontro tra i frati della provincia di Mostar, competenti per le parrocchie dell'Erzegovina e per quella di San Giacomo di Medjugorje, e il vescovo di Mostar Ratko Peric, il quale ha più volte affermato di non credere a nulla di tutto ciò che accade a Medjugorje.

Fate un salto retroattivo e arrivate all'11 febbraio del 1858. È la stessa identica situazione. Solo che, purtroppo, non abbiamo la macchina del tempo e non possiamo tornare a Lourdes in quei momenti esaltanti, difficili, contrastati dallo stesso clero e dallo scetticismo delle istituzioni amministrative e politiche.

Andare a Lourdes oggi è una grazia immensa, perché, ovunque appaia la Madonna, in quel posto resterà per sempre la Sua grazia, che si può invocare attraverso la Sua intercessione per ottenere miracoli, guarigioni, conversioni, vocazioni e straordinari cambiamenti di vita e di regole delle leggi fisiche e naturali. Ma vivere le emozioni delle Sue apparizioni fisiche... sono attimi e momenti della nostra esistenza che non sono paragonabili a nulla di quanto sia potuto accadere nella nostra vita, anche i fatti più straordinari e importanti! E non c'è bisogno di vedere e toccare: è il cuore che comincia a svalvolare come se fosse dolcemente sconvolto dalla vicinanza della Gospa.

Per questo avrei voluto essere a Lourdes nel 1858, e per questo avrei desiderato essere presente a Fatima nel 1917, ma la mia generazione è stata scelta per testimoniare, vivere e godere il "gusto della Gospa" in Erzegovina.

E proprio riguardo a Fatima voglio riproporvi questo capitolo in Portogallo con Lucia e gli altri due veggenti, Giacinta e Francesco a Fatima.

Pensate un po', andare laggiù nel giorno della rotazione del sole, quando la Madonna disse: *«Trovatevi alla Cova il 13 ottobre dalle 10.00 in poi e avrete la prova che io appaio, che è tutto vero. Vi ho svelato la data e vedrete un grande miracolo»*.

Il sole, le nuvole, la pioggia e gli eventi atmosferici più strani al mondo si scatenarono il 13 ottobre 1917 davanti a oltre quarantamila persone impressionate e sconvolte, preganti e tremanti. E io avrei voluto essere lì al posto di Avelino De Almeida, redattore capo di «O Seculo» un quotidiano di Lisbona che scrisse un grande articolo il 15 ottobre su tutta la prima pagina del giornale.

«Il sole sorge, ma l'aspetto del cielo minaccia temporale. Nuvole nere si ammassano sulla folla di Fatima. [...] Alle dieci il cielo si oscura totalmente e non tarda a cadere una forte pioggia. [...] I fanciulli affermano che la Signora aveva parlato loro ancora una volta, e il cielo, prima caliginoso, comincia da subito a schiarirsi in alto; la pioggia cessa e si presenta il sole che inonda di luce il paesaggio. [...]

L'ora mattutina è la regola per questa moltitudine, che calcoli imparziali di persone colte e di tutto rispetto, punto rapite come per influenza mistica, contano in trenta o quarantamila creature... La manifestazione miracolosa, il segno visibile annunciato sta per essere prodotto – assicurano molti pellegrini... E si assiste a uno spettacolo unico e incredibile per chi non fu testimone di esso. Dalla cima della strada, dove si ammassano i carri e sostano molte centinaia di persone, alle quali manca la voglia di mettersi nella terra fangosa, si vede tutta l'immensa moltitudine voltarsi verso il sole, che si mostra libero dalle nuvole, nello zenit. L'astro sembra un disco di argento scuro ed è possibile fissarlo senza il minimo sforzo. Non brucia, non acceca. Si direbbe realizzarsi un'eclissi. Ma ecco che un grido colossale si alza, e dagli spettatori che si trovano più vicini si ode gridare: "Miracolo, Miracolo! Meraviglia, meraviglia!". Agli occhi sbalorditi di quella folla, il cui atteggiamento ci riporta ai tempi biblici e che, pallida di sorpresa, con la testa scoperta, fissa l'azzurro (cielo), il sole tremò ed ebbe mai visti movimenti bruschi fuori da tutte le leggi cosmiche, il sole "ballò", secondo la tipica espressione dei contadini.»

Avete letto? Avete capito bene? Cari amici lettori, pensate che emozione, che gioia assistere a un evento miracoloso preannunciato, avere la penna e il taccuino in mano, la macchina fotografica, seppur rudimentale com'era nel 1917 e descrivere, vivere quelle emozioni come giornalista e come cristiano credente e descrivere l'onnipotenza di Dio attraverso la grandezza di quella creatura umana che è la Vergine Santa.

Se ci penso mi vengono i brividi.

Tenete ben presente che Avelino De Almeida, il giornalista redattore dell'articolo, apparteneva a una testata filogovernativa, positivista, anticlericale e che lo stesso giornalista aveva ridicolizzato nei precedenti articoli l'aspetto miracolistico di Fatima. Pertanto la prima testimonianza sul quotidiano «O Seculo» ebbe una vastissima risonanza, essendo uno dei più letti nella capitale.

Secondo De Marchi, un sacerdote che scrisse un libro negli Stati Uniti sulla storia di Fatima, che uscì nel 1953, le persone radunate alla Cova, dichiararono di aver trovato alla fine dell'apparizione i vestiti, precedentemente inzuppati dalla pioggia, completamente asciutti.

Ma non è tutto: leggete ora questo impressionante reportage di José Maria Proença de Almeida Garrett, professore alla facoltà di scienze naturali dell'università di Coimbra.

«Improvvisamente udii il clamore di centinaia di voci e vidi che la folla si sparpagliava ai miei piedi [...] voltava la schiena al luogo dove, fino a quel momento, si era concentrata la sua attesa e guardava verso il sole dall'altro lato. Anch'io mi sono rivolto verso il punto che richiamava lo sguardo di tutti e potei vedere il sole apparire come un disco chiarissimo, con i contorni nitidi, che splendeva senza offendere la vista. Non poteva essere confuso con il sole visto attraverso una nebbia (che non c'era in quel momento) perché non era né velato né attenuato. A Fatima esso manteneva la sua luce e il suo calore e si stagliava nel cielo con i suoi nitidi contorni, come un largo tavolo da gioco. La cosa più stupefacente era il poter contemplare il disco solare, per lungo tempo, brillante di luce e calore, senza ferirsi gli occhi o danneggiare la retina. [Durante questo tempo] il disco del sole non rimase immobile: aveva un movimento vertiginoso, [ma] non come lo scintillio di una stella in tutto il suo splendore, perché esso girava su se stesso in folli giravolte. Durante il fenomeno solare che ho appena descritto, avvenne anche un cambiamento di colore nell'atmosfera. Guardando verso il sole, ho notato che tutto stava diventando più scuro. Ho guardato prima gli oggetti più vicini e poi ho esteso il mio sguardo ai campi fino all'orizzonte. Vidi ogni cosa assumere il colore dell'ametista. Gli oggetti intorno a me, il cielo e l'atmosfera, erano dello stesso colore. Ogni cosa, sia vicina che lontana era cambiata, assumendo il colore di un vecchio damasco giallo. Sembrava che la gente soffrisse di itterizia e io ricordo di aver provato un senso di divertimento vedendo le persone sembrare così brutte e sgradevoli. La mia stessa mano era di tale colore. Poi, improvvisamente, si udì un clamore, un grido di angoscia prorompere da tutti. Il sole, roteando selvaggiamente, sembrò staccarsi all'improvviso dal firmamento e, rosso come sangue, avanzare minacciosamente verso la terra come per schiacciarci con il suo peso immenso e ardente. Durante quei momenti provai una sensazione veramente terribile. Tutti i fenomeni che ho descritto furono da me osservati in uno stato d'animo

calmo e sereno, senza alcun disturbo emotivo. Interpretarli e spiegarli è compito di altri. Debbo dichiarare infine che mai, prima o dopo il 13 ottobre 1917, ho assistito a simili fenomeni atmosferici o solari.»

Pochi giorni dopo, il 29 ottobre 1917, il giornalista Avelino de Almeida ritornò sulla questione dalle pagine della «Ilustração Portuguesa», scrivendo in particolare: *«Miracolo, come la gente gridò? Fenomeno naturale come gli esperti dicono? Per il momento, questo non mi riguarda. Io dico solo ciò che vidi. Il resto è materia di scienza e Chiesa».*

Ecco perché si è scatenata in me la lucida e soave follia di desiderare ardentemente di andare e tornare a Medjugorje: la Chiesa dopo trent'anni non si è ancora pronunciata ufficialmente a favore di un fenomeno che ha smosso decine di milioni di pellegrini da tutti i paesi del mondo, e allora non posso pensare di rimanere con le mani in mano senza andare tra quei monti a godermi quell'incomparabile, incommensurabile, straordinario, dolcissimo desiderio di "gustarmi la Gospa" con i veggenti, con i frati, con i sacerdoti, con i pellegrini e con tanti giovani provenienti da tutto il mondo.

Se fossi stato coetaneo di Bernadette Soubirous avrei avuto il desiderio di "gustarmi Aquero" (si legge "acherò", in dialetto occitano locale significa "quella là", espressione riferita a figura femminile generica, come Bernadette indicò la Madonna la prima volta che la vide) e vi giuro che sarei partito dall'Italia per andare a vivere quei momenti indimenticabili.

E come è possibile che una parte dei sacerdoti, dei vescovi, dei cardinali che non credono – cosa per altro del tutto legittima – alle apparizioni di Bosnia non sentano anche solo per curiosità il desiderio di ficcare il naso laggiù, per curiosare, magari travestiti da semplici turisti di passaggio?

Capisco Schönborn, perché si vede dipinto nel suo volto il desiderio istintivo, mosso dallo Spirito delle sue preghiere, di andare là per la gioia di andarci, per la gioia, anche sua di "gustarsi la Gospa".

Un viso, un'espressione, la luce degli occhi, quella del cardinale d'Austria, chiara e trasparente come l'acqua del ghiacciaio di Similaun. Un uomo tutto d'un pezzo che non può essere mai grigio nelle sue scelte. O tutto bianco o tutto nero.

Ha un volto che ricorda, anche se non in modo espressamente fotografico, qualche cosa di assolutamente simile alla stessa espressione di sguardo e viso di Giovanni Paolo II. Un'impressione che ho percepito subito appena l'ho conosciuto, come vedremo più avanti, appena dopo la messa di mezzanotte, quando gli ho regalato il mio primo libro e mi sono inginocchiato. Gli ho baciato la mano e gli ho chiesto se potevo abbracciarlo, lui ha annuito sorridendo e io l'ho stretto forte a me per ringraziarlo di questa visita inattesa che sarà destinata a rappresentare una svolta epocale del fenomeno mariano più importante del pianeta.

Conservo ancora oggi le foto di quell'incontro con il cardinale che tiene in mano il libro della mia vita, un libro che ha venduto centinaia di migliaia di copie perché ispirato dal Cielo.

Il cardinale era appena rientrato dalle due gite alla croce e alla statua della Madonna durante la prima mattinata, riscuotendo i primi consensi dai pellegrini. Ma queste erano solo le prime avvisaglie. Il trionfo vero e proprio, con una grande unanimità di apprezzamenti, si sarebbe verificato ventiquattr'ore dopo. Mercoledì 30 dicembre, Christoph Schönborn si è presentato nella chiesa di San Giacomo per guidare una catechesi sulla Divina Misericordia.

Padre Danko, uno dei frati francescani della parrocchia, che somiglia tanto per la sua forza e la sua stazza fisica a Friar Tuck, il celebre frate compagno di avventura di Robin Hood, mi passa vicino e ne approfitto per domandargli qualche curiosità sul pranzo che hanno fatto insieme al cardinale Schönborn e lui mi dice: «*È molto sereno e felice di essere a Medjugorje, ha detto che conosceva i frutti di questo posto, perché se non ci fossero state le tante vocazioni di cittadini austriaci venuti a Medjugorje sarebbe stato costretto a chiudere la metà dei seminari della diocesi di Vienna.*

Per questo motivo era molto curioso e gioioso di arrivare qua per vedere in quali condizioni era l'albero. L'ha trovato in ottimo stato di salute».

La catechesi del cardinale sulla Divina Misericordia di Gesù Cristo

Alle 15 in punto il cardinale Schönborn è entrato nella chiesa parrocchiale di San Giacomo accolto da un lunghissimo applauso, o meglio un'ovazione vera e propria, più adatta a un palazzetto dello sport che a una chiesa.

I pellegrini sentivano il bisogno di una presenza forte e autorevole in quella parrocchia che ha visto sfilare per trent'anni la storia delle apparizioni della Madonna.

Non dimentichiamoci che Schönborn, amico personale di papa Giovanni Paolo II e dell'attuale Benedetto XVI, ha aperto e presieduto il 2 aprile 2008 nella Basilica Lateranense il Primo congresso apostolico mondiale della Divina Misericordia.

A Medjugorje l'applauso fortissimo è durato più di due minuti, una *standing ovation* che è sfumata sulle note e sui canti dei Figli del Divino Amore.

Il silenzio, qualche secondo di attesa e poi il cardinal Schönborn comincia la catechesi della Divina Misericordia affrontando temi di scottante attualità, dandone una chiave di lettura acuta e tanto interessante alla luce delle pagine del Vangelo e degli insegnamenti del figlio di Dio.

«*Sia lodato Gesù Cristo.*» E i fedeli, migliaia, che gremivano la chiesa e il capannone giallo, stipato fino all'inverosimile, con i *videowall* e le immagini in diretta e l'audio live a Radio Medjugorje, rispondono all'unisono: «*Sempre sia lodato*».

La catechesi parola per parola

Cari fratelli e sorelle qui in chiesa, nel capannone giallo, nelle altre sale e alla Radio Medjugorje, vorrei cominciare questa catechesi sulla misericordia con due frasi di Gesù. Egli dice agli apostoli: «Siate misericordiosi come è misericordioso vostro Padre»; e poi tra le beatitudini del Vangelo troviamo: «Beati i misericordiosi, perché troveranno misericordia».

Il significato di misericordia e di giustizia

Ma cosa significa "misericordia", "pietà"? Cosa intende Gesù quando dice che dobbiamo essere misericordiosi come il Padre? Ogni giorno ci poniamo questa domanda: «Cosa significa essere misericordiosi?». Quando la misericordia comincia a essere leggerezza o ingiustizia? Una mamma che permette tutto ai suoi figli è misericordiosa? Non può esserci misericordia senza giustizia! E, dunque, occorre anche una certa severità. Paolo dice che la carità sopporta tutto, ma esige anche molto. Nella società, per il bene comune, va rispettato il limite all'abuso: se uno è troppo misericordioso può diventare anche un'ingiustizia per gli altri.
Prendiamo, ad esempio, il problema dell'"asilo" (Diritto di asilo. N.d.A.) in Europa. Questa domanda è di importanza fondamentale. In caso di vero pericolo dobbiamo dare asilo: questo è un diritto umano; non si deve rispedire una persona in un luogo dove è minacciata di morte. Ma, a volte, ci sono degli abusi. Non è facile trovare la strada giusta tra la misericordia e la giustizia.
Gli antichi (i detentori del diritto. N.d.A.) dicevano: «*Summum ius summa iniuria*»: "La somma giustizia diventa una somma ingiustizia". Vediamo un altro esempio: la misericordia nel mondo del lavoro. Se uno deve gestire una ditta non può essere solo misericordioso, altrimenti sarà rapidamente costretto a chiudere bottega: la spietata concorrenza lo eliminerà. La legge di questo mondo sembra favorire la sopravvivenza del più forte.
Come fare per mettere in questo mondo la misericordia? E poi, cosa significa la misericordia nei nostri rapporti umani?
Dobbiamo affermarci, dobbiamo difenderci. Il famoso filosofo tedesco Nietzsche ha detto: «La misericordia è debolezza». Friedrich Nietzsche diceva che il cristianesimo è la religione dei deboli. Egli considera letteralmente miserabile un Dio di misericordia. La pietà, secondo lui, è una cosa per uomini inferiori. Questo è scioccante

ma oggi molti, in psicologia, dicono: «Tu devi affermarti: contro tuo marito, contro la tua sposa; fatti valere, imponiti; pensa anche a te, non solo agli altri; realizza te stesso!».
Conosciamo tutte queste parole della psicologia di oggi. Ma non dobbiamo dire troppo rapidamente che questo è mancanza di cristianesimo, mancanza di fede. Perciò dobbiamo osservare attentamente quello che Gesù ha indicato come cammino della misericordia. C'è un pericolo nella misericordia: quello di umiliare gli altri; c'è pericolo di trattare gli altri dall'alto al basso. «Io sono su, tu sei giù.» «Io sono misericordioso, tu sei nella miseria.»
Allora, questa non è l'autentica misericordia: è un comportamento apparentemente misericordioso che può anche essere un mantello che copre forme di comportamento estremamente egoiste.
Per esempio, se uno cerca con la misericordia di tenere l'altro sempre in dipendenza: una mamma che non lascia andare i figli, che "copre" sempre tutto. Questa forse non è la vera misericordia!
E poi c'è la grande domanda, almeno da noi in Austria : «La Chiesa è misericordiosa?».

Medjugorje e la Chiesa come luoghi potenti di misericordia

Il mio confratello vescovo di Graz Kappellari dice sempre che la Chiesa è una «sovrapotenza della misericordia» (Superpotenza della misericordia. N.d.A.). E quando si vede un luogo come Medjugorje, si vede la potenza della misericordia. Tante opere di misericordia sono nate qui o sono favorite da qui; la Chiesa è veramente una «sovrapotenza di misericordia»!

La Chiesa e i divorziati risposati

Ma d'altra parte c'è questo rimprovero che la Chiesa è senza misericordia, per esempio con i divorziati risposati. Quante volte ho sentito questo rimprovero!
Allora chiediamo a Gesù: «È veramente la Chiesa che è senza misericordia?».
Quando gli chiesero perché Mosè aveva permesso di scrivere un atto di ripudio, Egli rispose: «Per la durezza del vostro cuore Mosè vi ha permesso di ripudiare le vostre mogli». Vuol dire che è per mancanza di vera misericordia che ripudiate vostra moglie o vostro marito.
È dunque la Chiesa che è impietosa? Penso che dobbiamo chiederci

noi: «Siamo, noi, misericordiosi?». È misericordioso dividere la famiglia con il divorzio? È misericordioso il divorzio nei confronti dei bambini che hanno padre e madre e vengono sballottati tra i due? Che cosa significa, dunque, essere misericordiosi? Come ha inteso Gesù il Suo insegnamento sul Padre misericordioso e come l'ha vissuto? Come possiamo oggi vivere nel concreto ciò che Gesù ha detto e mostrato con l'esempio della Sua vita?

Come vive Gesù la misericordia

Vorrei vedere con voi come Gesù vive la misericordia. Se avessimo tempo, ore di tempo, potremmo vedere come vive, come "attua" la misericordia la *Mater Misericordiae*, Maria Santissima.
La misericordia è, senza dubbio, il nucleo della predicazione di Gesù. Ma in che cosa consiste?
In Gesù – dice Zaccaria – la misericordia di Dio ci ha visitato: «Grazie alla bontà misericordiosa del nostro Dio, per cui verrà a visitarci dall'alto un sole che sorge». Letteralmente sono "le viscere" della misericordia di Dio. Nell'*Antico Testamento*, in ebraico sono i "*Rahamîm*"; "*Réhèm*" è il "grembo materno". La misericordia di Dio è pensata come l'amore di una madre per il suo bambino.
Conosciamo la frase del profeta Isaia: «Si dimentica forse una donna del suo bambino così da non commuoversi per il figlio delle sue viscere? Anche se una donna si dimenticasse, io, Dio, non ti dimenticherò mai». Dunque, Gesù ha espresso questa misericordia materna di Dio.
Maria nel *Magnificat*, quando è in visita da Elisabetta, dice: «...di generazione in generazione la Sua misericordia si estende su quelli che lo temono».
In ebraico abbiamo due termini per esprimere la misericordia: *hésèd* e *rahamîm*. Ambedue designano la misericordia di Dio, ma la *hésèd*, dice papa Giovanni Paolo II nella sua enciclica sulla misericordia, la *hésèd* è la "fedeltà paterna" e il *rahamîm* è piuttosto l'aspetto materno della misericordia.
Sono questi due aspetti insieme. Ma come si rapportano, l'una all'altro, la fedeltà e l'amore profondo di misericordia?
Gesù è certamente l'incarnazione della misericordia di Dio! Questa misericordia non si rivolge in astratto all'umanità. Egli ti ha mostrato la Sua misericordia; a te personalmente! La misericordia di Dio si indirizza a ognuno di noi: a te, a me personalmente.
Allora, vediamo brevemente alcune scene del Vangelo per capire questa dimensione esigente, personale e interpellante della misericordia.

Misericordia di Dio: esigente, personale e interpellante.
Il miracolo per la vedova ai funerali di Nain

In Luca (Luca è l'evangelista delle misericordia) si legge: «In seguito Gesù si recò in una città chiamata Nain. Facevano la strada con Lui i discepoli e una grande folla. Quando fu vicino alla porta della città, ecco che veniva portato al sepolcro un morto, figlio unico di madre vedova e molta gente della città era con lei. Vedendola, il Signore ne ebbe compassione e le disse: "Non piangere!?". Accostatosi alla bara mentre i portatori si fermavano: "Giovinetto, dico a te, alzati!". E il morto si levò a sedere e incominciò a parlare. Egli lo diede alla madre».
In greco è *splanchnisteis*: Gesù «fu preso fino alle viscere» di compassione, profondamente commosso per la tristezza e il dolore di questa madre vedova.
È sempre la stessa la reazione di Gesù: quando vede la sofferenza, non passa: non gli è indifferente. È proprio questo il comportamento di Gesù: quando vede la sofferenza, non passa accanto.

Il miracolo del lebbroso inginocchiato

Abbiamo un altro esempio. «Un lebbroso lo supplica in ginocchio: "Se vuoi, puoi guarirmi!?"» di nuovo il Vangelo dice *esplanchniste*. «Mosso a compassione Gesù stende la mano, lo tocca, dice: "Lo voglio. Guarisci!".»
Ho visto in Nigeria numerosi lebbrosi. È un orrore vederli. Spontaneamente, la tentazione è scappare, perché è terribile vederli.
Il miracolo dei due ciechi di Gerico

Un altro esempio: lungo la strada da Gerico a Gerusalemme, due ciechi implorano l'aiuto di Gesù gridando forte, e di nuovo il Vangelo dice che «Gesù è preso da profonda compassione» – *esplanchniste* "fino alle viscere" – e ridona loro la vista».

Le emozioni di Gesù: la "compassione" del dolore altrui

Dunque, il primo incontro con la misericordia di Gesù è questo semplice, elementare compatire il dolore degli altri. Chi sono questi? Quella vedova che perde anche il suo unico figlio e con lui tutto ciò che aveva; un emarginato, storpiato dalla lebbra o i due ciechi che con le loro grida snervano i sani.

Che cosa è questa profonda emozione in Gesù? Penso che tante opere di misericordia nella Chiesa sono nate così. Madre Teresa che non sopportava di vedere morire la gente in strada; madre Elvira, qui a Medjugorje, che non sopportava di vedere i giovani distruggere la loro vita con la droga.
Che cos'è questa profonda emozione che chiamiamo "compassione"? Vi pongo la domanda: questa è un'attitudine semplicemente umana o soprannaturale? È qualcosa di universale, di tutti gli uomini o viene solo dalla rivelazione di Gesù? Per Nietzsche, questo filosofo famoso già citato, è un'invenzione del cristianesimo.

Eutanasia: sindrome di Down, il caso Eluana e gli anziani sofferenti

La richiesta dell'eutanasia che cosa è? Misericordia per una persona che soffre tanto; fare terminare la sofferenza. È questa la misericordia umana? Oggi la Trisomia 21 (la sindrome di Down), già si può diagnosticare nel grembo materno. Allora il risultato di questo è che spariscono sempre più i bambini con la sindrome di Down; sono diminuiti di due terzi. È un dramma: l'altro giorno, quando ho visitato una casa per handicappati, il direttore della casa mi ha detto: «Eminenza, lei non vedrà più bambini con la sindrome di Down, perché verranno ammazzati con l'aborto nel grembo materno. Oggi è già una pratica».
Questa è la misericordia che tanti chiedono per motivare l'eutanasia e questa terribile discussione in Italia l'abbiamo avuta per il caso di Eluana. Un altro esempio. Un amico medico mi ha detto: «A volte vengono da me i nipoti e mi dicono: "Dottore, la nostra nonna soffre tanto! Lei potrebbe abbreviare la sua sofferenza con una piccola iniezione?"». Lui risponde: «Ammazzate la nonna voi stessi!» e subito vediamo cos'è l'eutanasia.
Anche l'aborto è un omicidio!

Misericordia, elemento "emotivo e volitivo": san Francesco e il lebbroso

Cos'è la misericordia? La misericordia di Gesù verso i bisognosi di ogni tipo certamente ha un fondamento umano ed è un comportamento che ha una base naturale. C'è un elemento emotivo nella misericordia di Gesù, ma c'è anche un altro elemento; lo chiamiamo "volitivo". Quando san Francesco ha abbracciato il lebbroso, ha dovuto superare una ripugnanza emotiva, ma in san Francesco c'è la volontà di seguire

Cristo. Cos'è accaduto? Ha visto non solo la malattia che ripugna, ma ha visto l'uomo che soffre, il fratello che ha la sua stessa carne e la sua stessa anima perché è un uomo di cui Gesù ha compassione. "Compatire" significa sentire il dolore dell'altro, vedere l'altro come un altro "io". È vedere nell'altro il prossimo.
Nella "regola d'oro", Gesù ci ha mostrato come vedere nell'altro un altro "io". Tutto quanto volete che gli uomini facciano a voi, anche voi fatelo a loro.

La misericordia dei non credenti e quella verso i nemici

Eppure, la misericordia di Gesù oltrepassa ancora questa misura di origine naturale. Per questo, sappiamo che la misericordia che Gesù chiede a noi va oltre la capacità umana. Senza un aiuto forte dall'alto, dalla grazia, non è possibile questa misericordia anzitutto verso i nemici, verso le persone "difficili".
Certamente, ci sono molte persone oggi che senza la fede cristiana vivono una vera compassione. Non dobbiamo pensare che noi cristiani siamo gli unici a essere misericordiosi. In Austria abbiamo quattrocentomila volontari che si impegnano nella società: nella Croce Rossa e tra i vigili del fuoco. Molte di queste persone non vanno in chiesa, ma aiutano senza limiti; si donano agli altri con grande generosità e per questo dobbiamo riconoscere, come ha fatto papa Benedetto XVI, questa apertura al bene anche negli altri, in quelli che non credono.

Miracoli: perché tu sì e io no? Concetto di "misericordia concreta"

C'è ancora una difficoltà. Quando riflettiamo sulla misericordia di Gesù, essa ci appare ancora più misteriosa ed esigente, a volte difficile da capire.
Gesù ha avuto pietà di singole persone o di tutti? Come uomo ha dovuto scegliere. È vero che Gesù ha guarito molte persone; a volte si dice che «ha guarito i malati che c'erano quel giorno», ma quanti sono rimasti senza guarigione? Gesù l'ha detto apertamente in sinagoga a Nazareth. Ha detto: «C'erano molti lebbrosi in Israele al tempo del profeta Eliseo. Nessuno di loro fu risanato, se non Naman, il siro». Dunque, la misericordia di Dio si estende su tutti o solo ad alcuni? Nell'*Antico Testamento* c'è questa frase "dura": «Farò grazie a chi vorrò far grazie, avrò misericordia di chi vorrò aver misericordia».

Allora Dio agisce un po' paternalisticamente? Agli uni concede, dà la misericordia, agli altri no? Gesù ha dato Lui stesso una risposta a questa domanda. Ricordiamo la parabola del buon samaritano. Quando uno ha chiesto a Gesù: «Chi è il mio prossimo? Non posso amare tutti, non posso essere misericordioso con tutti! Chi è il mio prossimo?». La risposta di Gesù è molto precisa. Gesù, nel racconto del buon samaritano, fa passare un sacerdote e un levita. In greco il testo è ancora più bello perché dice *antiparélzen*, "passavano dall'altra parte della strada". Facciamo questo quando non vogliamo incontrare qualcuno: passiamo dall'altra parte della strada. Forse avevano paura, perché i briganti possono essere vicini, in agguato. Avevano paura, si capisce. Ma il samaritano ha interrotto il suo programma e, immediatamente, capiamo che ha agito in modo giusto: ha realizzato ciò che prevede anche la legge dei nostri paesi: l'obbligo di assistenza.
Gesù nella parabola dice che «il samaritano fu preso da grande commozione». Vuol dire che la misericordia è sempre concreta: non riguarda in qualche modo un po' tutti, ma colui che qui e ora ha bisogno del mio aiuto. Così vediamo che anche Gesù, nell'incontro con le singole persone, si rivolge totalmente alla persona concreta.

La parabola della pecorella smarrita: la tesi del frate francescano

C'è un'altra parabola molto importante: è quella delle novantanove pecore che il pastore lascia, per cercare la centesima che si è perduta. Possiamo dire che è un comportamento un po' irresponsabile lasciarne novantanove per trovarne una. Ho sentito una volta un buon padre francescano predicare su questa parabola. Diceva una cosa che non ho mai dimenticato. Diceva: «È vero ed è bello, per queste novantanove pecore, vedere che il buon pastore va alla ricerca della pecora perduta fino a trovarla, anche nelle più grandi difficoltà». Dà sicurezza alle novantanove pecore, perché anch'io un giorno posso essere una pecora perduta, e sapere che abbiamo un pastore per il quale io sono così importante che lascerà tutti gli altri per cercarmi personalmente è di grande conforto.

La misericordia che si estende alla "moltitudine delle genti": la folla

Ma abbiamo anche momenti in cui la misericordia di Gesù si estende a molti.
«Sento compassione della folla» dice Gesù «perché già da tre giorni

queste persone mi seguono e non hanno da mangiare.» La preoccupazione di Gesù per le tante persone che lo cercano è di nuovo molto concreta. «Se li rimando digiuni alle loro case, verranno meno, e molti di loro vengono da lontano» dice Gesù. Questa preoccupazione di Gesù è sempre molto concreta, anche nei confronti della folla.
C'è un testo che amo molto nel *Vangelo di Marco*. Nel capitolo VI ci ricordiamo che Gesù ha mandato per la prima volta i dodici apostoli in missione. Poi, gli apostoli si riunirono attorno a Gesù e gli riferirono tutto quello che avevano fatto, che avevano insegnato. È il ritorno dalla loro prima missione. E dopo questa missione sono pieni di esperienza. Egli disse loro: «Venite in disparte, in un luogo solitario e riposate un po'». Era infatti molta la folla che andava e che veniva e non avevano neanche più il tempo per mangiare.
(Questo mi ricorda un po' i primi tempi di Medjugorje, quando i poveri frati non avevano il tempo per mangiare.)
Allora partirono sulla barca verso un luogo solitario, in disparte. Molti però li videro partire e capirono, e da tutte le città incominciarono a correre lì a piedi e li precedettero. Sbarcando, Gesù vide molta folla e di nuovo si commosse per tutte quelle persone, perché erano come pecore senza pastore e si mise a insegnare loro molte cose.
Ecco: Gesù ha compassione della folla, perché vede gli uomini come pecore senza pastore. Allora la prima reazione di Gesù, della Sua misericordia, è di insegnare loro molte cose.
Mi commuove sempre molto profondamente questa abitudine di Gesù: quando Gesù vede la folla, come prima cosa insegna la via della vita. Oggi questa è una cosa molto importante: che siamo in grado di riconoscere la via della vita, che siamo istruiti sulla nostra fede!

Misericordia di Gesù e degli Apostoli: 1) miracolo dei pani e dei pesci

Per concludere, vi devo dare una testimonianza su questa misericordia di Gesù, confrontata con un'altra misericordia: quella degli apostoli. Gesù insegna a lungo alla folla, quasi tutto il giorno. Si fa tardi. Gli apostoli, come scrive Marco, essendosi ormai fatto tardi, gli si avvicinarono dicendo: «Congedali, in modo che, andando per i villaggi e le campagne, possano comprare da mangiare». Ecco la risposta degli apostoli: «Mandali via!».
Io ho il sospetto che quella sera gli apostoli sentissero un certo vuoto qui (Il cardinale indica lo stomaco. N.d.A.) e, dunque, pensavano alla loro cena e al loro riposo e, per nascondere questo desiderio, dicevano: «Siamo pieni di misericordia per gli altri; mandali via!».

Immaginate se i frati, questa sera, dicessero: «Andate via da Medjugorje, vogliamo riposarci!».
Capisco bene questo tipo di misericordia, ma Gesù la vede diversamente.
Gli apostoli restarono sconcertati (per non riferire i commenti!) quando Egli rispose: «Voi stessi date loro da mangiare».
Si sente l'aggressività nella risposta degli apostoli. «Dobbiamo andare noi a comprare per duecento denari il pane per dare loro da mangiare?» Gesù chiede una misericordia impossibile, ma gli apostoli faranno l'esperienza che, accettando di dare il poco che avevano (cinque pani e due pesci), Gesù può fare di questo poco qualcosa di sufficiente per tutti.
Gli apostoli dovevano dare tutto. Non avevano cose sufficienti per loro: cinque pani e due pesci per dodici uomini non bastano. Hanno dovuto dare tutto e con questo dono, con questo gesto di fiducia, Gesù ha potuto fare in modo che tutti avessero da mangiare (Il miracolo della moltiplicazione dei pani e dei pesci. N.d.A.).
Questo è il miracolo permanente che viviamo nella Chiesa. Penso che tante esperienze nella Chiesa ci mostrano che umanamente a volte sarebbe impossibile, ma nonostante questo, il miracolo accade!

Misericordia di Gesù e degli apostoli: 2) miracolo dell'indemoniata

Per concludere, parlo di un'altra scena in cui appare ancora più evidente il contrasto tra la misericordia di Gesù e quella dei discepoli. È una scena che ha luogo fuori dalla Galilea: Gesù si è ritirato nella zona del Mediterraneo, a Tiro e Sidone e vuole rimanere sconosciuto (anch'io avevo pensato di poter venire a Medjugorje "in incognito").

I discepoli di Gesù, gli apostoli, speravano di non essere riconosciuti a Tiro e a Sidone, ma la cosa non resta segreta e accorre da Lui una donna cananea che grida a gran voce, insistentemente: «Pietà di me, Signore, Figlio di Davide; mia figlia è crudelmente tormentata da un demonio».
È una situazione di grande sofferenza. Una persona, una povera che implora la misericordia di Gesù. Il comportamento di Gesù appare scandaloso. Egli non le rivolse neppure una parola. Allora i discepoli Gli si accostarono implorandolo: «Gesù, esaudiscila!». «Esaudiscila!» Qui i discepoli sono misericordiosi e Gesù è "duro". «Esaudiscila!» Onestamente gli apostoli dicono il motivo della loro misericordia. I discepoli implorano Gesù, dicendo: «Vedi come ci grida dietro!

Ci dà fastidio!». Questa donna grida. Ecco la misericordia degli apostoli! Quante volte, cari fratelli e sorelle, la nostra misericordia è un modo per "liberarci" di una persona!

Il comportamento di Gesù sembra impietoso, scandaloso. Io vedo questa scena come una chiamata a noi preti, ma anche a tutti noi cristiani. Una mamma che permette al bambino di accendere la televisione per stare in pace. Chi di noi non conosce questa misericordia? «Stai zitto, vai a vedere la televisione!»

Vediamo Gesù. Gesù risponde agli apostoli: «Non sono stato inviato che alle pecore perdute della casa di Israele». Gesù quasi dice: «Questi pagani non mi interessano: non è cosa mia. Sono venuto per il mio popolo, il popolo ebreo». Sembra una forma di nazionalismo. «Sono per gli ebrei, non sono per gli altri.»

Anche questo ci sembra scandaloso.

Anche se lei implora pietà, Gesù sembra dire: «Questo non è un problema mio».

Quella donna andò e si prostrò davanti a Lui dicendo: «Signore, aiutami!». La donna non lascia, non cede; si prostra ai suoi piedi e veramente lo importuna.

Allora la risposta di Gesù diventa ancora più scandalosa. «Non è bene prendere il pane dei figli per gettarlo ai cagnolini!»

Se voi dite: «Questi "cani" di africani, di serbi, di musulmani». Venite processati. È un comportamento scandaloso. Gesù chiama i pagani "cani". «Cani di pagani.» «I nostri sono i nostri bambini: gli ebrei, questi qui.»

Guardate la misericordia di Gesù. La donna rispose: «È vero, Signore».

Mi commuove profondamente questa risposta della donna, perché esprime che sa perfettamente che non ha nessun diritto all'aiuto di Gesù. Lo chiama "Signore", ma aggiunge: «Anche i cagnolini si cibano delle briciole che cadono dalla tavola dei loro padroni».

Allora Gesù è come inondato di gioia, perché ha trovato una grande fede in questa donna. «Donna, davvero grande è la tua fede!»

Allora, fratelli e sorelle, vediamo che cosa è questa misericordia di Gesù. Farci camminare nella fede, verso la fede. Gesù attua una prova di pazienza, la fa aspettare, la fa camminare fino a questo atto di fede. Gli apostoli volevano una soluzione rapida: via il problema. Questo è tante volte anche il nostro atteggiamento: non sopportiamo, non abbiamo pazienza. Quando c'è un problema, immediatamente ci aspettiamo che Dio lo risolva, ma spesso lo vogliamo perché per noi è difficile. Soffriamo, siamo infastiditi da questo problema e, per questo, vogliamo una soluzione rapida.

Ma la misericordia di Gesù vede il cuore di questa donna; vede che questa donna può raggiungere la meta di una grande fede e per questo la Sua misericordia è molto esigente. Appare severa, ma in realtà è vera misericordia.
Penso che abbiamo tutti abbastanza materiale per meditare su questa "misericordia esigente" di Gesù; se avessimo ancora due ore, continueremmo con la misericordia della Madre di Gesù.
Ma su questo rifletteremo la prossima volta.

Questa catechesi che è stata tenuta dall'arcivescovo di Vienna, come si dice "a braccio" e in lingua italiana, per me è stata davvero un'esperienza straordinaria ed è durata circa un'ora e un quarto. Il cardinale ha spiegato il concetto della Divina Misericordia di Gesù facendo riferimento a qualche miracolo e ad alcune delle pagine più belle del Vangelo, ma dandone una chiave di lettura utile alla comprensione delle tematiche più importanti della nostra vita quotidiana, duemila anni dopo la morte di Cristo.

In poche parole ha attualizzato il Vangelo ai nostri giorni, affrontando tematiche scottanti e di grande interesse: l'aborto e l'eutanasia. Perché il miracolo a tizio e non a caio? Il diritto di asilo dei profughi extracomunitari e il rispetto della legalità. Il concetto di misericordia e il raffronto con l'etica sociale nel mondo dell'impresa e del commercio. Il problema dei divorziati risposati e l'atteggiamento della Chiesa. La misericordia di Gesù e quella degli apostoli che si vergognano delle urla di un'indemoniata e l'altro caso famoso dei discepoli che hanno fame e non sopportano Gesù quando si dilunga a fare il pastore a migliaia di persone, con il miracolo della moltiplicazione dei pani e dei pesci.

Gli esempi che ha fatto Schönborn sono tanti e in molti di questi possiamo ritrovare i comportamenti nostri o quelli delle persone più care o dei conoscenti.

Alla fine, in un clima davvero informale e scherzoso, il cardinale ha giocato con ironia su una difficoltà di padre Milenko Steno, viceprovinciale dei frati francescani di Mostar che, per tutta la durata della catechesi, l'ha tradotta simultaneamente in lingua croata per Radio Medjugorje.

Il frate per qualche istante rimane indietro rispetto alla traduzione. Schönborn intuisce la difficoltà del sacerdote che si stava arrangiando spostando i fogli senza riuscire a trovare il segno e, con una battuta ironica, esclama: «*Ecco, vedete, mi devo fermare, avere pazienza, perché dobbiamo comprendere il problema del padre, bisogna avere misericordia di padre Milenko*».

Questa battuta ha strappato un sorriso a tutti e ha sollevato padre Milenko dalle difficoltà. Gli ha dato la possibilità e il tempo di riordinare le idee e a Melinda e Roland di intervenire con violino e chitarra per un bellissimo canto di tutta l'assemblea che all'unisono ha intonato *Gospa majka moja*, la canzone simbolo di Medjugorje.

Per la trascrizione, parola per parola, della catechesi e dell'omelia della messa solenne dell'ultimo dell'anno debbo ringraziare Marco Piagentini, come abbiamo già anticipato, e, nel caso della catechesi, anche don Pierre Laurent e il sito www.infodamedjugorje.altervista.org che conta tremila associati sempre attenti alle novità legate alle vicende di Medjugorje. Un caro saluto a loro e un ringraziamento a Marco per la collaborazione relativa alla sbobinatura delle registrazioni.

Qualche ora dopo, dalle 21.00 alle 22.00 il cardinale Schönborn ha condotto personalmente l'adorazione in una chiesa affollata in ogni ordine di posto. Ho visto gente che saliva persino sulla scala che porta al piano dove c'è l'organo. Altri che s'infilavano, scavalcando tutti, nella zona riservata agli strumenti musicali e ai cantanti.

Durante la preghiera spontanea davanti al corpo di Gesù, i fedeli che avevano partecipato alla Santa Messa delle 19.00 in lingua croata sono rimasti fermi, immobili a pregare rosari su rosari, coroncine su coroncine, pur di non abbandonare quel posticino d'oro che rimarrà così occupato fino a dopo le 22.00, e cioè fin quando, terminata l'adorazione arrivano i sacrestani croati un po' "cerberi", alti un metro e novantacinque, che fanno uscire tutti dalla chiesa con quattro comandi ad alta voce incomprensibili anche ai fedeli del luogo.

Poi, in fretta e furia, spengono le luci e mandano i pellegrini a letto dando appuntamento alla mattina alle ore 7.00 con la prima preghiera e alle 7.30 con la messa in lingua croata.

Come potete capire, chi avesse voluto partecipare all'adorazione guidata dal cardinale, arrivando attorno alle 20 o alle 20.15 avrebbe trovato tutti i posti delle panche già occupati. A quel punto entra in azione l'esercito dei pellegrini che appartengono allo schieramento delle "seggioline pieghevoli" e dei "tappetini imbottiti" di gommapiuma per inginocchiarsi all'adorazione. Chi sono costoro? Sono i "pellegrini-banzai", sono gli ultras della Gospa dell'ultima ora, i patiti dei santuari, sono tutti coloro che pur di stare in prima fila sotto l'Ostia sacra, accanto al sacerdote celebrante o vicino al veggente per attendere l'apparizione della Madonna, sono capaci di rimanere acquattati per ore e ore nei sacchi a pelo, sotto il sole cocente o sotto l'acqua scrosciante.

Partono silenziosi dalle loro pensioni e dai pullman equipaggiati di tutto punto: radiolina per intercettare il traduttore simultaneo nella lingua del paese di provenienza, seggioline pieghevoli, con schienale annesso in stoffa e le quattro gambe metalliche con i piedini gommati aderenti, da aprire fulmineamente sul pavimento della chiesa; bottiglia di acqua minerale rigorosamente naturale; crakers e biscottini salati rompi-digiuno; banana per i sali minerali e il potassio per le permanenze in chiesa che si prolungano per più di dieci ore; cuffiette auricolari per collegare la radiolina e isolarsi dal resto del mondo; il mitico impermeabilino di Medjugorje plastificato giallo, rosso, blu con l'immagine della santa Gospa stampata sulla schiena; ombrello corto che all'occorrenza può servire anche per farsi largo tra la folla imponente; l'immancabile pila per le camminate notturne sulla collina del Podbrdo o per tentare di raggiungere le pensioni più lontane immerse nel buio della notte; la coroncina della divina misericordia; l'indispensabile rosario; il braccialetto al polso con la decina del rosario, lavorato dagli artigiani croati con i sassolini del Podbrdo; il messalino e il libretto per le meditazioni del rosario del cardinal Comastri o di padre Jozo o padre Slavko; e, per chiudere, scarpe da trekking con il carrarmato per camminare sul Krizevac e sul Podbrdo; infine occhiali da sole per controllare alle 18.40 se la Gospa ci vuole regalare il miracolo della rotazione.

Mentre sto scrivendo da casa mia questo identikit dell'ultrà dei pellegrinaggi mi arriva in quel preciso momento, il 2 agosto 2010 alle 10.30, una telefonata da Medjugorje. È Michele Vasily, una delle guide: *«Paolo, non ti puoi immaginare che cosa stia succedendo qui a Medjugorje. Ieri* (Domenica 1° agosto. N.d.A.) *è iniziato il Festival dei giovani. Sono arrivate più di settantamila persone nel giro di quarantott'ore, tutti ragazzi provenienti dai più disparati paesi del mondo.*

Più del sessanta per cento sono italiani. Tante persone mi chiedono se ci sei anche tu... È bellissimo, io vivo qui ma mai come quest'anno ho visto una roba del genere. Ero insieme a Mirela e a Silvana e ci siamo commossi tutti, abbiamo pianto dalla gioia e dalla felicità. Ho sentito recitare l'Ave Maria all'unisono da questa folla immensa, assiepata nella spianata dietro la chiesa.

I pellegrini arrivavano fino al cimiterino dove c'è la tomba di padre Slavko: Paolo, saremmo felici se tu fossi qui con noi».

Chiudo la telefonata e mi viene voglia di partire subito, ma non è possibile, so che devo consegnare questo libro all'editore nei tempi previsti dal contratto. Ripenso alle ultime righe che ho scritto prima di questa conversazione: l'abbigliamento dell'ultrà della Gospa. Non c'è niente da fare: è il mio identikit, sono proprio io, appassionato fino all'ultimo respiro, innamorato pazzo di Lei e sempre più di suo Figlio.

E meno male che ora sono così, un ultrà della Gospa, grazie a Dio! Se penso come ero messo un anno e mezzo fa mi vengono i brividi.

Capisco che il mio entusiasmo di ora può essere considerato esagerato da molti, soprattutto da quelli che pregano da tanti anni e, beati loro, non si rendono conto cosa vuol dire essere lontani da Dio. Quando si parla di religione e teologia devo stare zitto. Parlate voi, che vi ascolto.

Ma quando, viceversa, parlo della mia esperienza personale, del vissuto nel mio mondo – un ambiente difficile, competitivo, pieno di momenti tentacolari – allora in quegli istanti sono gli altri che devono ascoltare e poi ciascuno dirà la sua, come è giusto che sia. E io potrò anche essere in disaccordo, perché la mia non è "la testimonianza", bensì semplicemente una testimonianza, quella della mia vita. Non ha un valore assoluto ed è quindi soggettiva e tutto ciò che dico e che faccio può essere suscettibile di errori o di eccessivo slancio, ma sicuramente è tutto quello che, realmente e in verità, esce dal mio cuore e non è dettato da interessi più o meno nascosti.

I pensieri che oggi affollano la mente e la coscienza hanno un'unica origine e una sola parola di dieci lettere: M E D J U G O R J E. Ed è qui che ho provato le emozioni più belle, più forti della mia vita: dal primo viaggio alla straordinaria giornata del 31 dicembre 2009 quando alle 23.00 è entrato nella chiesa di San Giacomo, stracolma di gente, l'arcivescovo di Vienna cardinal Christoph Schönborn. Il cardinale è passato in mezzo a due ali straboccanti di fedeli, indossando i paramenti delle grandi celebrazioni, preceduto dal pastorale e dall'esibizione solenne della parola di Dio e cioè il Vangelo aperto nelle mani di un concelebrante. Quello che nel linguaggio liturgico si definisce la "intronizzazione" della parola di Dio.

Un messaggio chiaro per far capire a tutti, se ancora ce ne fosse stato bisogno, di sottolineare al massimo l'aspetto pubblico e formale della presenza di un cardinale a Medjugorje.

Non ho mai visto così tanti ragazzi giovani prendere d'assalto una chiesa, gremita in ogni ordine di posti, come se fossimo a un concerto di Vasco Rossi.

Fuori migliaia di persone coperte da giacconi, piumini e giacche a vento, dentro il capannone giallo non c'era più un buco libero neanche a pagarlo oro e, circostanza davvero speciale, le panche della spianata all'aperto sul retro della chiesa, davanti alla rotonda estiva, erano state prese d'assalto da almeno seimila persone. Tenete presente che la temperatura di Capodanno si aggirava sui dieci gradi al massimo, il tempo era brutto, le nuvole nere e la pioggia minacciava di cadere sin dal primo pomeriggio. E infatti è venuta giù copiosa proprio allo scadere della mezzanotte. Ho fatto i conti con le guide laiche di Medjugorje e con il frate francescano Milenko Steno e abbiamo valutato un numero di pellegrini che si aggirava attorno ai quindicimila, i quali avevano letteralmente preso d'assalto il paese a Capodanno 2009.

Sono arrivato a messa dopo aver pranzato alla Pansion Sulic insieme alla veggente Marija, tutta la sua famiglia e con gli amici che erano venuti a trovarli per questa ricorrenza. Non sono riuscito a trovare un posto in chiesa. Né io né i miei pellegrini. La zona del confessionale era presa d'assalto, pareva un esodo biblico di tante popolazioni diverse che parlavano lingue differenti ma che avevano un unico desiderio: sentire, toccare, conoscere e ascoltare quel cardinale venuto da tanto lontano per dire a tutti quale fosse il suo pensiero sul posto più amato e al contempo più controverso della storia delle apparizioni mariane sulla terra.

C'era il desiderio impellente di capire al più presto che cosa volesse comunicare, quale significato attribuire alla sua presenza, così importante per una celebrazione altrettanto rappresentativa e di grande impatto mediatico come quella di una Santa Messa officiata con tutti i crismi liturgici più importanti nella notte di Capodanno.

La svolta epocale è giunta al momento dell'omelia, perché

qui per la prima volta in trent'anni di apparizioni è arrivato un alto prelato del Vaticano dal curriculum prestigiosissimo e ha paragonato, per la prima volta nella storia di questa vicenda contrastata, senza mezzi termini, i pastori della Natività di Betlemme ai veggenti di Medjugorje.

L'omelia della mezzanotte

Cari fratelli e sorelle, qui in chiesa o nei luoghi davanti alla chiesa o nel salone giallo, siamo tutti consapevoli che sia un grande privilegio non dover festeggiare il nuovo anno solo con lo champagne ma anche che, e soprattutto, insieme a Maria, Giuseppe, il Bambino nella mangiatoia e insieme ai pastori, possiamo celebrare questo Santo anno nuovo.
Tutti noi siamo venuti a Medjugorje perché in questi giorni, in modo particolare, possiamo essere vicini alla Madre del Signore.
Cioè, per essere più precisi siamo venuti qui perché sappiamo che la Madre del Signore è vicino a noi: insieme vogliamo iniziare l'anno nuovo.
Allora... la prima cosa... è quando io penso al presepe... ai pastori... la prima cosa che tocca il mio cuore è il fatto che non c'era l'angelo.
Qui, nel presepe (il cardinale indica il presepe che è stato allestito alla base dell'altare) ci sono due angeli sopra la grotta, ma nel Vangelo non ce ne sono di angeli, una grande schiera di angeli erano nel campo dei pastori; ma Maria e Giuseppe ne hanno solo sentito parlare, perché i pastori glielo hanno raccontato.
Voi sicuramente non avete visto la Gospa, la Madonna, ma qui ci sono delle persone che ce lo hanno raccontato. E noi ci fidiamo di questa cosa, che la Madre di Dio veramente ci è vicina.
La fede viene dall'ascolto e mi impressiona per prima cosa che nel Vangelo di oggi si parla di ascolto.
Prima di tutto dobbiamo ascoltare il lieto annuncio (la buona novella). Abbiamo due orecchie, due occhi e una sola bocca: questo significa che dobbiamo ascoltare molto, guardare tanto, e poi parlare.
E cosa dobbiamo dire? Dobbiamo raccontare ciò che abbiamo visto e udito. Il mondo ha bisogno di una nuova evangelizzazione, e questo si può fare solo se i testimoni raccontano ciò che hanno visto e che hanno sentito.
Tutti noi abbiamo la fede perché abbiamo ricevuto la fede, e tutti noi

attraverso il battesimo abbiamo ricevuto il compito di trasmettere la fede agli altri.
I pastori hanno raccontato quello che hanno visto e che hanno sentito, quello che era stato detto loro, e da allora questa versione è stata tramandata.
Il Vangelo, buona novella, è stato raccontato da bocca a bocca, e quelli che hanno raccontato questo erano i testimoni diretti: coloro che hanno sentito hanno anche visto che la parola e la vita stanno uno accanto all'altro, che stanno insieme, che quello che i testimoni raccontano lo vivono, lo mettono in pratica nella propria vita.
Come possiamo noi diventare i testimoni della buona novella? Prima di tutto noi dobbiamo guardare verso Maria: Maria nel suo cuore custodiva e meditava tutte quelle cose.
Fratelli e sorelle, quello di cui noi abbiamo bisogno soprattutto in questo tempo è la preghiera.
Lo dico con un po' di tristezza: io so che preghiamo troppo poco!
Io so che la preghiera è la vita: senza un rapporto diretto verso Dio, con Dio, la nostra vita diventa arida e vuota.
Così la Madre di Dio ci dice sempre: continua a ripeterci... PREGATE, prendetevi il tempo per la preghiera.
Questa è una buona intenzione per il nuovo anno (*applauso*), per noi sacerdoti, per i diaconi... per tutti noi: bisogna trovare il tempo per la preghiera.
La preghiera ci dà tanta forza, tanta gioia e una certezza: preghiamo Maria di aiutarci a pregare di più. Se preghiamo allora anche la nostra parola è piena di vita, e poi la nostra testimonianza sarà credibile e veritiera.
Vorrei dirvi una parola di quello che ci ha detto l'apostolo Paolo: è passato l'anno paolino, adesso siamo nell'anno sacerdotale... ma la parola di Paolo apostolo era così forte perché era piena di vita.
Nella lettura di oggi dice che «Dio ha mandato suo figlio affinché noi possiamo diventare i suoi figli»... non sono escluse nemmeno le figlie, le figlie e i figli sono insieme, sono inclusi tutti e due.
Paolo dice «siamo chiamati a diventare figli, e non schiavi». Così come Gesù è Figlio di Dio, così anche noi possiamo chiamarlo Padre.
All'inzio di quest'anno, l'apostolo Paolo ci dice: «Voi siete figli, non schiavi».
Io credo che Medjugorje sia un luogo dove ci si confessa tanto.
La confessione è la liberazione dalla schiavitù del peccato: nulla ci lega quanto il peccato.
Dio ci vuole come figli liberi (dal peccato) perciò ci ha donato il sacramento della penitenza.

Noi dovremmo avere un nuovo atteggiamento verso Dio, dovremmo chiamarlo Abbà, Padre...
Gesù ci ha chiamato a questo, dobbiamo avere fiducia in Lui, che crediamo in Lui.
In noi c'è troppa paura davanti a Dio: Gesù mi fido di Te, Gesù confido in Te, mi fido di Te (lungo applauso perché lo dice in polacco come suor Faustina Kowalska: «*Jezu ufam tobie*», alla quale Gesù ha rivelato la preghiera della Divina Misericordia).
Papa Giovanni Paolo II ci ha lasciato questo messaggio: fidarsi nella misericordia di Dio, fidarsi nella misericordia di Gesù.
La fiducia può essere una cosa eroica quando la vita diventa difficile, quando il matrimonio diventa un peso, quando siamo vittime di una malattia, quando non sappiamo cosa ne sarà del nostro lavoro, allora dire: «Gesù, io mi fido di te», questa può essere una cosa eroica!
La fiducia è proprio un atto di fede, e guardiamo di nuovo Maria: chi più di Maria ha fatto questo atto di fiducia, di confidenza?
«Gesù mi fido di te, confido in te»: questo dovrebbe essere la nostra intenzione per l'anno che viene.
Ecco è quasi mezzanotte sentiamo i botti di fine anno, ma noi non vogliamo far esplodere i petardi, non vogliamo sparare ma pregare, non vogliamo sparare, ma cantare (*applauso*).
E un'ultima parola: i pastori tornarono glorificando, lodando Dio per quanto avevano udito e visto. Anche noi torneremo a casa per poter essere i testimoni della buona novella, noi prima di tutto dobbiamo glorificare Dio.
I pastori avevano glorificato e lodato Dio per quanto avevano udito e visto.
Io spero che tutti noi dopo questi giorni passati a Medjugorje possiamo tornare a casa nostra e lodare Dio per tutto quello che abbiamo udito e visto. Allora molti crederanno anche a noi quando racconteremo queste cose perché la nostra parola sarà degna di fede.
Adesso è quasi mezzanotte: ed è il momento giusto per confessare la nostra fede e con questa fede entriamo nell'anno nuovo.
Dio benedica il nuovo anno.
(*Lungo applauso, grande ovazione.*)

Terminata la Santa Messa, il cardinale esce dalla chiesa parrocchiale per salutare insieme ai fedeli il nuovo anno e benedire quella folla imponente che era assiepata da ore lungo il perimetro di quello che un giorno sarà per tutti il sogno più grande: il santuario di Medjugorje.

Come vi ho anticipato, tutta la grande spianata dietro la chiesa, dove ci sono le panche lunghe e rettangolari in legno, era stata presa d'assalto sin dalle 21.30, sotto una temperatura non certo clemente, e ora, dopo mezzanotte e mezza, anche sotto una pioggerella gelata, sottile, fitta e insistente.

La sortita di Schönborn e la reazione entusiasta della gente alla fine della messa ricorda il boato di felicità in uno stadio dopo il gol della vittoria in un grande derby.

Mi piazzo strategicamente dinanzi all'ingresso della canonica, da dove il cardinale deve uscire, come un tifoso che attende i calciatori all'uscita degli spogliatoi. Pochi istanti dopo, eccolo: davanti a lui i concelebranti, i chierici e il pastorale che precede tutti. Battimani, fischi di approvazione all'americana, urla di felicità e soprattutto tanti applausi ritmati, tantissime ovazioni per Lei, la santissima Gospa. Canzoni improvvisate, inframezzate da canti gioiosi e qua e là tante chitarre e gruppi di fedeli che intonano le arie più importanti che hanno resa famosa nel mondo Medjugorje.

Mi inginocchio davanti alla croce di Cristo del pastorale, chiamando il cardinale per nome e invocando la santa Gospa! Ho i brividi di freddo perché è freddo e umido, e di gioia perché sono felice. È un trionfo, di felicità, di festa, di una moltitudine infinita di gente proveniente da tutti i paesi del mondo. Il cardinale si gira e mi saluta con un cenno, benedicendo me personalmente e poi, allargando l'ampio gesto, anche tutti coloro che erano intorno a me.

E pensare che mi entusiasmavo così solo quando vedevo giocare la Juve e i grandi campioni del tennis o del ciclismo, i miei sport preferiti.

Quanti miracoli ha fatto per me il Signore!

Subito dopo il cardinale completa il giro attorno alla chiesa e nella spianata, incurante della pioggia e del freddo e mentre continua a benedire la folla viene accolto dall'ennesima ovazione.

Grazie ai frati, alla veggente Marija e al medico tedesco Christian Stelzer, riesco a entrare nella sala della famosa canonica di Medjugorje, dove i veggenti nei primi anni Ottanta, per sfuggire alle persecuzioni della polizia politica e delle milizie di Tito, si rifugiavano con padre Jozo per pregare in attesa dell'apparizione serale. Un'emozione infinita mi percorre la schiena per aver avuto questo privilegio, di essere lì primo tra tutti i giornalisti e i pellegrini, in quel luogo pieno di grazia ormai vicinissimo a Schönborn.

L'alto prelato stava finendo di parlare con una persona e poi, con grande affabilità e semplicità ha rivolto lo sguardo verso di me, facendo un cenno al suo segretario.

Gli vado incontro, mi inginocchio e gli bacio la mano. Mi alzo ed esclamo: «*Eminenza, la voglio ringraziare di cuore per essere venuto a Medjugorje, lei è un uomo di grande coraggio che ha fatto tanto bene a queste migliaia di pellegrini che sono qui fuori sotto la pioggia e il freddo.*

Ha dato a loro la forza di proseguire questo interminabile pellegrinaggio che dura da trent'anni e che con tanti sacrifici affrontano con le loro famiglie.

La sua presenza ha dato grande conforto alla fede per questo luogo di straordinaria santità. Che Dio le renda merito per ciò che ha donato a loro per questa sera con la sua prestigiosa e autorevole presenza.

Il mio lavoro è scrivere nei libri e nei giornali e parlare in televisione: ciò che ho visto e udito questa sera sono state emozioni straordinarie e spero che lo Spirito Santo mi dia la forza di testimoniarlo con efficacia e sensibilità quando tornerò in Italia. E stia tranquillo che io lo farò, e dal mio piccolo e modesto punto di osservazione le chiedo, con tutto il cuore, di riferire al santo pontefice quale grazia immensa questo luogo stia donando al mondo intero».

Gli spiego in sintesi chi sono, quale sia la mia storia e la mia vita in Italia. Come vi ho già detto gli ho regalato il mio libro e subito dopo non mi lascio scappare l'occasione. Sono seguito da due telecamere, Rai 1 e Canale 5, e gli chiedo un'intervista prima che rientri in Austria. Lui accetta dicendomi che mi farà sapere nel giro di un paio di giorni quando e dove.

Lo saluto, mi inginocchio e gli chiedo una benedizione speciale. Mi sento felice come un bambino. Mi sento felice ed emozionato come se questa fosse stata la prima intervista della mia vita. Ma da quel giorno, ahimè, sono passati già trentatré anni.

La sera, prima di coricarmi, a tarda notte del 1° gennaio 2010, vado subito a prendere il mio messalino e a confrontare le date.

Prima considerazione e prima data da esaminare: il 31 dicembre ho assistito a una messa nel corso della quale, durante l'omelia, uno dei più importanti cardinali del sinedrio di papa Benedetto XVI ha paragonato i pastori della Natività di Betlemme ai veggenti di Medjugorje, dando di fatto, e sicuramente non di diritto, una grande spinta personale e soggettiva alla veridicità dei messaggi della Madonna. In poche parole si è trattato quella notte, per chi era lì presente, di essere testimone-giornalista di una vera e propria svolta storica della più grande e controversa vicenda delle apparizioni mariane degli ultimi secoli. Il 31 dicembre, come si evince dal mio messalino, si celebra la ricorrenza di santa Caterina Labourè, la suorina del santuario di Rue de Bac, a Parigi, morta il 31 dicembre 1876, appartenente alla congregazione delle Figlie della Carità e alla quale apparvero più volte san Vincenzo e la Madonna. La Santa Vergine le predisse in anticipo avvenimenti del futuro, le rivoluzioni del 1830 e del 1848, e le chiese di coniare la famosissima "Medaglia Miracolosa", che ritrae la Madonna con i piedi sul mondo e dalle cui dita delle mani fuoriescono i raggi miracolosi per proteggere l'umanità dal male.

Sono convinto che la ricorrenza di santa Caterina e le vicende che la legano alla Medaglia Miracolosa, che porto sempre al collo come chiede la Madonna, mi hanno dato la possibilità di assistere e di testimoniare come giornalista tutto ciò che è accaduto quella notte irripetibile.

Seconda considerazione e seconda data da esaminare: 1° gennaio 2010.

Se andate a vedere capirete quanto la Madonna ci segua dal cielo.

Venerdì 1° gennaio è la solennità di Maria santissima Madre di Dio, denominata "*In octava Domini*", per ricordare il rito di circoncisione compiuto otto giorni dopo la nascita di Gesù. Il "*Natale Sanctae Mariae*" è la prima festa mariana celebratasi nella Chiesa occidentale, la maternità divina della Madonna fu sancita dal concilio di Efeso, il 431 d.C. I padri della Chiesa la acclamarono *Theotokos*, che significa genitrice del Signore, e affermarono anche la natura umana e divina di Gesù Cristo.

Riflessione mia personale.

Poco prima della mezzanotte ascolto l'omelia con il messaggio chiaro e forte di Schönborn. Per me giornalista è una notizia importantissima, la svolta di fatto per Medjugorje. Checché se ne dica.

E siamo sotto la protezione di santa Caterina Labourè e della Medaglia Miracolosa.

Poco prima dell'una di venerdì 1° gennaio sono da Schönborn per l'intervista, che mi concederà nel tardo pomeriggio. Tutto questo avviene, come abbiamo visto, nel giorno della solennità di Maria Santissima Madre di Dio, la prima celebrazione mariana dell'anno.

L'intervista si è svolta, come ha chiesto il cardinale, all'interno della comunità Cenacolo di suor Elvira.

In quei giorni convulsi e frenetici delle festività di fine anno mi raggiunge a Medjugorje anche il caporedattore centrale della QN, il giornalista Riccardo Ianniello. Il collega pubblicherà la notizia con una bellissima intervista di due pagine su tre quotidiani nazionali, «La Nazione» di Firenze, «Il Resto del Carlino» di Bologna e «Il Giorno» di Milano.

L'intervista al cardinale Christoph Schönborn

Ecco il testo integrale dell'intervista da me effettuata, in una delle salette della comunità Cenacolo, dove era ospite il cardinale, con le telecamere della Rai, del programma tv *La vita in diretta* di Rai 1, sotto la direzione dal vicedirettore di Rai 1 Daniel Toaff, e quelle di Mediaset di Canale 5 per i programmi *Mattino 5* e *Pomeriggio 5*, diretti da Claudio Brachino.

Daniel Toaff mi fece seguire per una settimana da un regista della Rai, munito di telecamera digitale, mentre Canale 5 si affidò al mio amico fotoreporter e cameramen Damir Ivankovic di Medjugorje, della Agenzia Foto Video Dani.

Eminenza, ha parlato dei frutti di Medjugorje, però ha anche detto che è venuto a vedere l'albero. Come sta l'albero?

Prima ho conosciuto i frutti nella nostra diocesi di Vienna, ho visto tanti giovani che vengono qui, tante persone che hanno ritrovato la fede, e anche tanti gruppi di preghiera che sono nati a Medjugorje, che rimangono fedeli, continuano anche dopo 30 anni, anche dopo 25, continuano con la preghiera. E poi tante vocazioni, di preti, di religiose, famiglie ricostituite attraverso l'esperienza di Medjugorje.

Dunque, i frutti per me sono evidenti.

Certo c'era il desiderio di conoscere un giorno anche il luogo: sono venuto anzitutto per ragioni molto personali, perché volevo affidare certe cose alla Gospa, alla Madonna. Ma certo un cardinale che viene in un luogo come Medjugorje non può rimanere inosservato, tuttavia sono venuto anzitutto da pellegrino, per essere nel luogo dove tanta gente, in Austria, trova fede e coraggio nella fede.

È vero che ci sono state anche tante vocazioni di sacerdoti che hanno frequentato i suoi seminari o di seminaristi che li frequentano?

Un buon numero dei nostri giovani ha avuto, o direttamente, o anche indirettamente, attraverso Medjugorje la vocazione sacerdotale.

Questo è un grande frutto per la Chiesa...
E questo è molto importante per un vescovo che ha bisogno di preti. Questo vescovo è curioso di sapere, si deve domandare: ma che cosa c'è dietro tante vocazioni?

Durante l'omelia lei ha fatto un paragone tra i pastori della Natività di Betlemme e i veggenti. Questa è stata una grandissima osservazione che farà discutere, proprio nel momento in cui tutti aspettano che la Chiesa, prima o poi, prenda in esame tutto quello che accade a Medjugorje (Infatti pochi giorni dopo, come vedremo più avanti nei dettagli, Schönborn è stato convocato in Vaticano dal pontefice e, sua santità, dopo circa tre mesi, ha firmato il decreto istitutivo della commissione pontificia, presieduta dal cardinal Ruini, che deve valutare i fatti e la storia delle apparizioni di Medjugorje. N.d.A.).

Penso che il primo dovere di questi giovani, quando hanno avuto questi eventi, questi incontri con la Madonna, è di esserne testimoni. E questo è sempre stato così.

Io credo che il fenomeno Medjugorje sia molto pertinente nel contesto di tutti i grandi luoghi mariani, e infatti Medjugorje è diventato uno dei più grandi del mondo. Naturalmente tutto ciò, indipendentemente da quello che sarà un giudizio definitivo della Chiesa. È anche chiaro che la Chiesa ha sempre espresso chiaramente la sua posizione, dapprima con la conferenza dei vescovi della Iugoslavia nel 1991, che è stata accolta per ben due volte dalla Congregazione per la dottrina della fede, della quale sono membro: sui fenomeni di apparizioni il magistero della Chiesa non si esprime in modo definitivo: «Non è accertato che i fenomeni siano soprannaturali». La scelta di questa formula lascia aperta la possibilità che le apparizioni siano soprannaturali. La Chiesa sta procedendo con consapevole prudenza per non impedirne i frutti, ma anche per premunirsi contro le aberrazioni che sono sempre possibili (Quest'ultima precisazione è stata presa da un'intervista fatta dal cardinale al quotidiano austriaco «Tagespost» nei primi giorni di gennaio 2010. N.d.A.). *Infatti, sono permessi i pellegrinaggi, anche se non devono essere organizzati in forma ufficiale, ma è un dato di fatto innegabile che molti pellegrini arrivano da tutto il mondo, un grandissimo numero. I vescovi della Iugoslavia e anche la Santa Sede chiedono che i pellegrinaggi siano accompagnati da dei padri spirituali, che ci sia sempre un accompagnamento spirituale per arrivare, fermarsi e rientrare da Medjugorje, una realtà, questa, che è innegabile ed evidente.*

Mi viene sempre in mente una frase di santa Bernadette di Lourdes: quando c'è stato un dubbio sulle sue parole, su ciò che la Madonna avrebbero detto a lei, Bernardette una volta ha detto al suo parroco di Lourdes: «Non mi è stato chiesto dalla Madonna di convincere il mio parroco, ma semplicemente di dirgli quello che la Madonna mi ha riferito».

Non è compito dei veggenti di convincere, di dimostrare, ma di comunicare, e io dico, semplicemente e indipendentemente da un giudizio finale di questi fenomeni, che una cosa mi appare evidente: i messaggi sono semplicemente evangelici, sono di buon senso. La preghiera, la pace, la riconciliazione con Dio, tra di noi... è semplicemente il Vangelo.

Lei ha anche ricordato: «Pregate, pregate, pregate». Questo era uno dei primi messaggi.

Questa parola è così tipica della Madonna in tutti quei luoghi dove è apparsa: da Fatima, a Lourdes. Inoltre, io direi che è possibile un paragone tra i pastori e questi giovani veggenti che hanno avuto i primi fenomeni, le prime apparizioni: sono gente semplice, e questo mi pare un elemento molto importante. La Madonna sembra preferire sempre persone semplici, Juan Diego, il peone di Guadalupe in Messico, è lui che è andato dal vescovo. Certo, si potrebbe dire: «Ma perché la Madonna non è apparsa nel palazzo episcopale, per dirlo direttamente al vescovo?». No, sembra che la Madonna, come Gesù ci ha mostrato tanto nel Vangelo, si serva dei piccoli, dei poveri e degli umili, perché lei è un'umile, è la più umile di tutte, e vuole che il messaggio del Vangelo ci venga riferito da gente povera, semplice e umile.

E noi, anche i teologi, i professori, per esempio io sono stato professore di dogmatica e di teologia, e ho lavorato tanto, ho studiato molto e ho scritto tanti libri di teologia, ma... davanti a questa grande semplicità del Vangelo siamo tutti chiamati ad ascoltare e a ritrovare questa fede semplice.

La semplicità, anche la gente ha bisogno di tanta semplicità.

Noi tutti! Soprattutto la nostra società di oggi ne ha bisogno tanta di semplicità. Probabilmente è questo uno dei punti che tocca tanta gente a Medjugorje: la semplicità, perché non c'è niente da vedere.

I messaggi, i veggenti, non hanno un ruolo centrale qui. L'hanno avuto all'inizio, per lanciare e diffondere i messaggi delle apparizioni. Ma adesso, che cosa fa la gente? Arrivano in pellegrinaggio con i pullman, vanno sulla montagna delle apparizioni, con qualche difficoltà, e poi vanno al Krizevac, ancora più difficile, e pregano, pregano, pregano e si confessano. E pregano con il rosario in mano. Questo è importante!

E giovani e anziani, tutti insieme! E professori, nobili, imprenditori, operai e contadini, la gente semplice e la gente di ceto socio-economico più elevato. Tutti insieme, tutti fanno questa esperienza perché finalmente qui hanno ascoltato la Madonna che ci chiama alla semplicità e alla conversione dei cuori.

Lei ha detto che Medjugorje sta giocando un ruolo importante nella nuova evangelizzazione, cioè di ascoltare, guardare, meditare, e poi, quando si torna a casa, testimoniare.

Medjugorje già svolge questo ruolo! La prima cosa importante per evangelizzare è di avere qualche cosa di importante da dire. Quando gli apostoli, dopo la Pentecoste, arrivarono a Gerusalemme, fu loro imposto dai sacerdoti di non parlare di Gesù davanti al tribunale. E loro risposero: «Per noi è impossibile tacere ciò che abbiamo visto e sentito».

Che cosa noi cristiani, oggi, dobbiamo dire? Quali sono le cose importanti di cui dobbiamo assolutamente parlare?

Ecco io penso che qui a Medjugorje molti non hanno la possibilità di vedere la Madonna, ma hanno l'esperienza della vicinanza con la Gospa, della Madre di Dio, hanno l'esperienza della preghiera, della confessione, dell'eucaristia, dell'adorazione, che è molto importante.

E con tutta questa esperienza della comunità universale, da tutto il mondo vengono i pellegrini e tornano con questa esperienza nel cuore: «Qui abbiamo vissuto qualche cosa di vero, di autentico, e dobbiamo parlarne». E così io conosco tanta gente che è venuta a Medjugorje, perché gli altri hanno riferito la loro esperienza, oppure anche senza venire a Medjugorje, hanno avuto una testimonianza forte e convincente da quelli che ne sono appena tornati.

Lei ha studiato in Germania, a Ratisbona, dove ha conosciuto il Santo Padre. La sua presenza a Medjugorje ha dato una scossa forte e un segnale importante conquistando il cuore e la simpatia di tutti i pellegrini. Ora saprà conquistare anche il Santo Padre su Medjugorje? Che cosa dirà a Benedetto XVI?

Innanzitutto il Santo Padre ha un grande amore per la Santa Vergine.

Lo sappiamo da tanti anni: ha scritto bellissime cose sulla Vergine Maria, è stato cresciuto da bambino nella sua famiglia nel culto della pietà mariana. Abbiamo avuto la sua testimonianza di Lourdes, abbiamo avuto la sua visita al più importante centro mariano dell'Austria, il santuario di Mariazell, che sorge in una conca verdeggiante tra i monti della Stiria, a 900 metri di quota. Prossimamente andrà a Fatima (Il papa si è poi recato in pellegrinaggio a Fatima in occasione dell'anniversario del 13 maggio 2010, quindi quattro mesi e mezzo dopo questa intervista. N.d.A.) *dunque, il Santo Padre non deve essere convinto ad andare a visitare i luoghi dove la Madonna è presente, perché la Madonna è particolarmente vicina ai luoghi che sono fondamentali per la vita della Chiesa. Dobbiamo avere pazienza, abbiate fiducia: l'insegnamento della Chiesa è molto chiaro, il Santo Padre ci ha dato delle pagine luminose sul fenomeno e sui messaggi di Fatima. Io raccomando lo studio di queste pagine scritte dal papa. Quando è stato pubblicato il terzo segreto di Fatima, il cardinale Ratzinger ha fatto una bellissima introduzione, dove si trovano gli elementi di discernimento, che si possono applicare, in alcuni punti, anche per Medjugorje.*

Lei è stato sul Krizevac, la montagna della croce, salendo con passo svelto, da montanaro. Che cosa ha provato durante la salita e lassù sulla cima?

Io vengo dalle montagne, vengo dall'Austria, sono cresciuto in mezzo alle Alpi. Questa è una montagna speciale, già da un punto di vista fisico, perché è talmente piena di pietre, e di pietre difficili scavate dai piedi dei pellegrini. È una sfida andare sul Krizevac: questa croce dove è incisa la data della morte di Gesù e dell'anno in cu fu eretta: 33/1933, il Giubileo della redenzione, testimonia una fede profonda, una fede che si sente in questa terra anche nelle difficoltà terribili come nei cinquant'anni della dittatura comunista. In questa fase drammatica i cattolici hanno portato e provato la croce per tanto tempo, ma sono rimasti fedeli. La fedeltà trova una spiegazione nelle radici profonde della fede cristiana che è propria di questa terra. Adesso il Krizevac è diventato un luogo molto importante per i pellegrini, perché la storia di questo luogo è consolidata in questa continuità di fede profonda.

Perché secondo lei la gente viene a Medjugorje e qual è il suo frutto più bello?

Ho la sensazione che la gente venga qua non per cercare

qualcosa di straordinario, bensì vengono qua per pregare, confessarsi, celebrare l'eucaristia, ricevere Cristo nell'eucaristia, pregare il rosario, con la Madonna, sotto la sua guida.

E io sento fortemente questo segno come un segno positivo, un segno sano, un segno importante, di crescita di fede e di ciò che la Chiesa ha bisogno oggi. Non cose straordinarie, ma di una fede profondamente radicata nella vita.

E penso che molti di quelli che partono da Medjugorje ritornano a casa dopo aver trovato una fede più profonda. E questo è il più bel frutto di Medjugorje.

La risposta del vescovo di Mostar all'arrivo del cardinale Schönborn

L'arrivo di Schönborn e le sue dichiarazioni favorevoli a Medjugorje hanno innescato una decisa reazione da parte del vescovo di Mostar Ratko Peric, che è, da anni, profondamente avverso e contrario a qualsiasi forma di apparizione e ai messaggi mariani resi pubblici dai veggenti e dai traduttori della parrocchia e di Radio Medjugorje. Ecco il testo del vescovo di Mostar del 2 gennaio 2010 nella sua forma integrale dove si evidenziano i punti di contrasto.

Siccome i mass media hanno annunciato e accompagnato il soggiorno e la pubblica comparsa del cardinale Christoph Schönborn, arcivescovo di Vienna, a Medjugorje, il che ha suscitato un'impressione errata che il cardinale con la sua presenza abbia riconosciuto l'autenticità delle "apparizioni" di Medjugorje, ritengo mio dovere, in qualità di vescovo diocesano, di fornire alcune informazioni ai fedeli, con l'osservazione che ho già inviato al cardinale una lettera personale dal contenuto simile.

Punto 1 – Innanzi tutto alcuni mass media hanno diffuso la notizia che il 15 settembre 2009 nel duomo di Santo Stefano a Vienna, alla presenza di sua eminenza il cardinal Schönborn, ha avuto luogo un incontro a cui ha partecipato anche Marija Pavlovic Lunetti, "veggente" quotidiana, che, con la consueta "apparizione" ha testimoniato come le "apparizioni" giornaliere dal giugno 1981 hanno influito sul cambiamento della sua vita. In tale occasione il cardinale in un discorso ha ribadito: «È un grande dono che la Madre di Dio vuole essere così vicina ai suoi figli! Questo lei l'ha mostrato in tanti luoghi del mondo. E già da anni e anni lo dimostra in una maniera del tutto speciale vicina a Medjugorje».

Punto 2 – Poi il Kath.net di Vienna, del 13 novembre 2009, ha annunciato: «L'arcivescovo di Vienna alla fine dell'anno visiterà il noto santuario mariano – Visita alla parrocchia e alla comunità Cenacolo. Ci dovrebbe essere anche un incontro col vescovo del luogo e i critici di Medjugorje». Questa curia diocesana non ne era informata né dall'ufficio dell'arcivescovo né dall'ufficio parrocchiale di Medjugorje.

Punto 3 – La Catholic News Agency ha pubblicato il 16 novembre la notizia: il cardinal Christoph Schönborn visiterà Medjugorje, un piccolo luogo nella Bosnia-Erzegovina, dove sei giovani furano testimoni delle presunte apparizioni della Vergine Maria. Ma secondo l'arcidiocesi di Vienna, la visita è "del tutto privata" e non implica la dichiarazione del cardinale sulla veridicità delle apparizioni. Si è supposto che questa sarebbe stata una visita completamente privata, non si è supposto che si sarebbe pubblicato "su internet", ha spiegato padre Johannes Fürnkranz, segretario del cardinale.

Punto 4 – Il 29 dicembre il cardinal Schönborn è arrivato a Medjugorje. I mass media lo accompagnano anche il giorno dopo e così alcuni giorni. Le notizie affermano che egli ha tenuto un discorso nella chiesa di San Giacomo apostolo e, rilevando la misericordia del Padre, ha detto: «Chi potrebbe mettere in moto queste cose? Chi potrebbe inventarlo? Un uomo? No, questo non è un'opera umana». I giornalisti trasmettono il 31 dicembre: «Mentre alcuni si aspettavano che la visita del cardinale a Medjugorje sarebbe stata privata, egli però ha sorpreso il luogo mostrandosi molto visibile. Ha passato il tempo celebrando la messa nella chiesa di San Giacomo, salendo al colle delle apparizioni con la veggente Marija Lunetti, pregando nel silenzio nell'adorazione, e forse la cosa più significativa, tenendo il suo discorso nella chiesa parrocchiale accompagnato dai francescani».

Punto 5 – In tutto questo, devo riconoscere di essere rimasto personalmente, come vescovo diocesano della diocesi di Mostar-Duvno, non poco sorpreso. Comprendo che il cardinale della Santa Chiesa

Romana gode della facoltà di confessare e di predicare il Vangelo in tutta la Chiesa cattolica.
Ma riguardo Linkovi.net, alle pubbliche comparse fuori della propria diocesi esiste anche tra noi vescovi un certo galateo ecclesiastico: il vescovo o il cardinale che intende venire in un'altra diocesi e comparire pubblicamente, si annuncia in primo luogo al vescovo locale, fatto suggerito anche dalla prudenza ecclesiale. Ritengo che tale prudenza ecclesiale e tale regola solita dovevano essere applicati specialmente in questo caso.

Punto 6 – Sono sorpreso perché dall'ufficio del cardinal Schönborn fino alla pubblicazione di questa dichiarazione non si è annunciato nessuno e suppongo che al cardinale sia noto l'atteggiamento della Chiesa su Medjugorje, atteggiamento basato sulle indagini commissionali e sulle conclusioni che non si può affermare che si tratti di «apparizioni o rivelazioni soprannaturali». La sua visita al Cenacolo cioè a suor Elvira, la quale, *obiter* dicendo, come religiosa non ha il permesso di dimorare e operare nel territorio di questa diocesi, si potrebbe interpretare anche come appoggio a lei. E non solo a lei, ma anche a un cospicuo numero di nuove comunità e associazioni di fedeli disobbedienti, dimoranti a Medjugorje, che nella visita del cardinale possono leggere un incoraggiamento per la loro disobbedienza ecclesiastica.

Punto 7 – In qualità di vescovo diocesano adduco, e ripeto, alcuni fatti dolorosi:
– Innanzi tutto rilevo l'increscioso "caso erzegovinese" sulle parrocchie il quale si lega al "fenomeno di Medjugorje": sin dall'inizio l'apparsa figura di Medjugorje si è schierata decisamente dalla parte di alcuni francescani allora disobbedienti – uno di loro ha lasciato più tardi sia l'ordine sia il sacerdozio – accusando il vescovo diocesano d'allora per il disordine.
– Abbiamo ora nel territorio della diocesi nove ex francescani, dimessi dai loro superiori dall'ordine dei frati minori, e la Santa Sede ne ha confermato la dimissione. Sebbene sospesi *a divinis*, essi si comportano nelle parrocchie usurpate come sacerdoti legali. Mentre la presunta figura di Medjugorje dà risposte alle domande più banali dei curiosi, non se ne sente mai una parola contro i gravi abusi che colpiscono l'unità di questa Chiesa locale.
– Abbiamo avuto un'esperienza tragica, nel 2001: certi francescani, allora alcuni già dimessi dall'ordine e altri non ancora dimessi, hanno invitato un diacono veterocattolico che si presentava come

"arcivescovo" e nelle parrocchie usurpate ha "cresimato" oltre 700 giovani. Tutto invalidamente e sacrilegamente, celebrando anche invalidamente, come diacono, la messa in alcune parrocchie. L'apparsa di Medjugorje non menziona nemmeno tale abuso del sacramento dello Spirito Santo e dell'eucaristia!
– Abbiamo avuto un altro fatto triste: due di tali sacerdoti sono andati da un vescovo veterocattolico in Svizzera con la richiesta di essere ordinati vescovi, per separarsi sia da Mostar sia da Roma, per fare uno scisma formale, al che il vescovo veterocattolico ha declinato.
– Abbiamo avuto due speciali carismatici promotori e ideatori del "fenomeno di Medjugorje", disobbedienti di spicco, Tomislav Vlasic, il quale è stato dimesso dall'OFM l'anno scorso e la Santa Sede l'ha sciolto, su sua richiesta, da ogni ufficio e obbligo sacerdotale; e fra Jozo Zovko, privo di ogni esercizio sacerdotale nel territorio di questa diocesi dal 2004, il quale, secondo le notizie dei giornali, è stato ritirato dai suoi superiori religiosi dal territorio dell'Erzegovina, e al quale è stato vietato ogni contatto con Medjugorje.

Punto 8 – Il cardinale rimane entusiasmato dalle tante confessioni a Medjugorje, dove si manifesta la misericordia del Padre. Noi crediamo che la misericordia del Padre celeste ugualmente si manifesta sia a Medjugorje sia in ogni parrocchia di questa diocesi, sia prima sia dopo il fenomeno di Medjugorje. Basta vedere le lunghe file di fedeli davanti ai confessionali in tutte le parrocchie, specialmente per il Natale, per la Pasqua, per le feste o per le cresime. Molti dicono che tali confessioni a Medjugorje siano una forte prova che la Gospa "appare". Secondo tale conclusione sulle numerose confessioni, la Gospa apparirebbe in tutte le nostre parrocchie e non solo a quelle tre persone alle quali appare una volta all'anno a Medjugorje e alle altre tre ogni giorno, del resto perlopiù fuori Medjugorje, e anche nel duomo di Vienna, come dicono. In totale finora: circa 40.000 "apparizioni"! Anzi, si ha l'impressione che alcuni "veggenti" determinano dove e quando la Gospa "apparirà", poiché appare dove e quando loro vogliono. Non è questa un'inammissibile manipolazione con la Gospa e con il sacro in genere? Come vescovo diocesano con la presente dichiarazione voglio informare i fedeli che la visita del cardianl Christoph Schönborn non significa alcun riconoscimento dell'autenticità delle "apparizioni" legate a Medjugorje. Mi rincresce che il cardinale con la sua visita, la sua comparsa e le sue dichiarazioni abbia aggiunto alle presenti sofferenze della Chiesa locale ancor altre nuove che non contribuiscono alla sua pace e unità tanto necessaria.

Ratko Peric, vescovo

Il 15 gennaio del 2010 Schönborn viene ricevuto la mattina a Roma dal Santo Padre in udienza privata. L'incontro si è protratto per alcune ore, durante le quali, secondo le prime indiscrezioni filtrate negli ambienti vaticani, si sarebbe parlato a lungo della visita che l'arcivescovo di Vienna ha compiuto in Bosnia-Erzegovina per visitare Medjugorje. Questo è un incontro destinato a innescare importanti decisioni della Chiesa perché, come abbiamo già anticipato, di lì a qualche mese, il papa firmerà il decreto per l'istituzione di un'apposita commissione per decidere su Medjugorje, presieduta dal cardinale Camillo Ruini.

La risposta di Schönborn al vescovo di Mostar

Nel pomeriggio di venerdì 15 gennaio l'arcivescovo di Vienna decide di inviare via fax, da Roma, una lettera di risposta al vescovo di Mostar Ratko Peric.

Ecco il testo:

Eccellenza, caro confratello in Cristo.
Ho ricevuto la sua lettera del 2 gennaio di quest'anno. Mi spiace se lei ha l'impressione che il mio pellegrinaggio a Medjugorje abbia recato danno alla pace. Lei può essere sicuro che questa non era la mia intenzione. La Madre di Dio e suo Figlio certamente guideranno tutto al bene. In tale fiducia la saluto nell'unione fraterna nel Signore.

Il suo Christoph card. Schönborn O.P.

Leggo l'atto di accusa di Peric a Schönborn in tutti gli otto punti e, come pellegrino innamorato di Medjugorje, viene da chiedermi: «Ma dove era finito il vescovo di Mostar mentre quel manipolo di frati della parrocchia di San Giacomo cominciava a lavorare dalle 6.00 del mattino fino alle 23.00 per prendersi cura, non solo dei quattromilacinquecento residenti di Medjugorje, ma dei sessanta-settantamila giovani che hanno gremito e preso d'assalto la parrocchia durante il Festival dei giovani degli ultimi anni?

Ma dove era finito il vescovo di Mostar negli anniversari delle apparizioni degli ultimi anni quando, nel mese di giugno, si riversavano altre decine e decine di migliaia di pellegrini assetati di confessioni, messe, adorazioni, testimonianze, incontri privati per abbeverare la loro anima inaridita dalle ferite della vita? Chi deve risolvere i problemi logistici, spirituali e pastorali della curia per questa valanga umana di pellegrini che arrivano da tutte le parti del mondo? E nei periodi di Natale? E di Pasqua? E a Capodanno? Non c'è bisogno di essere un vescovo per capire che cosa si debba fare quando gli appuntamenti liturgici richiedono il massimo impegno.

Ma mi richiedo, per l'ennesima volta: è mai possibile che il vescovo di Mostar non abbia mai trovato il tempo di andare a Medjugorje, quando ci sono decine di migliaia di pellegrini? È mai possibile che si sia recato a Medjugorje solo ed esclusivamente per prendersi cura per esempio delle cresime o delle prime comunioni dei ragazzi residenti? E gli altri milioni di pellegrini? Non sono forse degni della sua benedizione? Chi l'ha mai visto Ratko Peric?

Eppure Medjugorje è amata in tutto il mondo: migliaia di preti, suore e frati, nonché vescovi e cardinali, anche in incognito o in visita privata, sono andati laggiù solo per curiosità e sono tornati con il cuore pieno di gioia.

Se Ratko Peric trova che a Medjugorje ci siano uomini o donne legati alla Chiesa, direttamente o indirettamente, frati o veggenti, suore o sacerdoti, comunità o luoghi di culto non autorizzati o che siano fuori dalla linea della Chiesa, benissimo, allora prenda provvedimenti verso questo o quell'altro. Perché la responsabilità di ciascuno è personale e individuale.

I veggenti, i frati, le suore, i sacerdoti sono essere umani e come uomini possono anche sbagliare. Eccome se possono sbagliare.

Quante persone, pur avendo vissuto sempre nell'amore di Dio, a un certo punto della vita perdono la testa. Per mille motivi: può essere il delirio di onnipotenza, il sesso, i soldi, la vanità, l'orgoglio. Mille cose. Il demonio può attaccare, colpire e far scivolare dalla tentazione al peccato chiunque.

Ma non può far vacillare la pianta: può solo far rotolare qualche mela che cade dall'albero. E dunque guai a tagliare la pianta. Perché quella pianta è frutto di un seme caduto dal cielo, che Dio ha fatto volare giù dalle nuvole per salvare l'umanità: quella pianta si chiama Medjugorje. Medjugorje dovrebbe essere riconosciuta anche come patrimonio dell'Unesco. Certo, prima di tutto è patrimonio di Dio. E oggi gli uomini dovrebbero proteggerla come patrimonio dell'Unesco.

Patrimonio dell'umanità, anche per chi è ateo, anche per chi è musulmano, anche per chi è indù o sikh. Per tutti.

Perché?

Perché pace e amore di Medjugorje sono le vitamine del corpo umano, che ci proteggono dalle malattie fisiche, psichiche e morali. Ci proteggono dalle guerre e dall'odio, dalle gelosie e dalle invidie, dalla vendetta e dalla cattiveria umana.

Ecco perché mi chiedo continuamente e ogni giorno: «Ma com'è possibile che il primo sacerdote, il primo pastore proprio di quel posto, di quell'immenso giacimento spirituale che è Medjugorje non possa avere un po' più di misericordia per la più grande creatura di Dio sulla terra degli ultimi trent'anni?».

Non solo non ha mostrato di avere questa misericordia ma ha criticato duramente uno dei cardinali più grandi dal punto di vista umano, teologico e spirituale: il cardinale Schönborn.

Ma vi rendete conto? Un sacerdote come l'arcivescovo di Vienna, stimato e molto ben conosciuto da Giovanni Paolo II, stretto collaboratore di Benedetto XVI, che "annusa" la spiritualità di Medjugorje già dai palazzi di casa sua a Vienna, quando arriva a Medjugorje… che cosa fa? Impazzisce dalla gioia! Perché avverte la presenza di Dio in maniera così prepotente da rimanerne estasiato.

Queste sono le domande che mi sono posto quando è divampata la polemica tra Vienna e Mostar.

Perché il vescovo si comporta in questo modo?

Azzardo questa deduzione logica: i pellegrini arrivano da tutto il mondo per le apparizioni. Le apparizioni per lui sono palesemente false. Ergo: coloro che arrivano da tutti i paesi del mondo a Medjugorje per effetto delle apparizioni non devono essere assistiti neppure quando vanno a messa o quando vogliono confessarsi.

Questa situazione è grave, così come sono stati altrettanto gravi alcuni episodi che hanno coinvolto qualche singolo individuo in trent'anni di apparizioni mariane.

Ma la Madonna vigila su tutto e sarà Lei che ci dirà, nel tempo, ciò che sarà giusto coltivare e quello che dovrà invece essere potato e poi gettato via.

E d'altra parte se Dio ha permesso che il vescovo Peric occupasse quel posto, allora vuol dire che forse la sua presenza "serve" in maniera strumentale a Dio per far soffrire un bel po' di gente e farli diventare tutti santi. Come nel caso di suor Josipe che è stata paragonata dall'allora capo dei frati, il provinciale Tomislav Pervan, addirittura a Madre Teresa di Calcutta. Josipe ha ideato una comunità straordinaria, ha provveduto a mantenere centinaia e centinaia di bambini, giovani e anche anziani che nessuno voleva più, ed è morta senza neppure aver avuto la soddisfazione di veder riconosciuta ufficialmente dalla curia la sua congregazione delle Sorelle Missionarie della Famiglia Ferita.

Dunque se la presenza del vescovo deve essere vista anche sotto questo profilo, e cioè "far soffrire la gente per farla arrivare alla santità", allora sia fatta la volontà di Dio. Preghiamoci tutti sopra, ma tanto.

Intanto noi andiamo avanti nel nostro percorso cercando di cogliere, come sempre, i segni più importanti e metterli insieme uno accanto all'altro.

La mattina di venerdì 15 gennaio Schönborn incontra il papa a Roma e poi, nel pomeriggio manda via fax una lettera a Peric a Mostar. Consulto il messalino Shalom e, ancora una volta, scopro che questo giorno così importante per Medjugorje coincide con una ricorrenza particolarmente cara alla Madonna. Infatti, il 15 gennaio del 1933 la Vergine apparve a una ragazzina di undici anni, Mariette Beco che abitava a Banneux, un piccolo villaggio belga che si trova nel comune di Louveigné a circa 20 chilometri a sud-est di Liegi, nelle Ardenne.

Mariette era la maggiore di undici figli e crebbe tra mille difficoltà con un carattere chiuso in una famiglia poverissima. Il nome del villaggio significa "luogo banale" e deriva dal fatto che gli abitanti per l'estrema povertà, godevano del privilegio di poter usare a titolo gratuito i boschi e i pascoli. Nel 1914 Banneux assunse l'appellativo di Notre Dame a seguito di un voto fatto dagli abitanti che avevano promesso di dare questo nome al villaggio se la Vergine lo avesse protetto dalla distruzione causata dalla Prima guerra mondiale. E in effetti il villaggio attraversò indenne il periodo bellico che seminò invece morte e distruzione nei dintorni.

Gli abitanti di Banneux erano molto poveri, perlopiù contadini e minatori. In una frazione di Banneux chiamata La Fange ("il fango"), un giovane operaio aveva costruito la sua casa a circa venti chilometri da Liegi. Si trattava di Julien Beco, che nel 1920 aveva sposato Louise Wégimont. Il 25 marzo 1925, di Venerdí Santo, nasce Mariette, la prima di undici figli.

Il villaggio conta 325 anime, tutta povera gente, in gran parte minatori, addetti alle torbiere e boscaioli venuti da fuori per lo sfruttamento delle grandi foreste delle Ardenne.

Mariette, come primogenita, si trova spesso nella necessità di aiutare la propria famiglia e i fratellini. A scuola è in ritardo di due anni rispetto ai suoi coetanei per le molte assenze dovute agli impegni familiari e anche al catechismo, al quale si è iscritta il 20 maggio 1931. Nella sua classe è la peggiore come rendimento, tanto da provocare le rimostranze del cappellano. Nessuno però si preoccupava di queste cose a casa dei Beco dove, tra l'altro, si respirava a quel tempo un clima di completa indifferenza religiosa. Un atteggiamento piuttosto comune tra gli abitanti di Banneux, occupati più che altro a lavorare tutto il giorno per sbarcare il lunario.

Ma ecco che domenica 15 gennaio 1933, alle ore 19, succede qualcosa destinato a cambiare l'esistenza di Mariette e della sua famiglia...

La neve e il ghiaccio hanno ricoperto La Fange, il vento soffia gelido e tagliente. Sono le 19 circa di sera e Mariette Beco sta guardando attraverso i vetri della cucina, da cui si scorge l'orto, la strada e il bosco di abeti. Da lontano spia il ritorno del fratello Julien, uscito di casa con alcuni amici fin dal mattino e intanto sorveglia il sonno dell'ultimo nato che dorme beatamente nella culla.

All'improvviso vede in giardino la figura di una bella Signora. È ritta, immobile, splendente, con le mani giunte e il capo leggermente inclinato verso sinistra. *«Oh, mamma!»* esclama lei *«C'è una Signora in giardino!»* Mariette prende una corona che solo qualche giorno prima aveva trovato lungo la strada di Tancrémont e si mette a recitare il rosario mentre contempla con stupore l'apparizione. La bella Signora le fa cenno di andare da lei; Mariette allora lascia la finestra apprestandosi a uscire, sennonché sua madre, spaventatissima, glielo impedisce chiudendo la porta di casa a chiave. Mariette torna alla finestra, ma la Signora è già scomparsa. Tre giorni dopo, alla stessa ora, ha una nuova apparizione. Questa volta esce in giardino e segue la Signora fino a una fonte, dove le viene ordinato di immergere le mani. La bambina ubbidisce senza esitare e la bella Signora le dice: «Questa sorgente è riservata a me». Poi la saluta con un cortese «Buonasera, arrivederci!».

La sera del 19 gennaio, accompagnata questa volta dal padre, Mariette esce di casa e, giunta in giardino, si inginocchia nonostante il terreno ricoperto di neve e prega a bassa voce.

Finché, a un certo punto, stende le braccia verso il cielo e grida: «*Eccola!*». Dopo un attimo di silenzio, domanda: «*Chi siete voi, bella Signora?*». E la Signora le risponde: «*Io sono la Vergine dei Poveri*». Poi la Madonna guida la bambina fino alla sorgente.

Qui Mariette s'inginocchia e domanda ancora: «*Bella Signora, ieri voi avete detto: questa sorgente è riservata a me. Perché?*». E così dicendo, porta la mano al petto, indicando se stessa. Il sorriso della Madonna si accentua ancora di più e le risponde: «*Questa sorgente è per tutte le nazioni... per gli ammalati...*».

Nelle apparizioni successive la Vergine domanda che le si costruisca una piccola cappella, raccomanda di pregare molto e rivela a Mariette il suo compito materno: «*Io vengo ad addolcire la sofferenza...*».

Nella sua ultima apparizione, il 2 marzo 1933, la Madonna ha il volto grave e non sorride. Dice a Mariette: «*Io sono la Madre del Salvatore, la Madre di Dio*». Poi stende le mani sulla bambina e, dopo averla benedetta, con un segno della croce scompare.

All'inizio la ragazza non riconobbe la Madonna nella bella Signora che le apparve, ma pregò istintivamente la preghiera del rosario davanti a Lei.

Nei successivi otto incontri la Madonna le rivelò di nuovo: «*Io sono la Vergine dei poveri e a tutti coloro che soffrono vengo ad alleviare la sofferenza. Questa sorgente è riservata a tutte le nazioni, pregate molto!*».

A Banneux la Madonna mantiene la promessa compiendo molte guarigioni.

L'autenticità delle otto apparizioni avvenute a Banneux è stata riconosciuta dalla Chiesa il 22 agosto 1949, ma fin dalle prime apparizioni cominciò un inarrestabile flusso dei pellegrini e Banneux è diventato un centro di spiritualità mariana.

Torniamo a noi e al mattino del 15 gennaio 2010. Schönborn incontra papa Benedetto XVI, parlano a lungo di

Medjugorje (come si evince dal documento pubblico del Vatican Information Service, la press room della Santa Sede: l'appuntamento tra Schönborn e il papa è al primo posto dell'ordine del giorno) e, nel pomeriggio, il cardinale scrive e spedisce via fax la famosa lettera al vescovo Peric.

Meno di tre mesi dopo, Ratzinger firma il decreto che istituisce la commissione d'inchiesta su Medjugorje presieduta dal cardinal Ruini. Ma tutto coincide con una data del calendario liturgico molto cara alla Madonna, quella della prima apparizione a Banneux.

L'opinione di padre Livio. Eva Erzigova, Del Piero e Radio Maria

Ho trovato molto interessante, come sempre quando decide di approfondire un argomento, la disamina di padre Livio sul confronto tra il cardinale Schönborn e il vescovo croato Peric. Radio Maria e padre Livio, la sua voce storica, rappresentano un mito per tutti i dibattiti e le notizie che riguardano la Madonna. Un anno fa di loro sapevo solo che erano l'unica radio al mondo che funzionava anche nelle gallerie e quando ascoltavo un programma di musica leggera, durante un viaggio in auto, magari in una zona impervia, stai pur tranquillo che saltavano tutte le stazioni ma gli unici che rimanevano in ballo erano sempre loro: padre Livio e Radio Maria.

E su questo fatto ogni tanto riflettevo: «*Ma sta' a vedere che qui la Madonna vuole proprio che l'ascolti a tutti i costi: gallerie, monti, zone scollegate da tutto e da tutti, persino il telefonino completamente azzerato*». Ma dopo un po' di silenzio, la radio torna di nuovo a gracchiare. Poi di nuovo silenzio e infine spunta fuori quella voce un po' stridula e penetrante, più forte degli ultrasuoni, di padre Livio, sempre in agguato, anche nelle gallerie più profonde o sulle vette più alte.

Ora vi racconto quando, per la prima volta, ho conosciuto questo sacerdote: era il 28 dicembre e mi trovavo nella casa della veggente Marija Pavlovic. C'era mia madre Anna, il cane Bobo Brosio, Sergio Paradiso e, per la mia gioia più grande, la piccola Iva, che suor Kornelya ogni tanto mi lascia per qualche ora e mi spupazzo, portandola in giro per Medjugorje.

La piccola Iva, che è finita sulla copertina del mio libro *A un passo dal baratro*. Il suo sguardo e la sua tenerezza hanno conquistato i lettori italiani. Quell'immagine arriva dalla macchina fotografica di Nicola Ughi. Faceva parte di una serie di duemila scatti realizzati da Ughi e dal nostro gruppo con altri tre fotografi che mi hanno seguito in Bosnia. Dopo averle valutate per un mese, quando siamo arrivati a quella precisa foto, abbiamo deciso che quella era "la foto", non c'è stato più un attimo di indecisione e l'abbiamo proposta all'editrice Piemme che inizialmente preferiva altri scatti. Ma io sentivo dentro di me, insieme al mio gruppo di lavoro, Enrico Salvadori e Aldo Innocenti, che quella era "la foto" perché, quando la tirai fuori da un mucchio di altre foto, la scelsi in quanto avevo i brividi lungo la schiena. Un segnale che mi accompagnerà per tutte le altre decisioni importanti.

Ricordo, come se fosse ora, quel giorno con padre Livio e la piccola Iva nella casa della veggente. E ricordo anche, prima di arrivare da Marija, di aver portato la bimba in centro a Medjugorje a fare un po' di shopping e merenda con pizza e Coca-Cola.

Padre Livio era già in casa e io, quando sono arrivato, mi sono messo a giocare con la bimba nel giardino, non sapendo ancora che il sacerdote era ospite da Marija.

Allora i miei amici e mia madre mi hanno fatto una sorpresa. Si sono nascosti tutti al piano di sopra, io sono entrato al pianterreno nel salottino dove c'è anche la cucina, mi sono seduto sul divano insieme alla piccola Iva aspettando che arrivassero.

Dopo un po' entra Sergio e mi dice: *«Guarda che c'è una persona che ti vuole conoscere»*. Feci cenno di sì con il capo e rimasi lì ad aspettare. Dopo qualche istante sentii dei passi e una voce che diceva: *«Buongiorno, vorrei conoscere il dottor Brosio, è permesso?»*. Ci ho messo un attimo per capire chi era, quella voce era stampata nella mia memoria: *«Padre Livio, padre Livio, non ci posso credere! Evviva, evviva Radio Maria, Evviva la Gospa!»*. Mi sono alzato alla velocità di un fulmine, l'ho abbracciato forte, forte, ero emozionato come quando da bambino mi portavano a conoscere i calciatori della Nazionale o della Juventus. Oppure, prima che mi avvicinassi alla fede, la stessa emozione di andare in giro con l'aereo della Juve nelle trasferte di Coppa dei Campioni, stando seduto vicino ai miei amici Del Piero, Buffon e Nedved, oppure quando ho conosciuto a New York Eva Erzigova e Naomi Campbell, due tra le modelle più belle del mondo, per una diretta da Manhattan della trasmissione *Quelli che il calcio*.

Mamma mia, che salto di argomenti! Vedete, allora, che quando apriamo il nostro cuore a Dio succedono davvero miracoli sorprendenti... Passare da queste amicizie di lavoro come la Erzigova o Naomi Campbell, fino a tutte le modelle che ho conosciuto nella mia vita, per poi emozionarsi con padre Livio, voi capite bene che qui... è successo di tutto, si è ribaltata la mia vita! Eppure vi giuro, con la più grande sincerità del mio cuore, che oggi mi entusiasmo tantissimo per le persone e i fatti che vengono da Dio. Certo, anche la bellezza di queste due splendide donne è un dono di Dio, e sicuramente quando vedo passare una bella ragazza l'ammiro e anche troppo... Tuttavia, come ancora oggi mi emoziono tanto per i goal di Del Piero o le parate di Buffon, così mi sento altrettanto coinvolto ad ascoltare e raccontare i fatti del cielo.

«Se ti guardo negli occhi, caro Brosio, e ti scruto attentamente nel viso, capisco proprio che Dio, quando ci si mette, fa davvero dei bei lavoretti!» Queste sono le parole del cardinal Tonini quando mi ha incontrato a Ravenna lo scorso inverno

Un incontro nel quale ho capito subito che le mie sensazioni d'animo completamente rinnovate dopo l'avvicinamento a Dio erano ben visibili agli occhi attenti e acuti di quell'adorabile anziano-giovanotto di Ersilio Tonini, conosciuto anni fa e poi rivisto dopo la "cura Medjugorje".

Quel giovedì 28 dicembre non me lo dimenticherò mai più: con padre Livio siamo andati a pregare nella cappella dei Pavlovic Lunetti per l'apparizione quotidiana.

La piccola Iva ha commosso tutti recitando il rosario in lingua croata, conoscendo perfettamente a memoria le decine e i misteri. E la più commossa era Marija, che non voleva più staccarsi dall'abbraccio della bimba mentre padre Livio, dietro l'altare, guardava con occhi lucidi dalla commozione.

C'è una bellissima foto che sintetizza e testimonia ciò che vi racconto. Questi sono i nuovi momenti della mia vita che portano gioia e felicità, così come ero felice nei momenti preferiti prima della conversione.

E vediamo adesso come padre Livio scrive e racconta dai microfoni di Radio Maria, il 7 gennaio 2010, il confronto tra il cardinale e il vescovo di Mostar dopo che quest'ultimo ha criticato l'arcivescovo di Vienna.

Padre Livio a Radio Maria

«Prima di tutto Schönborn non è una personalità qualsiasi: è cardinale arcivescovo di Vienna ed è uno dei più importanti teologi della Chiesa cattolica. Con Ratzinger e altri pochissimi ha stilato il catechismo della Chiesa. Il cardinale di Vienna è anche, e soprattutto, membro della Congregazione per la dottrina della fede, che è tra l'altro deputata a dare giudizi sulle apparizioni di Medjugorje. Un cardinale, in quanto collaboratore stretto del Santo Padre, può, a norma di Diritto Canonico, predicare, confessare e celebrare l'eucaristia in qualsiasi parte della Chiesa cattolica in tutto il mondo, senza dover chiedere il permesso a nessun vescovo. Quindi lui non era tenuto a chiedere il permesso di venire al vescovo locale. Ha incontrato i veggenti, ha cenato a casa di alcuni di loro, per esempio insieme alla famiglia di

Marija Pavlovic, ha predicato in chiesa, ha tenuto una catechesi, ha guidato l'adorazione, ha celebrato messa con una bellissima omelia, ha dimorato nella comunità Cenacolo di suor Elvira, come gesto di riconoscenza per questa religiosa che ha fondato una comunità per il recupero dei tossicodipendenti vicino a Vienna e, cosa ancor più rilevante, ha soggiornato in un semplice appartamento insieme ai ragazzi in comunità terapeutica, pranzando e vivendo con loro. Ha voluto comportarsi da semplice pellegrino, lui che poteva anche non permetterselo.»

Sul significato da attribuire a questa visita, Padre Livio afferma: «La visita del cardinale ha sicuramente un significato altissimo dal punto di vista spirituale e morale, perché la parrocchia di San Giacomo, tutta la gente di Medjugorje e i pellegrini si sono sentiti altamente incoraggiati da questa visita, dato che il cardinale è una "colonna" della Chiesa, uno dei più grandi teologi e una personalità di grandissimo rilievo internazionale.

La Chiesa lascia liberi di credere o non credere alle apparizioni di Medjugorje; la Chiesa non si è pronunciata ufficialmente sull'origine soprannaturale delle apparizioni, ma lascia che i fedeli, i preti, i vescovi, i cardinali siano liberi di credere a titolo personale. Perfino il papa è libero di credere o non credere. D'altra parte sappiamo che anche Giovanni Paolo II credeva alle apparizioni di Medjugorje, ma lo credeva privatamente. Il fatto che Schönborn sia andato a Medjugorje ci dice che comunque il cardinale, come uomo e come sacerdote, e la Chiesa, per la parte personale che egli rappresenta, presta grande attenzione per questo evento di grazia, che coinvolge milioni di persone nel mondo, oltre che decine di migliaia di sacerdoti. La cosa importante da sottolineare, come ha detto lo stesso Schönborn, che la sua venuta a Medjugorje non cambia la posizione della Chiesa, che non ha approvato proprio nulla. Perché questo è un compito che spetta alla commissione. La Chiesa, al momento attuale, prende atto dei frutti di conversione, che si concretizzano con le file ai confessionali, non soltanto a Natale, ma durante tutto l'anno. Il riconoscimento non può esserci perché le apparizioni sono ancora in atto».

Questa è una sintesi dell'intervento di padre Livio a Radio Maria i primi di gennaio 2010.

Dopo la visita di Schönborn a Medjugorje, il suo colloquio con il papa, le critiche del vescovo di Mostar, la lettera di riconciliazione del cardinale, c'è stato un altro capitolo fondamentale, a mio giudizio una conseguenza di questi fatti storici: la commissione pontificia istituita per decreto firmato dal papa.

La commissione presieduta dal cardinale Ruini è così composta.

La commissione pontificia d'inchiesta su Medjugorje: i nomi

La commissione internazionale d'inchiesta su Medjugorje è stata istituita con decreto firmato dal Santo Padre il giorno mercoledì 17 marzo 2010 e si è radunata per la sua prima sessione venerdì 26 marzo 2010. Lo rende noto un comunicato della sala stampa vaticana. La commissione, presieduta dal cardinale Camillo Ruini, vicario generale emerito del papa per la diocesi di Roma, è composta dai seguenti membri: cardinale Jozef Tomko, prefetto emerito della Congregazione per l'evangelizzazione dei popoli, cardinale Vinko Puljič, arcivescovo di Sarajevo, presidente della Conferenza Episcopale di Bosnia-Erzegovina, cardinale Josip Bozanič, arcivescovo di Zagabria, vicepresidente del consiglio delle Conferenze Episcopali d'Europa, cardinale Julián Herranz, presidente emerito del pontificio consiglio per i testi legislativi, mons. Angelo Amato, prefetto della Congregazione delle cause dei santi, mons. Tony Anatrella, psicoanalista e specialista in psichiatria sociale, mons. Pierangelo Sequeri, docente di teologia fondamentale presso la Facoltà teologica dell'Italia settentrionale, il padre gesuita A. Maria David Jaeger, consultore del pontificio consiglio per i testi legislativi, il padre francescano conventuale Zdzisław Józef Kijas, relatore della Congregazione delle cause dei santi, il padre servita Salvatore M. Perrella, docente di mariologia presso la pontificia facoltà teologica Marianum, e il rev. Achim Schütz, docente di antropologia teologica presso la Pontificia Università Lateranense, in qualità di segretario. Mons. Krzysztof Nykiel, officiale della Congregazione per la dottrina della fede, funge da segretario aggiunto. Ai lavori della commissione hanno partecipato anche alcuni esperti: il rev. Franjo Topič, docente di teologia fondamentale a Sarajevo; il padre gesuita Mijo Nikič, docente di psicologia e psicologia delle religioni presso l'Istituto filosofico e teologico della Compagnia di Gesù a Zagabria, il padre gesuita Mihály Szentmártoni, docente di spiritualità presso la Pontificia Università Gregoriana, e suor Veronica Nela Gašpar, docente di teologia a Rijeka. Come annunciato in precedenza, il lavoro della commissione si svolgerà in rigoroso riserbo. Le conclusioni saranno sottoposte alle istanze della Congregazione per la dottrina della fede.

Tutto questo ve lo sto raccontando mentre scrivo per voi, cari lettori, e l'orologio e il calendario segnano le ore 11.36 del giorno venerdì 6 agosto 2010. Da Medjugorje giungono notizie clamorose sulla partecipazione massiccia di giovani da tutto il mondo per il Festival dall'1 al 7 agosto, con il giovedì 5 agosto data centrale per festeggiare il compleanno della Madonna, come Lei stessa ha detto più volte ai veggenti.

Si parla di settantamila partecipanti, molti dei quali, non avendo trovato più un solo letto, sono andati a dormire anche a un'ora di auto da Medjugorje, pur di non perdere questo avvenimento straordinario che ha fatto registrare nel 2010 ben ventimila presenze in più rispetto all'anno precedente e, fatto eccezionale, il sessanta per cento di italiani.

Un record assoluto. Uno dei più grandi raduni giovanili del mondo cattolico.

Una sorta di torre di Babele di lingue differenti unite dalla passione per la Gospa. Potremmo dire uniti dal comune denominatore del "Gusto della Gospa". E quindi a Medjugorje la Madonna, in barba a tutte le discussioni, lettere, commissioni, fax e prese di posizione di ogni genere, imperterrita continua a lasciare i suoi messaggi divini e, con la Sua presenza fisica, a donare la grazia a noi e soprattutto a tanti giovani.

Ecco, vedete, questo sì che è un punto dolente. I giovani.

E qui voglio fare una riflessione: io vivo in Versilia, tra le province di Lucca, Pisa e Massa Carrara. Cerco di andare in chiesa il più possibile. E prima, come ho più volte raccontato, il mio stile di vita era completamente differente. Voglio però sottolineare che mi confesso spessissimo perché rimango sempre peccatore.

Sono testimone del mio tempo, di ciò che vedo nelle realtà

parrocchiali di queste diocesi, e purtroppo devo dire una cosa che mi fa tanto dispiacere, soprattutto analizzando la mia terra, la Versilia: giovani che pregano purtroppo se ne vedono davvero pochi. Anziani e pensionati, tanti.

Manca la cultura di fare qualcosa di innovativo per i ragazzi, per avvicinarli alla Chiesa in una zona piena di locali e di divertimento sfrenato e tra questi, uno dei più amati, è il Twiga, il locale di cui sono socio, insieme a Flavio Briatore, la famiglia Lippi e Daniela Santanchè. Quanti oratori moderni ed efficienti sono stati costruiti per attirare i giovani nelle parrocchie? A Pietrasanta, per esempio, c'era una grande struttura dei salesiani. Oggi è disabitata, chiusa da anni.

Ma scusate, cari lettori: don Bosco non era venuto al mondo per insegnarci a costruire degli oratori dove i giovani potevano fare sport, cantare, suonare e vivere con gioia il loro tempo libero accanto alla loro chiesa sempre aperta? Oggi, nella mia zona purtroppo, vedo parrocchie con oratori poverissimi o addirittura senza oratori. Però vedo tante ville miliardarie, comuni ricchi che hanno spazi gestiti per delle attività esclusivamente turistiche e commerciali. Tanto sport, tante palestre, centri sportivi, wellness-center e tante strutture per il divertimento. Tutto sempre e soltanto per il corpo, per la bellezza fisica e per l'estetica.

Ma la vita spirituale? La salute dell'anima? In questo contesto animato e gioioso, che cosa facciamo tutti noi per le nostre parrocchie? E i nostri parroci che cosa stanno facendo per fronteggiare l'avanzata del mondo materialista, che assorbe il corpo e la mente dei nostri ragazzi a discapito del nutrimento dell'anima?

Certo, oggi non esistono fondi per aiutare i parroci a costruire oratori moderni e accattivanti ma è anche vero che lo stesso don Bosco, quando ha iniziato, non aveva una lira in tasca, ma il suo coraggio e la bontà del suo progetto gli hanno fatto arrivare una pioggia di soldi dalla Divina Provvidenza.

Non è solo una questione di concorrenza con discoteche, pub, disco bar e altri centri commerciali di divertimento che attirano i giovani. Si tratta, da parte dei parroci, di studiare i comportamenti giovanili e capirne le tendenze e gli interessi e dare vita a delle strutture innovative che sappiano catalizzare gli interessi e l'attenzione dei nostri ragazzi.

Naturalmente non si devono demonizzare le attività imprenditoriali che producono divertimento e danno lavoro a tanta gente, come nel settore turistico, nelle località balneari o di montagna, però bisogna che il mondo della Chiesa possa essere in grado di offrire un'alternativa valida e competitiva. Per carità, Dio me ne guardi. Proprio io devo fare questi ragionamenti, che come vi ho detto sono socio di una delle discoteche più famose d'Italia? E che, per trentacinque anni, mi sono allineato a uno stile di vita mondano e materialista?

Come si raggiunge un punto di equilibrio tra mondi che rispondono a esigenze apparentemente contrapposte?

Con il buonsenso e l'equilibrio, che purtroppo sono sempre più difficili da trovare in mezzo ai ritmi forsennati della nostra società civile.

Andare in discoteca o a divertirsi un fine settimana non esclude la possibilità di poter frequentare anche una chiesa. Passare una serata in un disco bar alla moda non significa necessariamente drogarsi, ubriacarsi o prostituirsi o finire la notte al market del sesso. No, questo non è ammissibile perché, purtroppo, mi è capitato di cadere in questo vortice della notte più volte in un periodo difficile della mia vita. E questa è una strada senza ritorno. Ma quando, grazie a Dio, ho ritrovato con fatica il mio equilibrio allora ho cominciato a riassaporare anche il gusto di sapermi divertire nei luoghi dello svago notturno senza devastarmi.

Certo, la tentazione e la caduta sono sempre in agguato, ma se voi unite la preghiera con la vostra volontà, con la lucidità della ragione saggia ed equilibrata, allora ce la potrete fare.

Naturalmente per essere attirati in un luogo spirituale ci deve essere anche la capacità da parte del custode di questi luoghi di realizzare delle attività che siano vive e in linea con le tendenze giovanili. Volete degli esempi?

Ve li faccio subito.

Dal 6 gennaio al 15 giugno ho rilasciato decine di testimonianze in giro per l'Italia e ho quindi conosciuto molti centri di aggregazione giovanile di area cattolica, chiese, santuari, parrocchie e, gioco forza, ho scattato la fotografia da Trento a Trapani della situazione in ambito cattolico. Quando il parroco, sia giovane sia anziano, ha lo spirito giusto, il carisma per comprendere e capire il disagio e gli interessi dei ragazzi, allora si compiono grandi miracoli e nascono centri come quelli che ho visto con i miei occhi in Veneto ma anche nel Salento e in Umbria.

Ho trovato qui chiese e parrocchie sempre aperte e illuminate, soprattutto la notte dei fine settimana. In Veneto, nelle province di Verona e di Padova ho visto funzionare oratori moderni, dove i sacerdoti hanno allestito una pizzeria con il pub aperto il venerdì e il sabato sera con musica per i giovani, che così trovano un'alternativa alla discoteca classica, spendendo di meno e facendo una vita più sana.

E non finisce qui.

Nel comune di Bovolone, nel Veronese, in via Carlo Alberto c'è la parrocchia di San Giuseppe. È bellissima, piena di giovani che seguono i sacerdoti e interagiscono con loro in tante attività: da internet, alla musica, alle connessioni tra radio e computer collegati con il sito della chiesa. E davanti al seminterrato, dove c'è l'adorazione nel silenzio più completo, sorge un bar ricreativo dove si possono gustare varie specialità fino a tarda sera, prospiciente alla canonica e alla chiesa parrocchiale che rimangono sempre aperte, soprattutto nel fine settimana. Il parroco si è preoccupato di dotare la parrocchia di una piccola centrale operativa per trasmettere via internet le principali attività pastorali che interessano i giovani. C'è sempre aria di grande partecipazione, ho un ricordo bellissimo. L'adorazione è continuamente seguita dai sacerdoti nelle ore più impensate e i giovani vanno avanti e indietro senza fermarsi un attimo. Le luci sono sempre accese, le porte rimangono aperte e si respira l'aria di una piccola Medjugorje.

Dunque, non si deve solo attuare una politica repressiva sulle patenti o sulle discoteche ma realizzare anche strutture alternative che possano funzionare facendo divertire i giovani stando vicino alla Chiesa, che deve essere vista da loro anche come un luogo di divertimento, non solo di contrizione o di sofferenza. Perché Cristo è gioia, Cristo è soprattutto risurrezione dalla morte. Non è solo croce, digiuni e dolore.

Mancano stimoli nuovi per animare le messe tradizionali, facendo partecipare di più i fedeli, coinvolgendoli in canti, letture e attività anche ludiche, nel tardo pomeriggio e la sera. Le adorazioni devono essere, a mio giudizio, guidate come a Medjugorje, con la musica e le traduzioni in altre lingue per far partecipare tutti, anche gli extracomunitari. La vita degli oratori deve essere scandita da regole e idee creative e innovative.

Un altro esempio: Perugia, la chiesa Maria Regina della pace nel quartiere di Santa Lucia. Il parroco, don Ignazio Doni. Se arrivate davanti alla chiesa rimarrete senza parole. Tutto intorno ci sono strutture sportive con campi di calcio, tennis, basket e pallavolo, in erba e sintetico, spogliatoi, sale ricreative, bar, palestra, la parrocchia moderna, funzionale e accogliente. La chiesa, ampia e costruita con volte di legno, ha un foro centrale con un cono di luce che colpisce l'altare. Centinaia di giovani che frequentano la Santa Messa e cantano gli inni alla Madonna con le musiche di Medjugorje. Vent'anni fa non c'era nulla e solo grazie al talento, al coraggio e alle capacità di un parroco povero, e di un quartiere periferico su cui nessuno a Perugia aveva puntato un euro, si è compiuto il miracolo della Divina

Misericordia, cioè sono arrivati i soldi mano a mano che si delineavano i progetti. Da chi? Collette, donazioni private e, centesimo dopo centesimo, oggi si può vedere la realizzazione di un'opera che fa parte del progetto di Dio e della Madonna. Infatti gli architetti hanno realizzato tutto secondo un disegno che è stato descritto e trasmesso dalla Madonna ai veggenti, che hanno trascorso a Perugia lunghi mesi, durante la guerra civile dei Balcani.

Volete un altro esempio? Dovete andare di corsa, a passo svelto, sotto lo scenario delle montagne più alte degli Appennni: l'Abruzzo e il massiccio del Gran Sasso. Lì, nel comune di Isola, sorge uno dei santuari più potenti e protettivi nei confronti dei giovani: il santuario di San Gabriele dell'Addolorata. Quest'anno, alla fine di agosto 2010, poco prima che consegnassi questo libro, sono stato invitato dal padre passionista Francesco Cordeschi alle celebrazioni della trentesima edizione della Tendopoli, alla quale hanno partecipato centinaia e centinaia di giovani ammassati nelle tende colorate, provenienti da tutte le regioni d'Italia. Strana sorte questa di San Gabriele, molto conosciuto nel Centro-Sud e pochissimo nel Nord Italia. Eppure ho visto centinaia di ex voto di miracolati, soprattutto bambini, ragazzi, studenti e giovani, salvati da malattie e incidenti mortali. Padre Cordeschi è una sorta di Gattuso della Chiesa: ha avuto un'intuizione geniale, riunire tante centinaia di ragazzi per stare insieme una settimana a pregare e a superare le difficoltà della vita di campeggio con uno schema di preghiera che si basa su canti, musica e canzoni eseguite da un'orchestra di quaranta elementi tutti giovanissimi.

Mi sono commosso per l'intensità e la bellezza di questa manifestazione spirituale che sa coinvolgere con gioia i giovani nella preghiera, nella Santa Messa e nella adorazione, andando incontro a quelle che sono le esigenze e le passioni del mondo giovanile. Dopo aver osservato e ascoltato per quattro giorni, però, mi sono anche lamentato perché sia il santuario, sia le autorità civili comunali, provinciali e regionali abruzzesi dovrebbero fare di più per gestire al meglio l'accoglienza di tutti questi ragazzi. Quest'anno c'erano una cinquantina di polacchi che forse avrebbero meritato un'immagine migliore del nostro paese per quello che riguarda l'alloggiamento e le strutture di accoglienza che devono essere più confortevoli.

Mi auguro di poter aiutare questi ragazzi con la mia fondazione e di esportare insieme a loro il format della Tendopoli in giro per l'Italia e in televisione. Ma il baricentro deve rimanere a Isola del Gran Sasso, perché san Gabriele è la mente, i padri passionisti il braccio di Dio e padre Francesco il capitano, mediano di spinta, cuore pulsante della manifestazione.

Ne parlerò a lungo, con filmati e fotografie inedite, nel prossimo libro insieme a quella straordinaria vetrina mondiale che è il Festival dei giovani di Medjugorje dall'1 al 7 agosto, dove si celebra anche il compleanno della Madonna il 5 di agosto.

Questa Tendopoli è un esempio lampante che dimostra un concetto basilare: più che i soldi spesso sono necessari i progetti, le idee da portare avanti con l'aiuto della Provvidenza Divina e della volontà di ferro delle persone. I finanziamenti arrivano immediatamente dopo, quando l'idea è valida. E allora, proprio per questi motivi, dovranno essere i vescovi a fare in modo che nei seminari, dove si formano i sacerdoti, si debbano insegnare anche le materie della vita, non solo teologia, filosofia, dottrina e storia della dottrina, ma anche spiegare ai futuri parroci, i seminaristi di oggi, quali siano le tendenze giovanili, che cosa interessi ai ragazzi di oggi. Perché se non si studiano i loro comportamenti, le letture preferite, la musica, la televisione, la radio, non si possono catturare nuove anime. E le chiese sono sempre più povere di giovani e piene di anziani.

Capitolo 4
"I FIGLI DI MEDJUGORJE"

Il tumore introvabile e la biologa in monastero

Come una grande tela, è sempre più esteso in tutto il mondo, il piano della Madonna di Medjugorje: mille fili dorati che, dal cielo, raggiungono storie diverse e persone che, magari, non sono mai andate in Bosnia-Erzegovina e del termine "Gospa" non sapevano neppure il significato.

O anche, viceversa, sono andati laggiù una sola volta e tanto è bastato per cambiare radicalmente la loro vita. Ecco perché stavolta abbiamo deciso di parlare dei "figli di Medjugorje": storie che partono da là direttamente o indirettamente ma che poi vivono tutta la loro vicenda lontano dalla Bosnia, perché il seme di quel posto voluto da Dio ormai è entrato nella loro vita.

È un concetto molto caro alla Madonna nei suoi messaggi, tanto caro ai frati, alle suore e ai veggenti, che raccomandano ogni volta ai pellegrini: a Medjugorje è facile per tutti pregare, lodare il Signore, comportarsi bene seguendo il Vangelo, la messa e la confessione. Tutti vengono all'adorazione, la chiesa è stracolma di fedeli e ogni giorno si prega il rosario e si cantano le canzoni con le parole e le lodi più belle, quelle canzoni che hanno fatto il giro del mondo e che ricordano a tutti il pellegrinaggio tra il Krizevac e il Podbrdo, tra la parrocchia e la statua di Gesù risorto. Sono cartoline impresse nella memoria di tutti. Immagini indelebili che rievocano le emozioni e i sentimenti che hanno attraversato il cuore dei pellegrini.

Ben più difficile è il ritorno a casa, dove Medjugorje deve essere vissuta in un modo diverso, dove la vita di tutti i giorni tende a prevalere sulla preghiera subendo le pressioni del mondo materiale e degli impegni che sovrastano la nostra esperienza spirituale. Quanto è duro, quanto è impegnativo continuare quel percorso iniziato tra i monti di pietre e terra rossa, pieni di rovi e di spine e portare l'esperienza di Medjugorje tra le comodità delle mura di casa, nelle strade delle nostre metropoli che avvolgono, come in una ragnatela di ritmi e impegni lavorativi, le emozioni che ci hanno spinto a tentare di cambiare vita.

Ci sono, però, delle persone che con le loro storie, singolari e strabilianti, portano nel cuore per sempre il segno incancellabile di Medjugorje.

Questa volta ve ne voglio proporre tre che hanno attraversato la mia vita e, se l'hanno segnata così profondamente, significa che Dio voleva che ve le raccontassi.

Sono tre vicende diverse, ma tutte "figlie di Medjugorje". Una è collegata direttamente alla Bosnia-Erzegovina, l'altra, con un filo annodato da molto lontano, a una persona che, nel momento decisivo, a un metro dalla morte, ha fatto ricorso alla santa Gospa che, con un segno potente dal cielo, ha sospeso la sua condanna restituendogli la vita, a un passo dal baratro. La terza ve la accenno soltanto, ricordandovi che nel libro *A un passo dal baratro* c'è un capitolo fondamentale che riguarda la corona di spine del Cristo Pensante e la mia amicizia con una guida di trekking e nordic walking che si chiama Pino Dellasega.

Anche qui il Cristo Pensante sul monte Castellazzo, a 2.333 metri di quota, proprio di fronte allo spettacolo delle Pale delle Dolomiti, ricalca lo schema di Medjugorje: la montagna con la croce e la statua di Gesù che pensa meditando sui mali del mondo e, di fronte, la collina di Malga Valazza, dove è apparsa la Madonna per intercessione del veggente brasiliano Edson Grauber. Nel giugno del 2010, per san Pietro e Paolo, ho organizzato un pellegrinaggio che voglio ripetere ogni anno la domenica che precede questa data, per pregare per la Chiesa, il papa e i sacerdoti e per le conversioni della gente lontana da Dio. E proprio un paio di mesi prima dell'uscita di questo libro è stato pubblicato il primo libro *Il Cristo Pensante delle Dolomiti*, edito da Valentina Trentini Editore, scritto e curato nella fotografia dal maestro di sport e di montagna Pino Dellasega, ex sottufficiale delle Fiamme Gialle, 17 volte campione italiano di orientamento in alta quota.

In prima pagina un sottotitolo che la dice lunga sui legami tra la Bosnia-Erzegovina e questo luogo incantevole, le Dolomiti delle Pale e del parco naturale di Paneveggio: «La storia, il trekking e il misterioso richiamo di Medjugorje». Vi aspetto tutti al prossimo pellegrinaggio, nel giugno 2011, dopo il 30° anniversario di Medjugorje. Guardate sul mio sito l'appuntamento e le iscrizioni a questo viaggio spirituale.

Adesso invece vediamo nei dettagli un'altra vicenda che ci arriva da un piccolo paese nel Sud Italia.

Il miracolo del monte Pruno e il tumore introvabile

Questa è la storia di Pasquale Costantino che è nato il 10 gennaio 1958 sui monti che sovrastano la Piana del Sele di Battipaglia, in provincia di Salerno. È una vicenda che si inquadra in un contesto sociale difficile, fatto di lavori durissimi, vita molto semplice, in condizioni spesso critiche, dove è molto ma molto arduo arrivare alla fine del mese per tirare su tutta la famiglia.

Pasquale, all'età di undici anni, ha cominciato a lavorare nella Piana raccogliendo i pomodori e le verdure di stagione nelle serre d'inverno, col freddo, e, cosa assai più faticosa, d'estate, quando entrare in quei tunnel di cellophane per rimanerci anche solo dieci minuti è difficile per tutti. Figuratevi per un bambino che debba rimanervi anche diverse ore.

Questa attività, che rappresenta il sostentamento per tante famiglie, la dovrà intraprendere anche Giuseppa dell'Aglio, la futura moglie di Pasquale.

Sono tanti gli ostacoli e le difficoltà che ha dovuto superare questo ragazzo. A sedici anni è stato morso da una vipera sulla schiena e ancora oggi sono ben visibili i segni sul lato sinistro, appena sopra i glutei. Suo padre lo mandava a pascolare le pecore proprio su quella montagna, il monte Pruno, nel territorio del comune di Bellamonte. È stato così per tanti anni, tutti i giorni. E lui con un immenso sacrificio si dedicava all'allevamento delle pecore. Un giorno, mentre stava seduto sotto una pianta, parlando con suo padre Giuseppe, videro una vipera che si allontanava. Non passò neppure una settimana da quell'episodio che, trovandosi seduto sotto un altro albero, mentre il gregge stava pascolando, insieme a Carmine Scalcione, un amico agricoltore, si sentì mordere fortissimo per due volte dietro la schiena. Un dolore atroce. Il terrore. Proprio mentre stava rammentando a Carmine che qualche giorno prima aveva visto una vipera con suo padre.

«Presi la vipera tra le mani e la gettai lontano. Un gesto talmente veloce che il mio amico non vide nulla e non capì le mie urla di dolore. Urlai: la vipera, la vipera. Aiuto, aiuto. Sentii un dolore come un formicolio fortissimo sulla punta della lingua, poi mal di testa e nausea. Fui trasportato d'urgenza al pronto soccorso dell'ospedale di Oliveto Citra. I medici non credevano alla mia versione. Non credevano all'attacco della vipera, anche perché l'amico che mi aveva accompagnato continuava a dire che non l'aveva vista e allora il medico di turno, non voleva rischiare di farmi il siero antivipera.

Ma ci fu chi mi salvò, credendo alla mia versione. Si trovava a passare per caso il maresciallo dei carabinieri di Contursi il quale, ritenendo verosimile la mia ricostruzione, convinse il responsabile del pronto soccorso a praticarmi l'iniezione e a salvarmi la vita.

Un'ora dopo, i parenti di Carmine, che stavano raccogliendo il fieno nei campi vicini al punto dove ero stato morso, videro la vipera, la uccisero e la portarono all'ospedale come prova definitiva. Fui ricoverato per due settimane con febbre e dolori molto forti soprattutto alla lingua.»

A vent'anni Pasquale si sposa, contro la volontà del padre, fuggendo in Germania. La moglie Giuseppa dell'Aglio, diciannovenne, insieme a Pasquale, il 2 giugno 1978, raggiunge di notte Stoccarda, dove lui viene assunto come operaio alla Bosch e lei come impiegata alle Poste.

Rimangono per cinque anni oltre confine e poi la decisione di tornare nel loro paese a Senerchia, comune di 800 abitanti della provincia di Avellino, vicino a monte Pruno e a Palomonte. Oggi hanno due figli, Giuseppe di 31 anni e Sonia di 26.

Pasquale, per tirare avanti la famiglia, diventa autista di camion, mentre Giuseppa bada alle faccende di casa nel tardo pomeriggio, perché la mattina alle 4, tutti i giorni, per anni e anni, lascia Senerchia e raggiunge le serre di Battipaglia per la raccolta di pomodori, meloni, peperoni e insalata.

Per nove chilometri a piedi, da casa, fino alla fermata del bus. E poi al lavoro. Il pomeriggio, altri nove chilometri a piedi col caldo, col freddo, con la pioggia, d'estate e d'inverno: tutto l'anno, ogni giorno compreso il sabato per gli straordinari.

Il figlio Giuseppe vive a Gaiole in Chianti nel Senese. È sposato, ha due bambini, fa l'operaio agricolo e guida i trattori in un'azienda vinicola. La figlia Sonia è sposata con Patrizio e ha una figlia di sei mesi che si chiama Alessia, ma nessuno dei due ha un lavoro fisso e così Giuseppa, insieme a Pasquale, si fa carico delle loro necessità.

Ma le avversità sono in agguato e per Giuseppe inizia un calvario: il 10 gennaio 1987, proprio il giorno del suo ventinovesimo compleanno, viene colpito da un ictus, a causa dello stress provocato dai continui viaggi con il camion. Il peggio deve ancora venire. Per dieci giorni rimane in coma, ma, una volta uscito dal coma, per ben cinque mesi non riesce a camminare. Viene trasportato su una sedia a rotelle, non ce la fa nemmeno più a parlare e il braccio destro rimane paralizzato. Una cosa importante da segnalare, cari amici lettori, è che l'intera famiglia non era credente, come spiega la stessa Giuseppa: «*Solo per i battesimi, i matrimoni e qualche festa comandata andavamo in chiesa. In pratica poco o nulla si faceva per Dio*».

Pasquale viene sottoposto a trattamenti fisioterapici a Campolongo, un centro a 25 chilometri da Palomonte. Giuseppa lo accompagna e poi impara a fare il trattamento in modo da proseguirlo in casa. Tutto questo le impedisce di lavorare e così i soldi scarseggiano in famiglia, anche perché bisogna mantenere la famiglia della figlia.

Improvvisamente arriva dal cielo un aiuto insperato. Lo zio di Pasquale, Domenico Costantino, anche lui invalido, viene ad abitare da loro, mettendo a disposizione la sua disponibilità e la sua pensione. Giuseppa lo aiuta come se fosse un fratello e non lo abbandona mai. Intanto Pasquale continua il suo calvario: due anni d'invalidità con le cure di fisioterapia, un anno senza parlare e due senza camminare.

Poi, pian piano, grazie alle cure e all'amorevolezza della moglie, riprende a lavorare come autotrasportatore. Nel 1993 tocca a Giuseppa portare la croce della famiglia. Rimane incinta di una bambina che si scoprirà avere una gravissima deformazione: un caso rarissimo per una patologia mai vista dai medici del locale ospedale di Oliveto Citra. Prima del parto, vista la gravità della situazione, viene deciso il ricovero all'ospedale San Carlo di Potenza per tentare l'impossibile: farla venire al mondo in ogni caso, come voleva la madre, nella speranza di poterla curare. Nel momento della massima difficoltà e dolore di questa famiglia aggredita da ogni sorta di male, mentre Giuseppa è ancora in ospedale, qualcuno le porta una foto della Madonna di Medjugorje.

Qualcuno di cui non sapremo mai il nome. Giuseppa ricorda confusamente in quei momenti critici il gesto, ma non la persona. La foto è su una cartolina, con la scritta: «*Vi voglio bene... se sapeste quanto vi amo, piangereste di gioia*». Giuseppa la stringe a sé e non la lascerà mai più.

La bambina nascerà morta, con le ginocchia alla rovescia e la colonna vertebrale distaccata.

Come il Giobbe della Bibbia, Pasquale ancora non sa che nuove sventure stanno per abbattersi su di lui e la sua famiglia, sventure che sembrano non finire mai. Nel maggio del 2004 viene colto nuovamente da una paresi al volto per il troppo stress da lavoro. Dopo un mese di sofferenze, finalmente passa tutto e l'incubo di rimanere nuovamente paralizzato svanisce, ma pochi mesi dopo, nel 2005, gli viene diagnosticato un tumore allo stomaco. Dopo essere stato sottoposto con successo a un intervento di gastrectomia il 18 ottobre 2005 all'ospedale di Sant'Angelo dei Lombardi, col quale viene asportata e ricostruita una parte dello stomaco, il 18 novembre viene ricoverato in osservazione in un reparto di oncologia per tenere sotto controllo l'esito dell'operazione. Gli oncologi decidono di praticargli cicli di chemioterapia da subito, fino al 9 marzo 2006.

Nel novembre del 2007 Pasquale deve affrontare la prova più difficile di tutte. Viene ricoverato per una dolorosissima colica epatica che quasi non lo faceva respirare, ancora una volta in chirurgia generale all'ospedale di Sant'Angelo. Visti i precedenti del tumore allo stomaco, al termine degli accertamenti diagnostici, nei quali l'ecografia mette in evidenza l'esistenza di un nodulo al fegato, viene trasferito all'ospedale civile di Ariano Irpino, nel reparto di oncologia diretto dal dott. Geppino Genua, che fa seguire il nostro povero Pasquale dal dott. Vincenzo Pepe. Inizia un vero e proprio tour diagnostico. Si comincia con una TAC all'addome, dalla quale, però, non si vede quasi nulla e il dubbio rimane. Allora, tutti a Napoli, il 2 ottobre 2007 all'istituto privato di ricerca SDN al quartiere Gianturco.

Viene praticata la TAC PET ed emerge chiaramente la verità: c'è un tumore di 2,5 cm che ha aggredito un linfonodo in corrispondenza dell'ilo epatico.

Da Napoli si ritorna ad Ariano Irpino dal dottor Pepe che, a questo punto, data la gravità del caso, decide di effettuare la biopsia di quel nodulo. Il prelievo viene effettuato il 17 ottobre 2007 dopodiché il reperto viene analizzato al servizio di anatomia e istologia patologica dell'ospedale San Giuseppe Moscati di Avellino. Il patologo, il dottor Giovanni de Chiara, non ha dubbi: *«Si tratta di frammenti bioptici interamente neoplastici con i caratteri dell'adenocarcinoma»*. A questo punto scatta nuovamente lo stato di massima allerta per le condizioni di Pasquale, il quale, in tutta questa vicenda, nella quale viene spostato per anni, come una pallina da flipper, da un ospedale all'altro, mantiene sempre un grande stato di sopportazione che lo porta a vivere con estrema dignità ogni sofferenza.

Sempre accanto a lui la moglie Giuseppa, che continua a lavorare e a occuparsi di tutta la famiglia. Chiediamoci: quanti di noi avrebbero resistito a una pressione così intensa degli eventi senza gettare la spugna dalla disperazione? Un giorno dopo l'altro si arriva a quello decisivo, con la tensione che sale alle stelle perché gli eventi sono destinati a trovare la soluzione, di nuovo sul tavolo del chirurgo. Siamo nel novembre 2007. Pasquale sta molto male e vengono chiamati i familiari dai medici per prendere la decisione finale, perché non c'è più tempo da perdere: o si fa l'intervento chirurgico, sperando poi di tenerlo in vita con la chemio, oppure si lascia perdere tutto per evitare l'accanimento terapeutico che lo avrebbe fatto soffrire inutilmente. Arrivano i fratelli Francesco, Alfredo e la sorella Angela e si decide di operare e sarà il professor Luigi Saldutti, primario di chirurgia generale dell'ospedale di Sant'Angelo dei Lombardi, a intervenire.

L'operazione comincia alle dieci del mattino e dura ben sei ore. Dopo tre ore esce la caposala e chiede urgentemente alla moglie Giuseppa dove sia la TAC PET: *«Chi ce l'ha, me la dia immediatamente!»*. I parenti chiedono spiegazioni. Il figlio Giuseppe comincia a dare segni di nervosismo e blocca l'infermiera chiedendole che cosa succede. Lei risponde: *«Non sono autorizzata a rilasciare dichiarazioni. Dovete parlare col primario»*. Altre tre ore ed esce il professor Saldutti: *«Non c'è nulla! Assolutamente nulla! È pulito, non ha nulla»*.

Gli oncologi erano sicuri che il tumore ci fosse. E infatti, convocati dal chirurgo, hanno risposto con chiarezza: *«Il tumore c'era, ma adesso non sappiamo dirvi dove sia andato a finire. Abbiamo fatto tutte le diagnosi, TAC PET, ecografia, biopsia, il tumore c'era e ora non c'è più»*.

I familiari cominciano a pensare a un errore della strumentazione medica oppure a un errore umano ma è a questo punto che entra in campo una serie straordinaria di eventi sovrannaturali. Un'ora prima dell'intervento il figlio Giuseppe porta da Siena un fazzolettino della Madonna di Medjugorje, intriso delle gocce d'acqua che fuoriescono dalla gamba destra della statua di bronzo del Cristo Risorto, a due passi dalla parrocchia di San Giacomo. Glielo ha dato una sua amica che, prima di partire per Medjugorje, aveva scritto su un bigliettino nome, cognome, età e malattia del povero Pasquale, invocando l'aiuto celeste e la grazia di guarigione. Il biglietto è stato infilato tra due sassi a pochi metri dalla Croce Blu, mentre il fazzolettino è arrivato, *in extremis*, poco prima dell'ingresso in sala operatoria, quando Pasquale era ancora ricoverato nella sua cameretta.

Qui si è verificato un fatto che, per chi ha fede, è davvero straordinario.

Il fazzoletto bagnato è stato appoggiato da Pasquale stesso sul suo cuore per una quindicina di minuti. Nessuno poté ascoltare quello che Pasquale disse a bassa voce durante questo gesto: *«Madonna, se esisti guariscimi, fammi operare dai dottori che non devono trovare nulla. Sarebbe molto più bello così. Altrimenti, se così non può essere, ti chiedo di farmi morire durante l'operazione»*.

Quando il professor Saldutti rivede il paziente al risveglio dopo l'operazione, gli dice: *«Alzati e cammina. Tu devi camminare. Tu stai bene. Tu non hai nulla»*. Siamo umani e pieni di difetti e, nonostante la sua invocazione esplicita col fazzoletto stretto tra le mani, lo stesso Pasquale non credette al miracolo né alla Madonna. Era più propenso a pensare che i medici si fossero sbagliati nel fare le diagnosi.

Ma la cosa non finisce qui, perché, da questo punto in poi la vicenda si arricchisce di nuovi colpi di scena.

Il primo fatto rilevante, dal punto di vista spirituale, si verifica tra il 20 e il 25 novembre del 2007, dopo questo secondo intervento. Nella abitazione di Senerchia la moglie di Pasquale trova, chiusa dentro un armadio tra la biancheria, quella stessa immagine che le era stata donata da una persona misteriosa prima di partorire la povera piccola Annalisa, la figlia che nacque morta. Era il 19 gennaio 1993 e dopo quei giorni concitati quell'immagine della Madonna di Medjugorje sparì e nessuno si ricordò più dove potesse essere finita. Dopo 14 anni, il ritrovamento. La signora Giuseppa ne parla subito al marito che confronta questa immagine con quella del fazzolettino bagnato con le lacrime di Gesù Risorto. Il volto era identico, la stessa frase compariva su tutte e due le immagini. *«Abbiamo capito solo in quel momento»* dice Pasquale *«che si trattava della stessa identica figura di Madonna: la Madonna di Medjugorje.»*

In quel preciso momento Pasquale e la sua famiglia cominciano a dubitare della interpretazione ritenuta più probabile da loro: una diagnosi medica sbagliata. Che la sua guarigione derivasse dal cielo invece che dalla terra? Allora ritorna in ballo quella invocazione da lui elevata alla Madonna poco prima di finire sotto i ferri. Da quel momento Pasquale e la moglie cominciano a pensare, giorno dopo giorno, a questa nuova possibilità.

Poco prima del Natale 2007, a poco meno di un mese dal ritrovamento di quella vecchia immagine, a Pasquale appare in sogno la Madonna raffigurata come nella statua di Medjugorje: «*Stavo camminando sul monte Pruno in alto, sulla cima, dove c'è un pianoro, proprio nel punto in cui una volta c'era un cimiterino e andavo nella direzione dove vedevo nel sogno la statua di Maria. Mi muovevo con passo svelto perché volevo ringraziarla di quello che aveva fatto per me. Aveva le due braccia protese in avanti. Un po' per timore, un po' per l'agitazione, non mi ricordavo più cosa dovevo dirle, allora sono corso da lei e l'ho toccata. Ho fatto il segno della croce e mi sono inginocchiato e ho visto che i fiori e i lumini intorno alla statua erano tutti rovesciati per terra. Allora li ho presi e li ho rimessi a posto sul lato sinistro. Quando mi sveglio corro sul monte per vedere se quel luogo vissuto nel sogno esisteva davvero, non trovo il punto esatto, ma ho la fortissima sensazione che la zona sia proprio quella, sulla vetta del monte Pruno. La sera avverto mia moglie e le racconto tutto. Ritorno su con tutti i miei amici dopo un mese, nel gennaio 2008: mi accompagna Antonio Cruoglio, sua moglie Giulietta, il parroco di monte Pruno don Angelo Adesso, il quale è stato informato dell'intera vicenda, e altre due persone, Ernesto Valitutto e Antonio Carbone. Siamo sei in tutto. Antonio Cruoglio è l'amico che, un anno fa, sentendoti parlare in televisione di Medjugorje*» dice Pasquale riferendosi a me «*ha voluto mandarti un'e-mail con la mia storia per convincerti a venire qui da noi e a parlarne a tutta l'Italia.*

Giriamo per l'ennesima volta la sommità del Pruno, fino a che mi dirigo verso un punto che si affaccia proprio verso la vallata più ampia e che degrada dai monti fino alla Piana del fiume Sele. Ho visto una pietra larga che sembrava fatta apposta per metterci una statuetta e mi sono ricordato del sogno quando ho rivisto in quel luogo la chiara immagine dei lumini e i fiori per terra: era questo il punto dove ho visto la statua della Madonna».

Per Pasquale non ci sono più dubbi, la Madonna di Medjugorje l'ha salvato dal tumore e ha esaudito la sua invocazione. Tutto il paese decide, una volta circolata la notizia, di portare Pasquale in Bosnia-Erzegovina e allora

Antonio Cruoglio organizza un pellegrinaggio in pullman da Palomonte ad Ancona e di qui l'imbarco per Spalato. Le date prescelte sono dal 19 al 23 settembre 2008. Nei negozi di Bijakovici Pasquale acquista, con i suoi risparmi, una statuina della Madonnina alta un metro, che fa benedire dai frati di Bosnia e poi, con grande gioia dei fedeli di Palomonte, ritorna festante in Italia.

Sulla cima del Pruno, tutto è pronto per il grande giorno della posa della statuina, proprio nel punto indicato dal sogno.

Centinaia di persone seguono i volontari prescelti da Pasquale, da Antonio e dal parroco don Angelo, per posizionare la Madonnina. Quando viene cementata la base si allestisce tutto intorno una specie di terrazzino per dare ai fedeli la possibilità di inginocchiarsi e guardare insieme alla Madonna gli spazi infiniti del panorama che si estende verso la Piana del Sele nella cornice dei monti Alburni, il cui profilo somiglia in maniera impressionante alle colline che circondano le vallate selvagge e brulle di Medjugorje.

Ma c'è un'altra coincidenza molto importante sotto il profilo teologico. Se andate a vedere le letture della liturgia di quel giorno, domenica 12 ottobre 2008, troverete nella Bibbia una citazione dal profeta Isaia 25, 6-10, dove si fa riferimento esplicito a un monte.

> Dal libro del profeta Isaia: *Preparerà il Signore degli eserciti per tutti i popoli, su questo monte, un banchetto di grasse vivande, un banchetto di vini eccellenti, di cibi succulenti, di vini raffinati. Egli strapperà su questo monte il velo che copriva la faccia di tutti i popoli e la coltre distesa su tutte le nazioni. Eliminerà la morte per sempre. Il Signore Dio asciugherà le lacrime su ogni volto, l'ignominia del suo popolo farà scomparire da tutta la terra, poiché il Signore ha parlato. E si dirà in quel giorno: «Ecco il nostro Dio; in lui abbiamo sperato perché ci salvasse. Questi è il Signore in cui abbiamo sperato; rallegriamoci, esultiamo per la sua salvezza, poiché la mano del Signore si poserà su questo monte».*

Quattro sono gli aspetti sorprendenti di questa lettura: il primo che si fa riferimento a un monte, nel nostro caso il monte Pruno. Il secondo che, dalle prime righe, si evince che si tratta di una montagna prediletta dal Signore per la quantità e la qualità di grazie che distribuirà per tutti. Il terzo, che qui eliminerà la morte per sempre, come nel caso del nostro Pasquale il cui tumore è scomparso. Il quarto, perché dice che dobbiamo esultare perché la «*mano del Signore si poserà su questo monte*».

Dopo un anno, dal primo sogno, alla vigilia del natale 2008, verso le tre del mattino, Pasquale fa un altro sogno che segnerà la sua vita in maniera indelebile: insieme all'amico Antonio Cruoglio, alla moglie Giuseppa e una terza persona sconosciuta, forse una donna, vede la sua cucina avvolta nel buio e, in questa penombra, due occhi luminosi e, a poco a poco, il profilo della Madonna. Nel sogno Pasquale esclama: «*Se sei la Madonna di Medjugorje, fatti riconoscere*».

A quel punto Lei ha illuminato tutta la stanza di una luce immensa, fortissima, ma che non dava fastidio agli occhi. Era sorridente, felice, vestita di una tunica lunga che le copriva i piedi, indossava un velo sul capo di colore bianco come la tunica. Il suo viso era colorito, una donna giovane e molto somigliante all'immagine del fazzoletto che mi ha guarito.

Era alta come me. (Pasquale non arriva al metro e settanta. N.d.A.) *Le ho detto: «Grazie di quello che hai fatto per me». Nel sogno avevo la macchina fotografica in mano e volevo fare una bella foto tutti insieme. Gli altri si sono avvicinati alla Madonna per essere immortalati, e anche la Madonna era contenta e sorridente. A quel punto il sogno è finito e mi sono svegliato.*

Il nostro racconto termina qua, ma prima di lasciarvi al prossimo figlio di Medjugorje, vi voglio svelare come il mio percorso ha incrociato questa storia perché è un ulteriore segno che questa vicenda doveva arrivare all'attenzione mia e dei miei collaboratori.

La prima e-mail è del 20 dicembre 2009, la seconda del 20 marzo 2010, la terza del 23 maggio, e la quarta del 27 maggio, sempre 2010. E-mail che non c'è stato il tempo materiale di archiviare perché è quasi impossibile per la mia organizzazione, che è composta da poche persone, gestire la valanga di lettere, sms, telefonate, e-mail che arrivano quotidianamente da tutte le parti per segnalare storie, vicende e richieste di aiuto. È molto più semplice consultare il mio sito www.paolobrosio.it e verificare i miei spostamenti quando vado a presentare il libro o a far testimonianze. Così posso valutare le tante storie che mi vengono sottoposte o parlando personalmente con la gente o, indirettamente, tramite i miei assistenti. È proprio in uno di questi incontri a Cava dei Tirreni che arrivarono Antonio e Pasquale con la loro storia scritta e consegnata a mano a uno degli organizzatori che poi me l'ha fatta avere. Arrivato in Toscana, questo carteggio finisce in un mucchio di altre centinaia di storie e, a metà luglio del 2010, Alessandro Bonocore, uno dei curatori di questo libro, estrae casualmente, da quel cumulo, proprio quelle tre paginette.

Dopo averle lette mi convinco a raggiungere la Campania dove vive la famiglia di Pasquale e il 20 luglio 2010 arrivo a Palomonte; dopo un paio d'ore, salgo sul monte Pruno a pregare insieme a tutto il paese e al parroco don Angelo.

Si fa notte e, mentre scendiamo con le torce dal monte, don Angelo, Pasquale e Antonio mi fanno notare un ultimo segnale che si staglia nel cielo illuminato dalla luna. Una stella particolarmente brillante si dice che sia apparsa nel cielo da quando la Madonna ha trovato quella pietra sul monte. Si leva alle 21 pulsando forte e alta nel cielo e poi, abbastanza rapidamente, scende dietro i monti alle 21 e 30. L'abbiamo ripresa e l'abbiamo fotografata. Vorrei tanto sapere di che stella si tratta.

La suorina del Valdarno: dai delfini di Riccione al monastero di San Giovanni

Figlia di Medjugorje è sicuramente suor Maria Michela, madre superiora delle clarisse del Cuore Immacolato di Maria, congregazione nata da poco tempo, sotto la protezione della Vergine Maria e di santa Chiara d'Assisi.

Ho conosciuto casualmente suor Maria Michela a Roma quando sono andato, nel maggio scorso, a visitare la scuola di teatro dei ragazzi di Claudia Koll, il laboratorio sperimentale dove nascono le iniziative della Claudia per avviare i ragazzi alla recitazione, partendo da testi di ispirazione cattolica.

In quell'occasione, dopo aver parlato a lungo con gli allievi del teatro, ci incontrammo io, la Koll, madre Michela e le altre suore, molto giovani, della loro neonata comunità.

Abbiamo parlato di un progetto che riguarda queste suorine che avevano trovato, dopo una lunga peregrinazione, la loro destinazione finale in un bellissimo convento nel cuore della Toscana a San Giovanni Valdarno che si trova al centro delle tre province di Firenze, Arezzo e Siena.

Dopo quell'incontro sono andato, mosso da curiosità, a trovare le suore che, in base al regolamento della loro famiglia religiosa, devono rispettare le regole di clausura. Tuttavia, in questo periodo, grazie a una deroga prevista dal loro vescovo di Fiesole, monsignor Mario Meini, è stata concessa loro la facoltà di uscire, incontrare pellegrini per organizzare la ricerca fondi per ristrutturare il monastero, in parte diroccato.

Il monastero, che comprende otto ettari di terra con vari immobili, quattro anni fa è stato generosamente messo a loro disposizione dai frati minori della provincia Toscana. E non è tutto perché a otto minuti dal monastero delle clarisse esiste un borgo dove alcune famiglie, unite già da anni alla comunità delle sorelle, potranno trasferirsi e condividere uno stile di vita impostato sulla preghiera e sul servizio gratuito al prossimo, un grande progetto che diventa concreto grazie al benestare del vescovo di Fiesole.

Certamente per delle suore nullatenenti questa è un'impresa ciclopica, anche considerando che devono finire la ristrutturazione del monastero e che, da quattro anni, trascorrono l'inverno nella parte del primo piano dove ci sono le stanze dormitorio senza riscaldamento. Ma loro confidano nella Divina Provvidenza per portare a termine le opere che fanno parte di un progetto divino e io spero che questo libro, raccontando la testimonianza inedita di madre Maria Michela, possa rappresentare un aiuto concreto per stimolare una raccolta fondi per il progetto che sostenga e protegga la famiglia e per la ristrutturazione del monastero che rappresenta un centro di irradiazione spirituale in una zona strategica come quella tra Firenze, Siena e Arezzo.

Madre Michela è nata il 13 novembre 1964 a Padova e, prima di prendere i voti si chiamava Elisabetta Maria Leopolda Negra. Ha due fratelli maggiori, Giovanni e Giuseppe.

La mamma Maria Teresa, durante l'attesa di Elisabetta, ebbe delle gravi complicazioni che misero in serio pericolo la nascita della bambina. I genitori si rivolsero a san Leopoldo Mandic, essendo loro parrocchiani di Santa Croce in Padova, nel quale si trova il convento dei cappuccini del santo, e chiesero la grazia per Michela.

In riconoscenza al santo per il buon esito della nascita, babbo Massimiliano e mamma Maria Teresa la chiameranno Elisabetta Maria Leopolda, in perenne ricordo della grazia ricevuta.

Nel 1983 Elisabetta, allora diciannovenne, va a un pellegrinaggio a Lourdes e, desiderosa di sostare davanti alla grotta, veglia tutta la notte pregando il rosario. Elisabetta quella notte, con in mano una candela accesa, continuava a riaccendere quelle che si spegnevano e nel mentre, formulò una preghiera-desiderio che scaturiva dal profondo del suo cuore: «*Mamma, possa io essere una candela sempre accesa che accende la fede di quelle che si spengono*».

Dopo quel pellegrinaggio, Elisabetta prosegue con i suoi studi di veterinaria fino a realizzare un grande sogno: lavorare con i delfini al Delfinario di Riccione. Il suo impegno si divideva tra il Delfinario, doveva studiava il comportamento di questi mammiferi marini, e un centro di assistenza per la fauna selvatica a Monzuno, vicino a Bologna. Nello stesso tempo stava preparando la laurea in veterinaria con una ricercatrice americana che lavorava alle Hawaii e che si occupava del recupero delle persone autistiche grazie al lavoro con i delfini.

A un passo dalla laurea, arrivò, all'improvviso, la chiamata del Signore. Nel 1993 viene colta da una profonda crisi interiore che la porta a rivedere gran parte della sua vita. Acquista un libro sulla Madonna di Medjugorje, scritto da René Laurentin, e passa tutta la notte a leggerlo chiedendo alla fine del libro un segno alla Madonna che possa dare vigore a questo suo nuovo percorso di vita. Il segno ci mette veramente poco ad arrivare perché la mattina successiva la madre della futura suor Michela la chiama e le dice: «*Figlia mia, lo sai che c'è un pellegrinaggio che parte in autobus da Padova fino a Medjugorje? Vuoi andare? Sono quattro giorni, dal 30 dicembre al 2 gennaio* (1993-1994. N.d.A.) *e, secondo me, è una bella occasione da non perdere!*».

Per madre Maria Michela, che in quel momento è ancora Elisabetta Maria Negra, quel viaggio è stata la scintilla che ha incendiato il suo cuore d'amore per Gesù.

Per Elisabetta è un'occasione per visitare Medjugorje, in quell'epoca un luogo ancora poverissimo dove i primi afflussi di pellegrini facevano fatica a trovare un ricovero per la notte e la gente del posto era costretta ad aprire le loro case per dare ospitalità. Le strade erano strette, sterrate e il viaggio in certi tratti del percorso era davvero un'avventura.

Elisabetta trascorre tre giorni di digiuno totale a pane e acqua e il primo di questi sperimenta subito una confessione totale con il pentimento e il sacrificio da offrire a Dio.

Il giorno dopo si impegna in una salita a piedi scalzi del Podbrdo e segue i pellegrini del suo pullman anche all'apparizione notturna del 31, alla quale partecipano ben tre veggenti: Marija, Ivan e Vicka. Durante quei momenti avverte nella preghiera un pensiero continuo e pressante, che la invita a seguire ogni giorno la parola di Dio e dopo un po' questo pensiero si trasforma in una vera e propria sensazione, come se il Signore le dicesse: «*Vieni e seguimi*».

Madre Michela ricorda come quella notte ci fosse una grande folla. Non vide neppure i tre veggenti. Si mise in disparte e cominciò a pregare e a meditare.

Terminata l'apparizione, alle 23.00 era già di ritorno nella chiesa parrocchiale di San Giacomo per assistere alla Santa Messa di mezzanotte.

Durante il momento dell'elevazione, suor Michela si sente di promettere a Gesù: «*Ti do carta bianca sulla mia vita. Qualunque cosa Tu decida per me, andrà bene perché mi fido di Te e credo al Tuo Amore*».

La mattina successiva, il primo gennaio 1994, Elisabetta Maria Negra, futura suora senza ancora saperlo, si trasferisce a Siroki Brijeg, nella cappellina azzurra, dove padre Jozo sta per benedire un gruppo di pellegrini. Curiosamente trova un posto proprio sulla prima seggiolina vicino al frate. Padre Jozo le si avvicina, la guarda e le impone le mani, per benedirla. Dice madre Michela: «*Dopo questa benedizione, ricevuta il giorno dedicato alla Santissima Madre di Dio, la mia vita uscì definitivamente dalle immersioni con i delfini, per sperimentare, dopo la carta bianca donata a Gesù, l'immersione nell'amore di Dio: come una spugna, fui impregnata di una pace profonda e un amore infuocato*».

Tutto il 1994 è un periodo di transizione fondamentale per passare dalla vita laica alla vita religiosa, trascorso pregando e pensando alla scelta da prendere.

Alla fine il momento decisivo scatterà il primo gennaio 1995: Elisabetta Maria Leopolda Negra entra in un monastero di clarisse nelle Marche, per diventare suor Maria Michela, la sposa di Gesù.

Immergersi nella vita contemplativa con lo stesso, se non maggiore, entusiasmo delle sue immersioni nei fondali marini con maschera e pinne, non fu facile e, quando, dopo tre anni, disse a se stessa di aver trovato la gioia piena tra quelle mura che hanno accolto tante generazioni di monache, ecco che si trovò a sperimentare una chiamata inaspettata che la condusse fuori da quel monastero. Il 1998-1999 è un anno vissuto nell'eremitaggio in una casa della diocesi di Padova, accanto alla grande basilica del Santo, e fu per lei anno di attesa: le adorazioni eucaristiche, le preghiere alla Vergine Maria la portarono a "ritornare" con il cuore tra le sue sorelle del monastero e, desiderosa di donare amore, si dedicò a consolare, con le sue visite al vicino ospedale di Padova, tanti bambini affetti da leucemia. Contemporaneamente cominciò a scrivere, nel tempo libero, una regola di vita religiosa e, per un anno e mezzo, incontrò moltissime persone che avevano desiderio di parlarle dei loro problemi.

Dopo quell'anno di eremitaggio l'incontro con la prima sorella: una ragazza, Daniela Cappello, originaria di Rovigo, che proviene da esperienze di volontariato nei paesi poveri, laureata a pieni voti all'università di Padova e che studia anche a Boston. Dopo un periodo di riflessione, lascia tutto e decide di unirsi a madre Michela e nasce il primo nucleo della comunità.

Daniela, che oggi si chiama suor Maria Benedetta ha detto: *«Il Signore mi chiama a prendermi cura non più dei bambini denutriti, che sicuramente andranno in paradiso, ma delle anime denutrite, che sono i più poveri tra i poveri, attraverso una vita di preghiera e di offerta».*

La data dell'incontro tra la madre e Daniela coincide con la prima apparizione della Madonna a santa Caterina Labourè a Parigi, avvenuta nella notte del 18 e del 19 luglio 1830, meglio nota come l'apparizione della Medaglia Miracolosa di Rue de Bac.

Dopo qualche tempo, madre Maria Michela decide che è giunto il momento di spiccare il volo e lasciare i luoghi di origine per cominciare a mettere in pratica la regola di vita della nuova comunità, perché sarà la realtà a dire se questa avrà la forza di andare avanti e così parla con sua eccellenza monsignor Cocchi, della diocesi di Modena.

Nel 2000 madre Maria Michela e Maria Benedetta si trasferiscono a Reno Finalese, paesino della Bassa Modenese, nella casa parrocchiale e, con l'entrata di nuove sorelle, la comunità aumenta di numero; manca spazio, però, e la canonica non è più adatta per accogliere un futuro monastero. Dopo varie vicissitudini, le nostre suorine cominciano a chiedere alla Divina Provvidenza la strada giusta da imboccare per trovare un monastero dove stabilirsi.

Dice madre Michela: «*Il nostro monastero voleva e vuole essere una piccola città della gloria, luogo dove, attraverso l'adorazione ininterrotta di Gesù eucaristia, sono raccolte e portate all'orecchio di Dio le voci più profonde dell'umanità*».

La nuova famiglia religiosa c'è, la fede della madre Superiora è fortissima, direi d'acciaio, ma manca il monastero e, di questi tempi, non è cosa da poco! Comincia a serpeggiare qualche segno di difficoltà e di scoramento, ed ecco che nasce l'idea di fare un pellegrinaggio a Roma per pregare sulla tomba di Giovanni Paolo II. Poi a Siena, per invocare l'aiuto di santa Caterina, e a Grosseto, per fare un sopralluogo a un convento abbandonato ma ubicato in un posto troppo isolato. Infine un salto tutte insieme in Abruzzo. Perché in questa regione? Perché all'Aquila c'è il santuario con la tomba di san Bernardino da Siena, che in molte zone della Toscana aveva dato vita a numerosi ordini di francescani minori, facendo sorgere molti conventi nelle zone di Siena, Arezzo e Firenze. E proprio davanti a quella tomba le suorine hanno scritto un bigliettino con la richiesta a questo grande santo della grazia, per riuscire a trovare, finalmente, un monastero dove poter crescere. Nel giro di poco più di un mese spunta fuori un convento disponibile!

Madre Michela, dopo aver effettuato il primo sopralluogo non ha dubbi: «*San Giovanni sarà la sede della nostra famiglia, il Signore ci indica quella strada*». Nel 2006 questo diventa possibile grazie alla generosa accoglienza dei frati minori della provincia Toscana. Nasce un rapporto di reciproca stima e di comunione con il vescovo di Fiesole, monsignor Giovannetti, e poi col suo successore, monsignor Meini, che dà grande fiducia a questo gruppo di giovani suore.

Ma la scoperta più bella arriva quando mettono mano alla ristrutturazione di questo antico convento denominato Montecarlo, che risale alla metà del Quattrocento. Risulta dalle carte storiche che fu donato dagli antenati del marchese Carlo Ricasoli ai frati francescani del vicino convento di Ganghereto presso Terranuova. La località, sulla riva sinistra dell'Arno, anticamente si chiamava monte Ortale. Vi sorgeva, agli inizi del Quattrocento, una villetta di proprietà del marchese. Si deve, quindi, al Ricasoli la costruzione del convento e della chiesa. Questo è il motivo per cui il convento, in omaggio al donatore, prese il nome di Montecarlo.

Ma ecco il punto che più ci interessa: il convento, posto in posizione elevata alla sommità di un colle alto 248 metri, sorge nei pressi della chiesa di San Francesco che si vuole fondata nel 1424 proprio da san Bernardino da Siena, il santo la cui protezione era stata invocata dalle nostre suorine in Abruzzo. In seguito l'edificio è stato più volte pesantemente rimaneggiato. Il complesso, realizzato tra il 1428 e il 1438, va ricordato in particolare per le opere che in passato vi sono state conservate, quali una *Annunciazione* del Beato Angelico, oggi nel museo adiacente alla basilica di Santa Maria delle Grazie (San Giovanni Valdarno). Ancora si segnala una *Incoronazione della Vergine* di Neri di Bicci, databile tra il 1472 e il 1475

Dopo secoli con i frati francescani, nel Novecento, quando le vocazioni cominciano a entrare in crisi, pian piano il monastero si svuota, ma ormai era entrato nel cuore della comunità di San Giovanni Valdarno. Alla fine degli anni Ottanta i frati lasciano, ma con dispiacere, la comunità a un confratello famoso per il recupero dei tossicodipendenti: padre Eligio della comunità di Mondo X.

Il trapianto con la comunità di San Giovanni non sarà cosa facile, abituata com'era ad avere un centro spirituale importante come quello della comunità francescana.

Ma oggi, con il ritorno delle clarisse di madre Maria Michela, pian piano le famiglie di San Giovanni Valdarno si stanno stringendo intorno a queste 13 suorine cercando in tutti i modi di aiutarle: portando loro cibo e piccole donazioni per sostenere i lavori di ristrutturazione che devono essere completati, e poi per aiutarle anche nel progetto spirituale del monastero e in quello di assistenza alle famiglie.

Con questa pagina invito tutti i miei lettori a visitare questo monastero, a sostenerlo e a passare qui qualche giorno in mezzo alla natura tra le colline della campagna più bella del mondo.

Con uno scopo ben preciso: quello di nutrire l'anima, innaffiandola con la preghiera e la guida spirituale di queste suore e dei loro sacerdoti della diocesi di Fiesole.

Perché mi sento di raccomandarvi questo posto? Perché vi invito a contribuire a una colletta che potrebbe nascere da tutti coloro che acquistano questo libro. Mi sono soffermato prima due notti e poi quattro giorni nella zona della foresteria del monastero per scrivere e pregare. Ho avuto questa grande fortuna e la auguro a tutti voi.

Ho potuto assistere lunedì 2 agosto 2010 alla sacra vestizione di una novizia, proprio nel giorno dedicato alla Porziuncola, partecipando alla Santa Messa in una chiesa francescana, dove si ottiene l'indulgenza plenaria, cioè il perdono e la completa remissione di tutte le colpe e le pene.

Per la prima volta ho chiesto questa indulgenza e, contemporaneamente, ho potuto assistere al rito romano-serafico della vestizione religiosa di una novizia, Giuseppa Picone, siciliana, la sposa di Cristo che prenderà il nome, nella sua seconda vita, di suor Maris Stella.

La messa è stata celebrata da due sacerdoti: don Saverio Butti, cappellano della diocesi di Fiesole, padre spirituale delle clarisse di madre Maria Michela e responsabile della cura spirituale degli ammalati negli ospedali della diocesi; e don Umberto Dall'Igna, parroco di San Giorgio di Perlena in provincia di Vicenza, diocesi di Padova.

La novizia entra alle 10.30 in punto, condotta dal padre, nella chiesa francescana dove era esposto il Beato Angelico, accompagnata dai canti gregoriani intonati dalle consorelle. Si siede sull'inginocchiatoio, dopo aver percorso tutta la navata con il bouquet in mano come una vera sposa.

Il celebrante don Umberto inizia così: «*Figlia carissima che cosa domandi?*».

Giuseppa: «*Padre chiedo per amore di Dio della Beata Vergine di san Francesco, di santa Chiara e di tutti i santi di essere ammessa alla vestizione religiosa secondo la regola di santa Chiara e le costituzioni della comunità delle clarisse del Cuore Immacolato di Maria.*»

Celebrante: «*Proteggi, Signore, questa tua serva*».

Giuseppa: «*Ella spera in te*».

Celebrante: «*Signore, ascolta la mia preghiera*».

Giuseppa: «*Il mio grido giunga a te*».

Celebrante: «*Il Signore sia con voi*».

Tutti: «*E con il tuo Spirito*».

Poi don Umberto e don Saverio aspergono l'abito con l'acqua benedetta e subito dopo il cingolo che stringe la veste attorno alla vita.

Poi si passa alla benedizione del velo e della Giuseppa stessa con l'acqua benedetta. Viene intonato da tutte le suore il canto *Veni creator Spiritus*.

Poi interviene insieme ai celebranti la madre superiora Maria Michela che porge ai sacerdoti le forbici per la tonsura dei capelli a forma di croce, procedendo al taglio dei capelli. Dopo qualche istante cadono le ciocche che vengono raccolte dalla superiora in un vassoio che porge al celebrante. Una volta deposte le forbici, don Umberto invoca Dio onnipotente e dice: «*Concedi a questa tua serva che depone per tuo amore la chioma del suo capo di rimanere sempre unita a Te con la Vergine Addolorata e con la tua grazia, custodiscila sempre senza macchia*».

Poi la madre porge gli abiti benedetti a Giuseppa e il sacerdote dice: «*Il Signore ti spogli della vecchia creatura con tutti i suoi abiti, ti vesta della nuova creatura che è formata nella giustizia e nella Santità».*

Giuseppa si alza e, in una stanza attigua, veste il saio togliendosi gli abiti vecchi. La madre porge il cingolo e il velo benedetto che viene indossato. Poi la corona francescana che viene infilata nel cingolo a Giuseppa. Viene letta la regola di santa Chiara per osservarla fedelmente e poi don Umberto porge il crocifisso a Giuseppa dicendo: *«Ricevi la croce di Nostro Signore Gesù Cristo: in Lui è la salvezza, la vita e la risurrezione nostra».*

Giuseppa: *«Quanto a me non ci sia altro vanto che nella croce del Signore nostro Gesù Cristo per mezzo del quale il mondo è per me crocifisso come io per il mondo».*

Il celebrante annuncia il nome nuovo dicendo: *«Giuseppa, incominciando ora una vita nuova, porterai ora un nome nuovo e ti chiamerai suor Maris Stella, nel nome del Padre, del Figlio e dello Spirito santo».*

La novizia dice: *«Sia benedetto il nome del Signore».*

E poi inizia la celebrazione della Santa Messa, tra la commozione e le lacrime dei familiari e degli amici, giunti dalla lontana Sicilia.

Sono contento di avere assistito a una cerimonia della quale avevo sentito parlare solo in qualche film o libro e sono sicuro che un grande monastero come questo, che nasce con tante giovani suorine, farà bene all'anima di questa dolce campagna toscana e alle sue bellissime città. Al termine della messa un piccolo rinfresco con le suore dietro la grata di ferro e una sorpresa: un grande, ispirato, commosso e bravissimo Aleandro Baldi che canta e suona nel nome della gioia e della festa della sposa in Cristo suor Maris Stella. Ecco le canzoni: *Preghiera*, *Piume al vento*, *Passerà*, *Il sole*, *Eccomi Signor vengo mio Re* dedicata in special modo a Maris Stella, *Madre io vorrei* di Medjugorje, *Come tu vuoi eccomi Signor.*

Pensate quanto sia importante riscoprire tutte queste tradizioni che fanno parte della storia e della cultura del nostro paese. Non solo della religione, ma dell'arte, della vita e del costume dell'Italia nel mondo. Salviamo tutto questo nel nome della nostra storia e delle radici che affondano proprio nelle campagne toscane e umbre. Basterebbero anche solo tre euro a testa per ogni lettore di questo libro per portare a compimento una grande opera di bene. Questa zona tra due importanti città, Siena e Arezzo, e una metropoli come Firenze, ha veramente bisogno di un nuovo centro spirituale che catalizzi l'attenzione della gente, che compensi la mancanza dei frati tanto amati e che rivitalizzi un centro artistico, culturale, ricco di storia della religione come questo antico monastero.

Capitolo 5
SUOR KORNELYA

…e le sette sorelle missionarie della Famiglia Ferita

Questo capitolo è stato scritto grazie a una lunga intervista che mi è stata concessa da padre Kornelyo e soprattutto grazie alla preziosa traduzione in italiano del libro in lingua croata scritto dal frate Iko Skoko, dal titolo Primijetiti Potrebe Drugoga *("Accorgersi dei bisogni degli altri") e dal sottotitolo* Samaritansko djelo s. Josipe Kordic *("Fare come il buon samaritano").*

Per capire come sette suorine, una madre superiora e un frate francescano di 64 anni possano mantenere un centro di accoglienza con centoventi orfani (da 2 mesi fino a 23 anni) e una quarantina di anziani, l'unica cosa che potete fare è questa: prendere un autobus, farvi un bel pellegrinaggio di quelli classici da almeno sedici ore, attraversare Slovenia, Croazia, entrare in Bosnia e fermarvi in Erzegovina nel comune di Citluk.

Proprio lì, vicino a Medjugorje, nella frazione di Vionica, troverete suor Kornelya, i suoi bimbi orfani e gli anziani abbandonati, vittime della guerra dei Balcani, il frate francescano Kornelyo, fratello della religiosa, e le sette suorine della congregazione delle sorelle missionarie della Famiglia Ferita: suor Paolina, Veronica, Teresa, Vera, Mattea, Maddalena ed Eliana.

Con loro, per scelta di vita, ci sono anche quattro volontari italiani, quasi tutto l'anno, che aiutano queste piccole eroine dei Balcani a portare a termine un compito che, senza l'aiuto di Dio e la fede nella Divina Provvidenza, sarebbe impensabile per fatica, sacrifici, difficoltà pratiche e soprattutto economiche.

Tra questi volontari spicca il nome di Michelino, il mitico tuttofare che arriva dalle Dolomiti più belle del mondo, quelle venete di Cortina d'Ampezzo. Michelino è un esperto muratore, idraulico, elettricista e artigiano che ha deciso di far parte per sempre di questa famiglia.

Per capire chi sono suor Kornelya e suo fratello e come sia possibile ogni giorno questo miracolo di Citluk, è necessario andare alle radici di quel maestoso albero genealogico della famiglia Kordic, perché soltanto lì, in quella quercia secolare, spaccato della storia croata in Erzegovina, si scopre che tutto nasce da una stella, sorella di sangue di suor Kornelya e di padre Kornelyo: suor Josipe.

Tutto comincia nel 1935 quando Nicola Kordic, dopo un lungo girovagare in Sud America, soprattutto in Uruguay, con la sua famiglia a partire dal 1926, quando aveva appena dieci anni, ritorna in Croazia, nel villaggio di Vionica, e conosce la giovane e bella Luce Barbaric di Cerin. I due si sposano a Citluk, nella parrocchia di Medjugorje.

Luce è la sorella del padre di fra Slavko Barbaric, che è un grande frate che profuma di santità. Attorno a lui già si sono verificati grandi miracoli e da morto è apparso in carne e ossa alle persone che ne hanno invocato l'aiuto. Padre Slavko è sepolto nel cimiterino di Medjugorje e davanti alla sua tomba c'è un pellegrinaggio continuo di fedeli e di pellegrini che ripongono nelle sue mani le pene della propria vita, certi che lui non farà mancare a loro un aiuto dal cielo.

Dunque, la parentela tra suor Kornelya, suor Josipe e fra Kornelyo, e fra Slavko Barbaric, per il tramite della loro madre Luce, è molto stretta: sono cugini di primo grado. Sarà proprio Nicola, il capostipite, a trasmettere quella caratteristica fondamentale che rimarrà il marchio indelebile dei Kordic, sia di quelli che hanno scelto la vita religiosa, sia di quelli che hanno scelto la strada laica di formare una famiglia di sangue: una profonda fede in Dio e una fiducia di ferro, anzi d'acciaio, nella Provvidenza Divina. Si dice che Nicola, infatti, prove alla mano, dopo la parentesi sudamericana, abbia fatto celebrare, durante tutta la vita, ogni anno, una Santa Messa in onore della Provvidenza Divina.

La sua, sarà una famiglia feconda, numerosissima, che darà vita a tanti figli, un mare di nipoti e tutti saranno ispirati da profondi principi cattolici.

Roba da Guinness dei primati: 9 figli, 25 nipoti!

La famiglia Kordic

Armiamoci di pazienza, prendete una lavagnetta e segnate le diramazioni partendo dai figli, ma, state tranquilli perché sui nipoti, almeno per questo libro, passeremo la mano, altrimenti avrei scritto la storia della Erzegovina...

Ecco l'elenco dei figli di Nicola e Luce Kordic e dei nipoti diretti.

Primo figlio, Gregorio – fra Kornelyo

Il primo è proprio lui, padre Kornelyo, frate francescano minore, oggi sessantaquattrenne, prima dei voti si chiamava Gregorio. È nato il 27 novembre 1936 e anche lui è stato francescano a Roma e poi a New York, per quattro anni, dove esiste una forte comunità croata radicata in alcuni quartieri della Grande Mela. I frati di Erzegovina vanno laggiù per un periodo di quattro, cinque anni per assistere spiritualmente i loro fratelli, così come accaduto anche per suor Josipe e altri francescani. Tornando dagli USA, padre

Kornelyo è stato subito richiamato dal suo provinciale di Erzegovina a Siroki Brijeg, infine ha raggiunto suor Kornelya a Vionica.

Secondo figlio, Blago, 5 figli, nipoti di Kornelya

Il secondo è Blago, già defunto, sposato con cinque figli. Nella vita ha svolto con passione e tanta competenza il lavoro di agricoltore, specializzandosi nella coltivazione di uva e tabacco, che erano l'unica fonte di sostentamento all'inizio del secolo scorso fino alla fine degli anni Ottanta.

Terza figlia, Ilka, 5 figli, nipoti di Kornelya

La terza è Ilka, 71 anni; ha sposato uno dei postini di Medjugorje e Citluk.

Di professione casalinga, una vita spesa per le faccende domestiche, la crescita e l'educazione dei cinque figli.

Quarto figlio, Slavko, 6 figli, nipoti di Kornelya

Slavko, 68 anni, con sei figli e un'attività ben avviata nel commercio, è titolare di un negozio di generi alimentari a Citluk.

Quinta figlia, Ana, 3 figli, nipoti di Kornelya

La quinta è Ana, 67 anni, tre figli; è stata per lungo tempo negli Stati Uniti a Chicago con il marito Ante Planinic, imprenditore.

Suor Josipe fu aiutata in modo particolare da sua sorella Ana che, con il marito Ante, ha vissuto a lungo oltreoceano e con il lavoro di imprenditore del marito riuscì a costruire un albergo e altri appartamenti per l'accoglienza dei pellegrini e decisero di destinare tutto a suor Josipe che, durante la guerra e nel periodo immediatamente successivo, poté metterli a disposizione dei feriti e dei senza tetto.

Ante Planinic ha due fratelli, entrambi frati francescani.

Sesta figlia, Mara – suor Josipe

È lei la stella della famiglia con il grande carisma di aver fondato una nuova congregazione nel momento più difficile per la sopravvivenza della sua gente, povera e debole, i vecchi e i bambini croati della Bosnia-Erzegovina schiacciati dalle atrocità della guerra civile che ha martoriato i Balcani dal '90 al '95.

È nata il 30 gennaio 1947 ed è morta il 10 aprile 2003 dopo aver combattuto coraggiosamente, con una fede immensa, una battaglia durissima contro il cancro.

Settima figlia, Rosa – suor Kornelya

Ha 61 anni, un carattere non facile ma un cuore grande come il Krizevac. Ti scruta sempre con il suo sguardo severo, ma, se si accorge che hai bisogno, allarga le braccia e ti accoglie come un figlio. Se fai il furbetto e ti aggiri attorno al centro con finalità poco chiare o anche solo per farle perdere tempo, sono cavoli tuoi: ti conviene girare alla larga dai suoi bimbi e dai suoi nonni. Suor Kornelya si trasforma in un granatiere croato ed è meglio ripassare a trovarla in altri momenti e soprattutto con altre intenzioni.

Ah, dimenticavo, è inutile parlarle per ore e ore. Dopo dieci secondi ha già capito che cos'hai dentro il cuore e quali sono i tuoi problemi. La madre superiora ha la capacità di leggere l'anima. Io le voglio un bene infinito e quando sono in Italia e penso a lei, a quei bimbi, trovo la forza di andare avanti e faccio cose bellissime. Sopra il letto ho appeso la fotografia incorniciata del primo abbraccio con Kornelya: era il 13 maggio 2009 durante il primo pellegrinaggio organizzato dalla mia fondazione per gli aiuti umanitari al progetto Nonni e Nipoti. Fate attenzione a questa data: è l'anniversario di Fatima.

Penso che anche lei mi voglia molto bene ma, devo essere sincero, mal sopporta il mio lavoro. Ama vivere nel nascondimento e nell'umiltà e, per questo, ha una vera e propria innata idiosincrasia per telecamere e macchine fotografiche. Tuttavia mi tollera perché sa che sono profondamente e sinceramente legato a tutti loro, non ho secondi fini e voglio infinitamente bene alla piccola Iva.

Quando voglio sapere qualcosa di suor Kornelya e della sua famiglia Kordic mi devo inevitabilmente attaccare alla tonaca di suo fratello Kornelyo, che con pazienza mi spiega tutto.

Kornelya ti voglio bene, ma quanto mi fai patire quando devo raccontare la tua storia! Non è un caso se a lei è capitato come regalo di Natale quello dei sette nani che si chiama Brontolo...

Ottavo figlio, Ivan, un figlio, nipote di Kornelya

Ha 59 anni, un solo figlio ed è docente all'università di Zagabria, insegna filosofia ed è molto cattolico. Ha scritto un libro, che ha avuto un notevole successo nei Balcani, sulle apparizioni mariane a Medjugorje.

Nono figlio, Jozo, 5 figli, nipoti di Kornelya

Jozo, che significa Giuseppe, è il più giovane dei 9 fratelli, è sposato con cinque figli e la famiglia è molto osservante.

È stato a lungo negli Stati Uniti, a Chicago. Era imprenditore e attualmente ha investito i suoi guadagni anche in un albergo che gestisce nel centro di Medjugorje.

Bene, siamo arrivati in fondo. Queste le cifre: suor Kornelya ha otto fratelli, venticinque nipoti e nella sua famiglia sono in tre ad aver preso i voti: suor Kornelya, suor Josipe e fra Kornelyo. Come abbiamo detto, sono cugini di primo grado con padre Slavko Barbaric, uno dei frati più grandi, insieme a padre Jozo, che hanno fatto la storia dei francescani di questi ultimi trent'anni durante le apparizioni.

Il primo a prendere i voti è stato padre Kornelyo, la seconda suor Josipe, terza suor Kornelya. Negli ultimi trecento anni di storia, a partire dal Settecento, i Kordic hanno avuto ben sei frati francescani, sette con Kornelyo. Durante la dominazione dei turchi, nell'Ottocento, padre Peter Kordic è stato torturato e massacrato dai musulmani, per costringerlo ad abiurare la fede.

Suor Kornelya dice sempre, durante le sue testimonianze: *«Sangue dei martiri, seme dei cristiani: rispetto tutte le religioni ma difendo la mia fino al martirio»*.

Quando padre Kornelyo mi ha spiegato la storia e la vita della sua famiglia ho capito tutto: non si tratta di frasi fatte lì per lì per impressionare i pellegrini in visita all'orfanotrofio, bensì di parole che fanno parte di un codice genetico che scorre nel sangue dei croati. Di questi croati. Di fronte al dolore e alla sofferenza ci si fa scudo con la fede e la croce e si va avanti fino al martirio.

Suor Josipe

Suor Josipe nasce il 30 gennaio 1947, è la sesta di nove figli, viene battezzata il 31 gennaio 1947 ed è stata cresimata nella parrocchia il giorno della festa di san Giacomo, il 25 luglio 1954. Sin da bambina chiedeva il permesso a mamma Luce, nonostante la sua numerosa famiglia fosse povera, di prendere un po' di cibo e altri generi di prima necessità per portarli alle persone anziane malate che si trovavano vicino a casa sua, come la povera famiglia di Nicola Markota, detto "Vugo".

Partì poi per Sarajevo nel maggio del 1962, lavorando come domestica in una famiglia, ma riuscì anche a finire la scuola primaria e a frequentare regolarmente la chiesa, entrando in contatto con le francescane dell'Erzegovina. Il giorno in cui suo fratello celebrò la sua prima messa, il 19 ottobre 1962, espresse alla sua famiglia l'intenzione di voler diventare suora francescana. Fu accolta in questa congregazione l'8 luglio 1963.

Dopo un po' di tempo riuscì a lasciare l'Erzegovina e raggiungere l'Italia, grazie alla famiglia che l'aveva presa a servizio a Sarajevo quando era piccola. Riuscì poi a ottenere il passaporto col visto per l'Italia grazie alle conoscenze ad alto livello di questa famiglia nella burocrazia dell'apparato comunista di Tito. Una volta in Italia entrò a far parte della casa generale delle sorelle scolastiche francescane del Cristo Re, alla Farnesina a Roma. La professione solenne, come sorella della casa generale, ebbe luogo a Roma nel 1970. Trascorse nella capitale dodici anni, ma poi fece ritorno nella provincia di Erzegovina a Bieloporie e operò negli Stati Uniti a New York dal 1980 fino al 1984 proprio come suo fratello. Tornò a Siroki Brijeg e a Listica fino al 1994 e, proprio in quel periodo, si dedicò ai più poveri durante la tragedia della guerra civile, cominciando a scrivere le regole per una nuova comunità religiosa. Lasciò le sorelle francescane il 12 ottobre 1994 e fondò la comunità della Famiglia Ferita.

Nel periodo romano suor Josipe si era dedicata molto allo studio e alla vita spirituale, alimentandola sempre con la preghiera e la fede nella Divina Provvidenza che le era stata trasmessa sin da piccola dai suoi genitori. Nella capitale trovò anche il tempo di diplomarsi educatrice dei bambini dell'asilo infantile e di completare gli studi di teologia presso l'università Lateranense con una tesi sul *Vicariato apostolico in Erzegovina tra il 1847 e il 1881* dove si vedeva tutto il suo amore e la passione per le vicende della diocesi natia.

Un altro episodio significativo della sua misericordia per i più deboli è legato alla sua frequentazione dei sobborghi romani abitati dai rom. Lavorò molto con loro, pulì le baracche, lavò la biancheria e provvide anche alla pulizia delle persone. Per ringraziarla i rom le donarono un anello d'oro ed ebbero cura di avvertirla che non era stato rubato, ma comprato apposta per lei. Suor Josipe è stata poi sepolta con questo anello.

Le vicende della guerra hanno spinto subito il progetto di fondare una nuova congregazione che avesse come compito primario di aiutare i più poveri, i più deboli e i bisognosi rimasti vittime della guerra civile.

Prima di tutto bambini e anziani, l'inizio e la fine della vita. Andò a Roma a dire queste cose alla congregazione: *«Non posso più restare qui, debbo fare di più per la mia gente. Laggiù è una tragedia»*.

Due volte è stata ricevuta da Giovanni Paolo II che le ha detto: *«Fallo, fallo subito, io ti do il permesso»*.

A Medjugorje si sussurra che suor Josipe, da sempre in contatto con la veggente Vicka, avrebbe sottoposto il progetto di fondare un centro di accoglienza e di creare una nuova congregazione al giudizio definitivo della Madonna che, in un'apparizione, avrebbe dato il suo assenso.

Una volta liberatasi definitivamente dagli impegni con la comunità delle sorelle scolastiche francescane di Cristo Re, nel 1994 suor Josipe piomba come un falco a Medjugorje e comincia, tra Citluk e Vionica, a lavorare con un obiettivo primario: prendersi cura delle famiglie distrutte, lacerate e bisognose, vittime della guerra.

Tutto comincia in quell'anno, proclamato Anno della Famiglia dal Santo Padre. E la sua fu una totale dedizione all'opera apostolica tra i poveri e gli afflitti, con particolare riferimento ai bambini e alle famiglie ferite dalla guerra. C'era una sola parola d'ordine nel suo vocabolario: *«Avere sempre a cuore i bisogni degli altri che soffrono»*.

Nasce il centro per la famiglia Giovanni Paolo II

Le prime tende, le prime case prefabbricate furono messe in piedi sul terreno di proprietà della famiglia Kordic a Vionica e sempre in questa zona collinare, a circa due chilometri e mezzo da Medjugorje, fu costruito un secondo grande centro per la famiglia, così come il monastero delle sorelle missionarie. Tutto il centro ha preso il nome dal pontefice polacco.

Per le prime realizzazioni fu determinante l'aiuto dei volontari italiani e dell'associazione Maria Porta del Cielo con sede a Roma e a Citluk.

La filosofia del centro per i bambini è rimasta la stessa che ispira ancor oggi suor Kornelya: i bambini, pregando, si aiutano reciprocamente, i più grandi aiutano i più piccoli, mentre questi ultimi aiutano i più piccini e così via. In questa maniera imparano l'ordine, l'igiene e cominciano a tenere relazioni interpersonali.

In questo contesto di famiglia allargata sbuca fuori anche un'altra notizia molto importante dal punto di vista spirituale e direi di grande rilevanza sociale: la maggior parte delle sorelle missionarie della Famiglia Ferita provengono proprio dal centro stesso Samostan Kraljice Crkve e questo significa molto e cioè dà la testimonianza dell'ambiente sano e del tipo di vita di coloro che vi dimorano e vengono educati. Qual è l'unica conclusione possibile? Che suor Josipe aveva un carisma particolare donatole dal Signore, perché diede inizio a un'attività di grande rilievo pedagogico e sociale oltre che spirituale.

I criteri per le aree del centro: alloggi, campi sportivi ed estivi

Suor Josipe prese a cuore le sorti di coloro che si trattenevano più a lungo nel centro, i maggiorenni diplomati. Quando erano parenti, la suora costruiva una casetta unifamiliare trovandogli anche delle occupazioni o facendoli lavorare nel centro per i bambini oppure proseguendo gli studi all'università.

Alle sorelle chiedeva, in modo inderogabile, di percepire e avvertire sempre i bisogni dei bambini. Questo era il nodo principale dell'arte di educare, mentre si irritava tantissimo quando una consorella badava più a se stessa che alle necessità degli afflitti.

Altro punto fondamentale: costruire campi da gioco e spazi per lo svago e per apprendere un lavoro o un mestiere. Vennero allestiti questi ambienti e a Vionica ci sono aree sportive che, pur essendo state costruite nei primi anni Novanta, suor Kornelya non ha toccato neppure con un dito. Per lei sono reliquie e ancora oggi si possono ammirare i campi da tennis, da pallamano, da calcio, pallacanestro e bowling.

I bambini, secondo suor Josipe, dovevano essere sempre stimolati attraverso un'attività motoria, con una partecipazione intelligente e studiata a pellegrinaggi, escursioni e vacanze estive. A tutti, infatti, è stata data la possibilità di trascorrere una quindicina di giorni al mare, di frequentare le spiagge per imparare a nuotare, praticare il canottaggio e altri sport sull'acqua, con riferimento anche ai giochi serali, alle danze e alle feste.

I pellegrini di tutta Europa visitavano questo centro e soprattutto gli italiani si fermavano a parlare con lei per avere consigli, che dispensava con grande gioia.

La carità per i più poveri

Nel periodo della ricostruzione dalla guerra ebbe particolare attenzione per le vedove e per i loro figli.

Distribuì mille vagoni di cibo e vestiario, organizzò più di quaranta pellegrinaggi, ai quali parteciparono complessivamente più di quindicimila persone che trovarono conforto delle loro pene avvicinandosi a Dio.

Rimase famoso l'episodio della parrocchia di Goranica.

Ne è testimone la perpetua, la signora Ljubica Marusic. *«Eravamo in guerra, faceva freddo, entrarono due vecchiette assiderate mentre noi ci stavamo riscaldando in cucina. Suor Josipe vedendole in quelle condizioni diede loro il mantello, le calze e le scarpe. Poi se ne andò via nel cuore dell'inverno partendo per Listica, dove abitava, a piedi nudi e indossando solo un maglioncino. Le dissi: «Ma dove vai così?». E lei mi rispose: «Non mi succederà nulla».*

Prendi le tue cose e fila via!

Un altro concetto importante della vita di suor Josipe era quello della risolutezza assoluta nel far rispettare le regole. Prima c'era la determinazione di aiutare tutti in omaggio al principio della carità e della solidarietà, tuttavia, facendo ricorso a tutti i modi possibili per aiutare i ragazzi, quando si accorgeva che una determinata persona non aveva accettato le regole e si rifiutava di dare quel minimo che suor Josipe chiedeva, allora scattava inesorabile la famosa frase: *«Prendi le tue cose e fila via!»,* cioè, vai per la tua strada senza di noi. Talvolta soffrì per questa decisione, ma il suo rapporto con Dio le dava la forza di comportarsi così.

Quando dovette prendere questa decisione non chiuse mai completamente la porta a nessuno nella speranza di un ravvedimento, e infatti qualcuno di questi soggetti più difficili ritornò.

Il centro della spiritualità: l'eucaristia, la fiducia nella Gospa e nella Provvidenza Divina

a) L'eucaristia

Il centro della sua spiritualità era l'eucaristia, Gesù nella forma del pane e del vino. Lui era per lei sempre visibile durante la messa.

Questo sostegno le è stato fondamentale sempre, in particolare nei momenti più duri della malattia. Fu sempre ostinata nel pretendere almeno una persona della comunità inginocchiata dinanzi al Santissimo Sacramento esposto.

b) La fiducia nella Gospa

Al secondo posto della sua devozione c'era il rapporto con la Vergine Maria nella cui protezione nutriva cieca fiducia.

Ecco, questa è la preghiera che insegnò a tutti i bambini per la devozione alla Madonna e che veniva sempre recitata al termine delle altre preghiere: «*O Maria, Madre nostra, per la volontà del Padre dei Cieli, nella tua cura materna confido e al tuo cuore immacolato dedico me stessa e tutte le persone di tutti i luoghi e di tutti i tempi. Amen*».

Una sua consorella, suor Stella, racconta che un giorno passarono il confine senza passaporto, perché lo dimenticarono al centro. Li aspettava un matrimonio e se fossero tornate indietro sarebbero arrivate in ritardo. Suor Josipe decise di pregare il rosario chiedendo aiuto alla Madonna, perché era sicura che le avrebbe aiutate a superare i controlli al confine. Così fu in modo inspiegabile, sia all'andata sia al ritorno.

c) La fiducia nella Provvidenza Divina e la notte dei pannolini

Veniamo ora all'aspetto della fiducia nella Provvidenza. Suor Josipe diceva sempre: «*Sarà Dio a provvedere, sarà Dio a dare, confidiamo nell'aiuto della Beata Vergine Maria*».

Erano queste le parole di suor Josipe ogni volta che c'era una necessità. Non ha mai avuto paura che sarebbe venuto a mancare il necessario per garantire una vita dignitosa ai suoi bambini e agli altri che stavano con loro: «*Arriveranno gli aiuti! Non bisogna dubitare che Dio ci darà il necessario, se lavoreremo con altruismo per i più poveri e i più afflitti*».

E l'esempio più bello ci arriva da numerose testimonianze

relative al medesimo episodio, quello passato alla ribalta delle cronache come "la notte dei pannolini".

Una sera, al centro di Vionica, c'erano dei piccolini per i quali erano urgentissimi dei pannolini. Alla fine della giornata erano tutti esauriti e ne occorrevano nuovi per il giorno successivo. Quando al mattino seguente aprirono la porta, davanti all'uscio c'era una grande confezione di cinquanta pannolini senza alcun biglietto scritto.

Prima di morire disse a suo fratello padre Kornelyo: *«Dì ai bambini di non aver paura di nulla. Io dal cielo li aiuterò più di quanto non possa fare sulla terra»*.

Gli ultimi desideri: l'autorizzazione della Chiesa per la comunità e la realizzazione di un centro per anziani

Suor Josipe fu sempre molto risoluta nella difesa del Santo Padre, dei vescovi e dei sacerdoti e uno dei suoi desideri più grandi fu proprio quello di ottenere dalla Chiesa ufficiale il riconoscimento per la nuova comunità delle sorelle missionarie della Famiglia Ferita.

Per questo desiderio ricevette più volte il permesso verbale e la benedizione dal Santo Padre Giovanni Paolo II.

Il vescovo di Mostar, Ratko Peric, diede ampio sostegno alla sua opera, partecipando anche alla scelta del nome della comunità e facendo ripetutamente visita al centro. Finanziò, in alcune occasioni, anche l'attività del centro e dopo alcuni anni di attività, suor Josipe chiese al vescovo l'autorizzazione ufficiale, ovvero la costituzione canonica scritta. Lei diceva sempre: *«Questa il mio vescovo me la concederà»*. Ma le cose non andarono in questa direzione, i tempi del riconoscimento ufficiale si allungarono e suor Josipe morì con questa speranza. E anche oggi le sorelle che sono rimaste dopo di lei, vivono e attendono questo riconoscimento con la stessa convinzione, in trepida attesa dopo tanti anni di lavoro straordinario ed encomiabile.

L'altro desiderio era quello di aiutare le persone anziane, povere e abbandonate da tutti, che non fossero in grado di provvedere a se stesse. Le sorelle e madre Kornelya non si sono mai dimenticate di queste ultime volontà. Così, subito dopo la guerra, arrivò l'occasione alla fine degli anni Novanta. A poche centinaia di metri dal centro Samostan Kraljice di Vionica venne costruita una palazzina di tre piani che doveva essere adibita a disco pub con ristorante e camere per ospiti. Il progetto, tuttavia, non andò in porto perché il proprietario probabilmente fece il passo più lungo della gamba.

Suor Kornelya, che arrivò il 25 luglio del 1995, ereditando il ruolo, il prestigio e i progetti di suor Josipe, non esitò neppure un attimo e si attivò per rilevare l'intero complesso, confidando nella Divina Provvidenza. E infatti, pian piano riuscì, pur mantenendo centoventi orfani, ad acquistare l'intera palazzina, che oggi ospita trentacinque anziani abbandonati.

Oggi con la fondazione Olimpiadi del Cuore stiamo aiutando il centro a completare la ristrutturazione dell'asilo nido e della scuola materna e a costruire il padiglione con la foresteria e le camere per gli anziani denominato Nonni e Nipoti. E cioè uno spazio ampio per consentire l'ingresso simultaneo degli anziani abbandonati con i bambini delle scuole materne, nelle ore diurne, dalle 15 alle 19, per realizzare insieme attività ludiche ricreative in modo tale che gli anziani non siano più da soli e i bimbi non siano più orfani ma abbiano i loro nuovi nonni. Un modo questo importante per restituire agli anziani un ruolo, un'utilità sociale e uno stimolo di grande prestigio per vivere ancora con gioia gli ultimi anni della vita.

Devo dire che tutto questo non mi sarebbe stato possibile se non avessi cambiato vita e se non mi fossi avvicinato con il cuore a Dio, nonostante tante difficoltà che ancora oggi mi tentano dopo trent'anni di vita materiale nel mondo della televisione, del giornalismo e dello spettacolo.

E solo grazie all'aiuto di tanti amici dello sport, dell'imprenditoria, dello spettacolo e a tanta gente che ha generosamente creduto in questo progetto, posso dire oggi, nonostante una crisi difficile e pesante, che il Signore ci ha consentito di fare passi da gigante. E il Signore stesso ha messo vicino a me, per questo compito arduo, un angelo custode, un'amica importante che si chiama Daniela Fossati, figlia di Danilo Fossati, fondatore del Gruppo Star, una delle famiglie più importanti dell'industria alimentare privata italiana. Daniela, presidente della fondazione Danilo e Luca Fossati di Lugano, ha già stanziato complessivamente centoquarantamila euro, d'accordo con i suoi familiari, tutti miei cari amici: i fratelli Marco, la moglie Cleò e la sorella Stefania.

La famiglia Fossati, lo ricordo, è anche la fondatrice del Banco alimentare italiano, presieduto da don Mario Inzoli, parroco di Crema, la fondazione che ogni giorno provvede, con l'aiuto di tutte le aziende alimentari private italiane, al sostentamento delle mense per i poveri, laiche e religiose, che danno da mangiare a circa un milione di senzatetto. Per nove anni io e mia madre Anna siamo stati testimonial di questa prestigiosa fondazione che non ha eguali in Italia.

La mia amicizia con la famiglia Fossati risale alla fine degli anni Novanta, quando ero inviato speciale di *Quelli che il calcio*, il programma di Rai 2, e la Star mi chiese di diventare il testimonial per tre anni del Tè Star sulle reti private e pubbliche di Rai e Mediaset con una serie lunghissima di spot pubblicitari. Non solo, ma tutta la famiglia mi ha seguito con tanto affetto a Medjugorje e sono venuti a vedere i lavori da suor Kornelya.

L'ultimo saluto

Suor Josipe aveva tumori ai polmoni, al fegato e alle ossa. Durante la malattia, dall'ospedale Gemelli di Roma, scrisse ai suoi bambini parole molto toccanti. Venne sottoposta a ben trenta sedute di chemioterapia. Appena recuperava un po' di forze voleva stare vicino ai suoi bambini e li educò fino all'ultimo istante della sua vita.

Gli ultimi giorni prima della sua morte ricevette tutti ed era perfettamente consapevole della gravità della sua malattia. Un giorno sua sorella Ana le disse, dopo una seduta di chemioterapia: «*Guarda Josipe, i tuoi capelli ricominciano a crescere*». La risposta fu semplice e lapidaria: «*Cara sorella, non avranno il tempo di ricrescere*».

Alla vigilia della sua ultima notte espresse questo desiderio: «*Nessuno durante il funerale deve vestirsi di nero, che domini il bianco, il canto, la gioia e la luce, perché si tratterà di un momento di grande pace e felicità per me*».

La citazione più bella sulla scomparsa di suor Josipe l'ho ritrovata sempre nel libro di fra Iko Skoko che, ripeto, è stato preziosissimo per ricostruire la vita di questo centro, ed è quella attribuita a padre Tomislav Pervan, teologo ex provinciale della provincia francescana dell'Erzegovina. Padre Tomislav, senza mezzi termini, paragona suor Josipe a Madre Teresa di Calcutta in virtù del suo purissimo e rarissimo carisma, messo in campo al servizio degli ultimi della società: poveri, moribondi, orfani, vedove, tutti coloro che non avevano più niente dalla vita. «*Sei diventata per la gente dei Balcani, quello che Madre Teresa è diventata in India a Calcutta. Tutte e due potevate trovare sistemazione in un bell'alloggio, fare le insegnanti, istruire giovinette perbene, ma avete scelto la strada che il Signore vi ha indicato. Anche tu, madre Josipe, sei uscita dal tuo convento per seguire come Madre Teresa quelli che morivano per strada abbandonati da tutti. Anche tu hai fatto come il grande Didak Buntic che cento anni fa salvava i bambini dalla fame portandoli dai contadini della Slovenia*».

La testimonianza di suor Kornelya

Suor Kornelya è l'erede spirituale del grandissimo lavoro e dello straordinario progetto lasciato sulla terra da suor Josipe.

Suo fratello Kornelyo è la sua guida spirituale. Ogni volta che arriva un autobus pieno di pellegrini suor Kornelya li convoca immediatamente dentro la chiesa e improvvisa a braccio una testimonianza dove spiega in maniera semplice, chiara e diretta come funziona e su quali regole spirituali e organizzative si basa la vita del centro delle sorelle missionarie della Famiglia Ferita di Vionica. Ve lo proponiamo così come lo abbiamo registrato:

Sia lodato Gesù Cristo.
Benvenuti nella nostra comunità.
Noi siamo missionarie della Famiglia Ferita. Mia sorella suor Josipe ha fondato questa nuova missione durante la guerra. Vedendo orfani, vedove, invalidi, tutto ciò che è ferito dentro e fuori, ha pensato di fondare questa nuova missione. Così, con i volontari italiani abbiamo fatto un centro che dista da qui quattro chilometri e l'abbiamo dedicato a papa Giovanni Paolo II. Invece durante la guerra qua fuori c'erano le tende, qui c'era la tettoia dove mangiavano i bambini. Tante volte è apparsa la Madonna dove c'è questo altare, con Vicka e con i ragazzi di suor Elvira, perché migliaia di persone erano disperate, allora solamente nella Santa Messa, nel santo rosario e nell'apparizione si trovava la consolazione.
Durante la guerra, dove oggi c'è questo altare prima c'era la cucina, e quindi prima si nutriva il corpo adesso lo spirito. Quando ero piccola seguivo la linea di mio padre, adesso seguo la linea del Signore.
La nostra vita è basata sulla fede, sull'amore, sulla preghiera e sulla Provvidenza. E ringraziamo il buon Dio che non ci manca mai niente. Il Signore ci ha affidato e ci pensa pure: se pensa agli uccelli del cielo come fa a non pensare alle sue creature?
Manca lo zucchero, dopo mezz'ora cinquanta chili di zucchero; deve arrivare un bambino neonato abbandonato e mezz'ora prima arrivano la carrozzina, il corredo e poi arriva il bambino. Perché abbiamo sempre un fax diretto aperto con Dio, linea diretta che funziona molto bene. Fede, amore, preghiera e provvidenza, poi si pedala nel Signore.
Siamo in centodieci, il più piccolo ha dieci mesi, il più grande 24 anni e la persona più anziana abbandonata 99 anni.
Mia sorella prima di morire aveva alcuni desideri: fare una casa-famiglia per le persone abbandonate e che non hanno niente, così che i bambini abbiano un nonno e una nonna.
Seconda cosa: dire ai bambini che adesso lei ci pensa più di prima.
Terza cosa: che i bambini si vestano di bianco perché si fa festa in cielo

La nostra patria è il cielo, come viviamo qua così saremo lassù. In questo momento abbiamo trenta persone anziane abbandonate.
Tesori miei, se avete gli anziani con voi, avete una grande benedizione in casa: per voi stessi, per i vostri figli, per i vostri nipoti, per tutti.
Oggi si parla troppo della crisi finanziaria e della crisi economica, ma nessuno parla mai della crisi morale, la crisi del cuore. Possiamo avere un portafoglio gonfio così ma un cuore vuoto. Cerchiamo di avere occhi nuovi addosso. Sapete che succede quando noi abbiamo occhi vecchi addosso?
Passa il fratello e non lo vedo, passa la sorella e altrettanto, passa l'amico, ma chi lo conosce? Cuore nuovo e occhi nuovi proteggono verso il Signore sempre e con Maria in salita saremmo molto più felici e contenti. Per avere questa pace, gioia e amore nel mio cuore al primo posto deve esserci la Santa Messa: confessione, comunione, santo rosario, allora sì che possiamo vivere in pace.
Noi non siamo orfani, perché noi e voi insieme formiamo la Chiesa. Orfano vero è chi non ama, chi non ha pace nel cuore, noi abbiamo Dio come nostro papà e per mamma Maria.
Per mantenere la pace bisogna pregare, perché la preghiera è la pace, la preghiera è l'amore, la preghiera è la gioia, la preghiera è la forza, la preghiera è tutto. Soltanto amando, pregando e perdonando si ottiene e si fanno vere conquiste. Se abbiamo qualcosa da perdonare lasciamo tutto nella riconciliazione a Medjugorje. Adesso quando si torna a casa, lì comincia il vero pellegrinaggio. Una stretta di mano, un abbraccio, un santino che apre il cuore della gente e gli strappa un sorriso: queste sono le vere guarigioni. Voi adesso siete venuti a Medjugorje perché qui il cielo è sceso sulla terra, ma questa grazia che siete venuti a prendere in questa terra, mettetela prima nel vostro cuore e poi portatela nelle vostre famiglie.
Tutto parte dalla famiglia. Se la famiglia è sana la società è sana, tutto è sano. Per mantenere sana la famiglia bisogna pregare. La famiglia, la parrocchia e la scuola sono la pedagogia dell'amore e della pace di Dio. Andiamo in parrocchia, aiutiamo il parroco. Tante volte si fanno chilometri per trovare un carismatico, invece nella vostra parrocchia c'è il vostro parroco che è il vostro carismatico e che vi aspetta.
Piegate le ginocchia insieme a lui: genitori con i figli, figli con i genitori, i nonni con i propri nipotini, vedrete quanta pace in famiglia che avrete!
Il santo rosario in famiglia è l'arma più potente che ci sia.
Il nostro papa Giovanni Paolo II, la sua preghiera preferita era il santo rosario, padre Pio, papa Giovanni XXIII. L'arma più potente: il rosario.
Mia madre pregava ogni giorno: nove figli e nove rosari, e il decimo che si raccomandava. E poi sono sorte tre vocazioni: due religiose e un

religioso. Con la preghiera si ottiene, preghiamo per le sante vocazioni sacerdotali e religiose, ma non preghiamo affinché il Signore non prenda mio figlio ma quello degli altri sì. Succede pure questo. Non essere tristi nella vita, donare con gioia. Ciò che ci bombarda di più in famiglia è la televisione: cinque camere e cinque televisioni. Non c'è più dialogo in famiglia, ognuno sta per conto suo, i bambini ma anche i grandi si addormentano. Spostiamola un po' questa televisione e lasciamola anche spenta qualche volta.

Facciamo un piccolo altarino in casa, non mi seguono? Mi seguiranno, comincia tu. Vedrete quanta pace avrete in famiglia! Più noi ci abbandoniamo in Lui e più siamo suoi, meno ci preoccupiamo e più siamo suoi. Perché oggigiorno c'è tutta questa depressione, qualche volta sembriamo tutti profughi. La solitudine, l'indifferenza, la tristezza, c'è di tutto. Perché? Perché non si prega. Il consumismo talmente ti prende che ti svuota, però non te ne accorgi.

Gioie e dolori, successi e insuccessi, tutto è dono, tutto è grazia. La sofferenza è un dono. Tante volte mi domandano: «Ma voi come fate?». Io mi occupo ma non mi preoccupo. I grandi aiutano i piccoli, i piccoli aiutano i più piccoli, così la famiglia va avanti. La nostra colonna è l'adorazione eucaristica, cominciando dalla mattina. Mezz'ora per mezz'ora, cominciando con i piccoli. Ai bambini piccoli bisogna insegnare l'amore per la preghiera. Crescendo nella fede e nell'amore superano più facilmente i problemi. I nostri sono bambini della guerra e con tutte le conseguenze della guerra: padre morto o madre impazzita o tutti e due morti, abbandonati dietro la porta. Comunque adesso il Signore ha provveduto alla famiglia. Sono di 28 comuni della Bosnia-Erzegovina, si possono adottare solo all'interno del paese, così si mantiene la propria fede e la cultura. È meglio che rimangono dove sono. Possono fare la facoltà universitaria, finiscono la scuola, si trovano lavoro, poi piano piano entrano nella vita. Dove stanno tre o quattro fratellini si fa pure la casa. Tutto è mosaico dell'amore di Dio. Qualcuno che esce mi porta il primo stipendio, qualcuno mi porta il ragazzo o la ragazza per farmi vedere se mi piace o non mi piace.

Faccio pure la suocera. Precisiamo, la suocera deve essere mamma. Divento pure la nonna, siamo una famiglia grande.

Settanta bambini vanno a scuola, chi va nel paese fino alla quarta elementare, chi fa le medie e le superiori, quattro chilometri all'andata e quattro chilometri al ritorno a piedi, perché una boccata d'aria gli fa molto bene. A Mostar c'è chi fa la facoltà universitaria. Chi ha perso due o tre anni durante la guerra, studia privatamente per recuperare. Ma come vi ho detto prima non esce nessuno finché non abbia uno studio o un lavoro, se vuole.

Tante volte mi domandano se sono tutti cristiani. Qualcuno è di origine islamica e qualcuno di origine ortodossa. Però quando me li portano dicono che si possono battezzare. A voi miei amici vorrei dire soltanto una cosa per queste religioni: massimo rispetto per l'altro, difendo la mia fino al martirio. Il sangue dei martiri è il seme dei cristiani.
Se qualcuno non crede ed è tiepido io lo rispetto, prego per Lui, difendo la mia fino al martirio. Noi come famiglia ferita vi adotteremo, noi preghiamo per voi e voi per noi così la famiglia va avanti. Adesso quando si torna a casa non bisogna dire io ho visto questo a Medjugorje e io ho visto quest'altro a Medjugorje. In casa si accorgono che tu hai cambiato con la vita, con il tuo comportamento e così i vicini di casa. Due punti essenziali: a casa e i vicini di casa.
Questo quadro che vedete appeso al muro è stato fatto da un parrocchiano di Medjugorje sette anni prima delle apparizioni, un quadro profetico dove la Madonna vigila su Medjugorje e scendendo dal cielo, con i piedi su una nuvola, benedice il paese e la chiesa parrocchiale che è proprio sotto la Madonna. Questo parrocchiano adesso vive in Canada. Il Signore sia lodato.

Suor Kornelya termina così la sua testimonianza tra gli applausi dei pellegrini che rimangono fulminati dalla semplicità delle sue parole. Ma suor Kornelya non è brava solo con le parole. Basta avere il privilegio di stare con lei qualche ora per capire che il suo piatto forte è l'esempio, i fatti di ogni giorno, la gioia di sacrificarsi ogni minuto per i suoi bambini e i suoi anziani. Miglior testimone suor Josipe non poteva trovarla. E poi c'è da aggiungere la presenza illuminata di una veggente come Vicka che è un po' l'angelo custode di tutto il centro.

Sono convinto che il Samostan Kraljice Crkve sia sotto la protezione diretta della Madonna e che da là sia possibile assistere a fenomeni soprannaturali. Recentemente suor Kornelya è stata sottoposta a un delicato intervento chirurgico che avrebbe messo ko chiunque per diverso tempo. Dopo pochi giorni Kornelya era già al centro che lavorava come se niente fosse. Io le dicevo: *«Kornelya, ma non è meglio se ti riposi?»*. E lei: *«Riposare? Tutto a posto, tutto a posto, siamo nelle mani di Dio»*.

Come vi dicevo, in quel centro accadono normalmente cose straordinarie.

Basti pensare a quella famosa foto che avevo annunciato nel mio primo libro, scattata da due ragazzi calabresi, Luca Simerano di Cosenza e Raffaele Canonaco detto "Lello" di Vadue di Carolei, sempre nel cosentino che, all'uscita dal centro, dopo aver parlato con Kornelya, si sono ritrovati ad assistere a un tramonto schiacciato di colore rosso fuoco all'orizzonte e dalla cui base si stagliava nel cielo una croce di Cristo completamente infuocata. La foto, per un disguido, non fu pubblicata e oggi, come mi ero ripromesso allora, ve la propongo. Stesso discorso per la foto che mi ritrae sul Podbrdo davanti alla statua della Madonna e nel cielo appaiono dei lampi bianchi abbaglianti contornati da un bordo celeste turchese. In questo caso il lampo bianco, se rovesciate la foto, assume nitidamente le sembianze di un angelo custode con le ali raccolte all'altezza delle scapole. Anche questa foto fu scattata nel primo pellegrinaggio della mia vita a Medjugorje, quello del 2 febbraio 2009, la data che cambiò la mia esistenza.

E ora, proprio per raccontarvi al meglio le emozioni e la gioia che ci regala una visita da suor Kornelya e dai suoi bimbi e anziani, vi svelo un episodio che si verificò nel primo pellegrinaggio del 13 maggio 2009. Ero talmente felice di essere riuscito con tutti i miei amici e tanti, tanti pellegrini a raccogliere i primi ventinovemila euro per il progetto Bosnia Nonni e Nipoti e anche per i frati di San Giacomo, che mi sono lanciato di corsa a scalare il Krizevac con tutto il mio gruppo, i 167 partecipanti.

Da suor Kornelya ci eravamo trasferiti alle pendici del monte della croce.

Abbiamo pregato, abbiamo cantato e sono ridisceso giù per primo di corsa a rotta di collo, dalla felicità che avevo di essere a Medjugorje. Arrivo a uno degli ultimi tratti prima di trovare i bar della partenza, quando mi accorgo che dietro una roccia e due grossi cespugli di *Paliurus Spina-Christi*, un cespuglio arboreo pieno di spine dure e pungenti come chiodini, che può arrivare fino a sei metri d'altezza (Una leggenda molto antica lo descrive come la pianta dalla quale furono allestiti i ramoscelli che formarono la corona di spine di Gesù. N.d.A.), c'era, seminascosta, un'anziana, povera e malmessa venditrice ambulante di rosari. Pregava e cantava sommessamente le canzoni della Gospa ed era talmente stanca e rassegnata della sua condizione che quando passavano i pellegrini non aveva più la forza per convincerli a comprare i suoi poveri rosari di plastica. E così, dentro di me sento fortissimo il desiderio, ancora tutto preso da quel mondo di carità che sprigiona il centro di suor Kornelya, di prendere il portafoglio e dire a quella poveretta: «*Senta, mi scusi, quanto costano questi rosari, che li vorrei regalare a tutti i miei pellegrini?*».

Nonostante i miei tentativi insistenti, la contadina croata non riusciva a capacitarsi o comunque non capiva ciò che le stavo per proporre. Allora presi in mano i soldi che avevo nel portafoglio in quel momento, tutti i contanti a disposizione per il viaggio, e le detti ogni cosa. Mi guardò, le tremarono le mani, cominciò a piangere e a cantare *Gospa majka moja* e poi facendo tanta fatica a causa della sua gamba, gravemente malata, mi prese la mano destra e me la baciò con una mossa fulminea. A quel punto dissi: «*Ma come, sono io che devo aiutarla, sono io che devo abbracciarla, sono io che devo stringerle le mani, che devo farle sentire tutto il mio affetto... Non mi posso fare bruciare sul tempo così!*».

E allora le afferrai una mano tirandola verso di me per baciarla, per restituirle così l'affetto che mi aveva riversato. Purtroppo persi l'equilibrio tra le rocce e le rovinai addosso, facendo volare tutti i soldi che la poveretta stringeva in mano e finendo tra le sue braccia e i sacchi di plastica pieni di rosari. Insomma, un pandemonio: pezzi da cinquanta e da cento euro svolazzanti, rosari che saltavano con le palline che schizzavano via da tutte le parti, decine di sacchettini di plastica che si gonfiavano d'aria e si alzavano da terra, e io, tra le braccia di quella poveretta che fu costretta a subire l'impatto della mia caduta tra le rocce appuntite! Immaginatevi che scena: urla, gemiti e preghiere. E proprio in quel momento scende la comitiva dei miei pellegrini, che mi trova avvinghiato con quella croata non più giovanissima e senza denti ma costretta a sorridere per l'imbarazzante situazione comica che si era involontariamente creata. Non vi dico i commenti e le risate di tutti i miei amici. Ma una cosa era certa: avevo fatto la felicità sua e di quella povera famiglia.

Capitolo 6
IL MISTERO DEI ROSARI

Chi dice che la prima notizia è la più importante? Stavolta mi sa che l'ultima sbanca tutto e vince il primo premio. È il caso del capitolo sei, l'ultimo di un libro che mi ha impegnato in prima persona, fortemente, per undici mesi, più di trecento giorni, quest'anno, il 2010, oltre a un bel pezzo del 2009. Eppure il mistero dei rosari, una vicenda straordinariamente avvincente e l'altro caso incredibile della gamba di Ivo, sono arrivati, quasi per caso, in un giorno, all'apparenza di normale routine, anche se, parlare di normalità a Medjugorje è veramente un'impresa. Soprattutto per noi, comuni mortali pellegrini, che siamo abituati a lottare tutti i giorni con la quotidianità della nostra piccola vita materiale. Diversa è l'esperienza dei croati cattolici con particolare riferimento a quelli che abitano nei comuni di Citluk, Siroki Brijeg e tutte quelle frazioni che gravitano in una zona dove appare ormai chiaro, anche ai più incalliti refrattari alla parola di Dio, che accadano e siano visibili cose inspiegabili o soprannaturali, per chi ha fede.

Qui gli eventi incalzanti di 29 anni di apparizioni, centinaia di miracoli di guarigione fisica, altrettante situazioni di cambiamenti repentini della vita e della personalità di migliaia di fedeli provenienti da tutte le parti del mondo, hanno abituato i residenti a vivere il contatto col soprannaturale come se fosse una cosa normale. In parole povere, si sono abituati a vivere fatti miracolosi o eventi inspiegabili come un'esperienza quotidiana, fare la spesa, cambiare le gomme all'auto, andare in banca a veder l'estratto conto, giocare una partita di calcetto e via di seguito.

Così è successo a me il 3 giugno 2010, quando sono andato a pregare alla Croce Blu, all'indomani dell'apparizione del 2 giugno con la veggente Mirjana. Migliaia di persone intorno a una delle zone spirituali più importanti del mondo. Mai vista tanta gente, tanti fedeli e soprattutto tanti giovani avvicinarsi a Gesù e alla Madonna.

Una folla immensa di italiani, mi dicono i frati che c'è stato un aumento vertiginoso delle presenze degli italiani e a questo proposito cito un articolo scritto da una delle più importanti fonti di comunicazione spirituale e di osservazione della cronaca quotidiana della vita di Medjugorje, che è in continuo e vertiginoso divenire, *Les Enfants de Medjugorje 15 luglio 2010* a firma suor Emmanuel: «*Enorme affluenza dei pellegrini italiani a Medjugorje! Sono talmente numerosi che in alcuni giorni riempiono da soli il grande spazio della rotonda durante la loro messa del mattino! E infatti questo è il momento per i pellegrini di altre nazionalità di andare a pregare in silenzio sulle montagne. Ma che cosa sta succedendo in Italia? È bastato che la Gospa toccasse il cuore di un uomo conosciuto, giornalista, uomo di spettacolo, eccetera eccetera... La conversione di Paolo Brosio ha sconvolto l'Italia. Quest'uomo che viveva allegramente nel peccato ha una madre speciale che senza disperare ha supplicato Dio di accordarle la grazia della conversione del figlio. Diciotto mesi fa, quando Dio era l'ultimo dei suoi pensieri, Paolo arrivò a Medjugorje, e lì...*».

Suor Emmanuel racconta, in pratica, la mia storia che è racchiusa nel libro *A un passo dal baratro*. Quando ho letto questo articolo mi sono sentito battere il cuore forte forte, perché è stata un'ulteriore autorevole conferma della grande ripercussione e dell'eco nazionale che ha avuto la vicenda personale e il conseguente avvicinamento alla fede. Tutto questo non ha fatto che aumentare la grande responsabilità che sento oggi sulle mie spalle e un senso di timore reverenziale verso tutto e verso tutti per affrontare questo compito. Mi sento come un piccolo topolino che ha deciso di scalare una montagna. Altre volte, mi sento persino indegno di percorrere questo nuovo sentiero dinanzi a tante persone, perché so benissimo che sono ancora tanto spiritualmente debole e continuamente tentato da quei trent'anni di vita materiale, lontano da Dio e troppo vicino al raggiungimento degli obiettivi professionali e umani tipici del mondo: contratti, sport, sesso, trasgressione e divertimento, feste, eventi, mondanità, successi professionali legati alla televisione e più in generale dei mass media. Non è facile allontanarsi e rimanere con moderazione in questo ambiente senza macchiarsi di comportamenti lontani da Dio. Mi sento fragile ma al contempo fortemente attratto dalla via che mi conduce a Dio che spero mi dia la forza, con umiltà, di fare bene il mio lavoro, di vivere dentro al mondo stando in condivisione spirituale accanto alla Gospa. È, questa, la più grande scommessa della mia vita: «La Madonna vuole che tu stia nel fango senza schizzarti col fango». Così mi disse nel 2009, la prima volta che lo incontrai, uno dei più grandi carismatici italiani, uno dei pochi e sicuramente autentici e genuini figli spirituali di padre Pio, quel Franco Mondino di Boves in provincia di Cuneo che, almeno una volta ogni due mesi, vado a trovare a Mellana, la domenica, nel piccolo santuario della Madonna della Medaglia Miracolosa. Una frase alla quale credo proprio non si debba aggiungere nulla.

Torniamo a Bijakovici, quel giorno di giovedì 3 giugno 2010. Mentre scendevo dal Podbrdo, per raggiungere la croce di ferro laccata di celeste, con la statua della Madonnina ai suoi piedi, ho riconosciuto tra la folla dei pellegrini padre Jarek, un sacerdote polacco della diocesi di Roznava nella Repubblica Slovacca, un giornalista che aveva seguito a lungo papa Giovanni Paolo II in giro per il mondo. Era venuto in pellegrinaggio a Medjugorje da

Varsavia con la sua famiglia, il fratello, la moglie e due bellissimi bambini biondi. Ci siamo salutati e li ho invitati a pranzo, all'hotel Grace, dove poi ci hanno raggiunto le guide croate, Michele Vasilj, Mirela e Silvana Pivac. A tavola si è parlato un po' di tutto ma a un tratto mi sono accorto che le guide facevano riferimento, un po' in croato un po' in italiano, a due storie che soltanto i residenti di Medjugorje, che avevano vissuto l'epoca iniziale delle apparizioni, potevano conoscere.

In tutti e due i casi al centro dell'attenzione c'era una delle veggenti: la Vicka. Ho cercato di capire meglio e piano piano sono spuntate fuori due vicende che, se non ci fosse stata di mezzo la Madonna, avrei detto che sarebbero state assolutamente incredibili, ma vedrete che non sarà così.

Il mistero dei rosari

Per capire questa vicenda bisogna fare un bel passo indietro nella storia delle apparizioni e sfogliare il calendario di trent'anni fa, esattamente il 20 aprile 1981 quando Medjugorje, la Vicka e tutti gli altri cinque veggenti erano completamente sconosciuti.

Infatti, come è noto, la prima apparizione mariana avvenne solo due mesi e quattro giorni più tardi, il 24 giugno 1981 e cioè quando la Madonna apparve ai veggenti senza dire una sola parola, ma invitandoli con un segno ad avvicinarsi.

La mattina del 20 aprile 1981 la Vicka, che era una semplice ragazzina di 17 anni e che si dava da fare per aiutare la famiglia, aveva il compito di partire alle sette del mattino, accompagnata dal fratellino Franjo, che all'epoca aveva 7 anni, per raggiungere un bosco a mezz'ora da casa per fare la scorta di legna per la cucina e il riscaldamento. Un compito che i genitori le avevano affidato con un piccolo trattore, a bordo del quale doveva caricare le fascine di legna raccolte durante il giorno, facendo salire il piccolo Franjo che doveva aiutarla. Quel 20 aprile del 1981 ha segnato un momento particolare che si sarebbe ricollegato in maniera indelebile alle apparizioni che, di lì a poco, avrebbero cambiato la vita di quel piccolo paese, allora popolato da non più di mille anime.

La Vicka insieme a Franjo passa la giornata tagliando la legna, legando le fascine e caricandole sul rimorchio del trattorino. All'ora di colazione, dopo aver aperto la cassetta dove si ripongono gli attrezzi e le chiavi del trattore per prendere il fagotto con il cibo, si preparano per mangiare ciò che le aveva preparato la mamma la sera prima e poi riscaldato la mattina prima di partire. Il pomeriggio i due ragazzi finiscono il lavoro e, prima che faccia buio, sistemano le ultime fascine sul rimorchio del trattorino, ripongono gli oggetti del lavoro nella cassetta, balzano in sella e ripartono per rientrare a casa.

Nel tardo pomeriggio i ragazzi tornano alla vecchia casa di Bijakovici, immortalata in tantissime foto dopo le prime apparizioni, con quel bel terrazzino ricoperto da un caratteristico pergolato d'uva che d'estate ha sempre protetto la famiglia Ivankovic dalla canicola estiva con un'ombra molto fitta.

Scaricando la legna, Franjo, attira l'attenzione della Vicka dicendole: «*Guarda Vicka, oggi la nostra mamma sarà contenta perché le porteremo in regalo questi due rosari che ci ha regalato la Madonna!*».

La Vicka lo guarda e mentre scarica la legna gli dice: «*Ma che cosa stai dicendo, eppoi dove li hai trovati quei rosari?*».

La sorella, quinta di otto figli, continua a lavorare e a non badare più di tanto a quel curioso e singolare ritrovamento e, pensando a uno scherzo del fratellino, preferisce finire i lavori che gli erano stati affidati dai genitori, il papà Pero e la mamma Zlata.

I problemi nascono più tardi quando, ultimati i lavori di scarico e trasporto delle fascine tagliate nel bosco nella legnaia dietro il rustico, i due ragazzi fanno il loro ingresso in casa e si preparano per la cena. Il piccolo Franjo, tutto entusiasta per la scoperta dei due rosari, prima di sedersi a tavola li esibisce fiero e orgoglioso dicendo: «*Guarda mamma che cosa ti ho portato! Questo è un regalo della Madonna: sono due bellissimi rosari antichi!*».

Mamma Zlata, religiosissima come tutto il resto della famiglia, li osserva a bocca aperta e poi dice a Franjo, prima preoccupata e poi visibilmente contrariata: «*Non si scherza con la Madonna! Dimmi subito dove hai preso questi due rosari. Sono molto antichi! A chi appartengono e dove li hai trovati? E poi ricordati che non puoi mettere di mezzo la Vergine Santa. Non si può scherzare su questi argomenti*».

La mamma chiama anche la Vicka che giura ovviamente di non saperne nulla, poiché anche lei era rimasta sorpresa dal ritrovamento annunciato da suo fratello. E così, mentre il piccolo Franjo spergiurava di non averli mai presi a nessuno, ma di averli semplicemente trovati nella cassetta del trattorino, rientrando dal bosco, mamma Zlata e babbo Pero cominciavano a fare il giro dei vicini di casa a Bijakovici e poi a Medjugorje nella chiesa parrocchiale per vedere se qualcuno avesse smarrito i due rosari rinvenuti dal loro figlioletto. Questo giro, per risolvere il giallo, continua ancora per un paio di settimane, dopodiché la caccia al proprietario finisce, per l'impossibilità di trovarlo. Nessuno ne sa niente. Non solo, la notizia del ritrovamento, fa il giro di tutto il paese ed è sulla bocca dei compaesani anche perché da quelle parti grandi notizie non ne girano mai troppe e poi il rosario è un oggetto personale di grande valore spirituale per i croati, che non se ne priverebbero mai. Eppure, nonostante ciò, nessuno ha detto di averli smarriti e, per giunta, tutti dichiarano di non aver mai visto dalle parti di Medjugorje rosari fatti con quel particolare tipo di lavorazione.

Il giallo dei rosari continua ancora per un po', tenendo desta l'attenzione e la curiosità del piccolo borgo di Bijakovici, fino a che, trascorsi due mesi, si arriva alla fatidica data del 24 giugno 1981 quando, proprio la Vicka, insieme agli altri cinque veggenti, nel giro di quarantott'ore vede e parla per la prima volta con la Madonna. Da quel momento in poi continuano le apparizioni quotidiane e, attorno ai sei ragazzi di Medjugorje, cresce la curiosità di tutti i Balcani e la notizia esce dai confini nazionali della Iugoslavia. Nelle prime due settimane del mese di luglio, mamma Zlata, che nel frattempo non si era mai dimenticata della vicenda dei rosari, decide di chiedere alla Vicka di rivolgersi alla Madonna, durante un'apparizione, per avere notizie sulla loro provenienza. E così, Vicka e gli altri veggenti domandano alla Gospa informazioni su quei due rosari trovati dal piccolo Franjo. E la risposta della Madonna non si fa attendere, così come la Vicka conferma direttamente alla sua mamma dopo l'apparizione: «*La Madonna ha detto testualmente che quei due rosari erano un regalo suo personale per la nostra famiglia, la famiglia Ivankovic!*».

Potete immaginare la gioia di quella coppia di contadini croati, con otto figli allevati tra tanti sacrifici che poteva ora contare su un regalo personale, straordinario, appartenuto alla Santa Vergine che glieli ha fatti cadere dal cielo.

Questa storia non avrei potuto scriverla come giornalista, prima di tutto, se non l'avessi verificata personalmente con i due testimoni oculari: il piccolo Franjo e mamma Zlata Ivankovic.

Ho cercato in ogni modo di contattarli facendomi accompagnare a Bijakovici da Michele Vasilj che, subito dopo, mi promise di portarmi a conoscere e a intervistare, per la prima volta in esclusiva, anche Ivo, protagonista della clamorosa vicenda della gamba amputata di cui parleremo più avanti.

La prima tappa della verifica comincia alla pensione di proprietà della famiglia Ivankovic, gestita direttamente da mamma Zlata e dal figlio Franjo, oggi trentasettenne. La sorpresa più bella non è stata tanto quella di avere confermato tutto questo racconto nei minimi dettagli, ma la cosa più sorprendente è stata per me la possibilità di vedere e poi toccare e tenere in mano i rosari della Madonna, dei quali troverete le immagini bellissime ed emozionanti nelle pagine centrali, nel totale e in dettaglio, di tutti i particolari che sono stati incisi sulle due croci e lungo la corona di entrambi i rosari.

Franjo e sua mamma sono stati gentilissimi e ci hanno raccontato ancora con tanta emozione e devozione questa storia meravigliosa: «*Venite, accomodatevi*» ci ha detto Franjo, facendoci sedere in salotto «*ora vi racconto tutta la storia e tra qualche istante arriverà anche mia mamma che vi confermerà ogni particolare. Intanto aspettateci qui perché io vado a prendere il piccolo scrigno dove sono custoditi i due rosari antichi*».

Insieme a me, in quella giornata davvero speciale, erano presenti due collaboratori, Aldo Innocenti, curatore dei miei libri, Matteo Pizzi, fotoreporter, la guida Michele Vasilj e la mia amica Eleonora Frescobaldi di Firenze, in quei giorni in pellegrinaggio a Medjugorje con tutta la sua famiglia, i figli Carlino, 11 anni, Vittorio, 17 e Leonia di 16.

Siamo rimasti in attesa per qualche minuto e poi dopo un po' è arrivata mamma Zlata, che ci ha fatto compagnia prima che rientrasse il figlio con la cassettina contenente i rosari. Dopo qualche istante, davanti a noi, veniva aperto il contenitore e potevamo vedere il dono di Dio per quella famiglia semplice, umile, di gente perbene che ci mostrava con tutto il cuore uno dei ricordi più belli e amati della loro vita: i rosari della Madonna.

Franjo me li ha mostrati e, con un'occhiata, mi ha fatto capire che potevo prenderli in mano per toccarli e guardarli meglio. Li ho presi, li ho stretti al cuore e ho sentito un brivido che mi ha percorso tutta la schiena. Abbiamo chiesto il permesso di fotografarli in primissimo piano, in modo da riprodurne le singole parti fortemente ingrandite e regalare anche a voi, cari lettori, quelle emozioni che abbiamo vissuto noi.

Ci è stato anche raccontato un episodio che lascia stupefatti: come potete vedere nelle foto, una delle croci ha una sorta di doppiofondo, all'interno del quale, quando furono scoperti i rosari dall'allora piccolo Franjo, i genitori di Vicka trovarono una piccola pergamena scritta in una lingua sconosciuta, probabilmente in aramaico (la lingua che veniva parlata abitualmente nelle zone di Maria, Gesù e Giuseppe) e un pezzettino di legno che potrebbe risalire anche a duemila anni fa e lascio immaginare a voi a quale tipo di legno potrebbe riferirsi. I grani del rosario potrebbero essere noccioli di olive e a quel tempo la Palestina era ricca di ulivi millenari. A questo punto ho fatto una domanda specifica a Franjo e a sua madre: «*Perché non fate esaminare oggi con gli strumenti della prova del carbonio 14 i pezzetti di legno e degli altri particolari dei due rosari?*».

La risposta è stata lapidaria: «*Noi, con questi rosari, abbiamo già ricevuto un immenso dono da Dio per la nostra famiglia, e non abbiamo bisogno di altre prove perché la nostra fede ci dà tutte le risposte*».

La notizia sulla storia di questi rosari che, ahimè, mi ha fatto più dispiacere ce l'ha raccontata Franjo: «*I primi turisti che sono venuti qui, subito dopo le apparizioni del 1981, mi chiedevano tutti, appena saputa la storia dei rosari, di poterli vedere. Noi non ci siamo mai tirati indietro e abbiamo cercato di accontentarli, ma un giorno, purtroppo, i rosari sparirono e furono portati in Italia da dei pellegrini. Riuscimmo a contattarli, Vicka personalmente parlò con loro e i rosari finalmente, per la gioia e la felicità di tutta la famiglia, tornarono a Bijakovici, nel loro scrigno, protetti e chiusi a chiave. Purtroppo ci accorgemmo che la pergamena e il pezzettino di legno non c'erano più*».

Quando ho saputo questa notizia mi sono sentito male perché queste sono cose che non si dovrebbero nemmeno pensare. Voglio ringraziare ora il fratello e la mamma di Vicka per averci regalato una gioia e un'emozione così grande come quella vissuta in quel giorno di giugno, quando potemmo stringere tra le mani i rosari della Madonna.

Il terzo segreto e la gamba di Ivo, l'ex giocatore di basket

Il 3 giugno alle 18.50 in punto raggiungiamo, a poche centinaia di metri dalla Pansion Ivankovic, sempre a Bijakovici, una stradina che porta a una serie di villette a schiera, circondata, guarda caso, da una siepe profumatissima di lavanda in fiore, dove sbuca alla fine una statuetta della Madonnina di Medjugorje.

Lì vicino c'è la casa di Ivo Juricic, 50 anni, ex giocatore di basket in giovane età, colpito da una malattia terribile alla gamba sinistra: il sarcoma, un tumore che non perdona, tanto che venne deciso, il 20 maggio 1980 un intervento per amputare la gamba sinistra all'altezza del ginocchio. L'operazione venne eseguita dal professor Peter Nolo dell'ospedale di Zagabria. I medici gli avevano dato al massimo due anni di vita. La stessa malattia aveva colpito Edward Junior, il figlio del senatore Ted Kennedy nel 1973, che subì, anche lui, l'amputazione della gamba.

Dopo aver scoperto la storia dei rosari non vedevo l'ora di conoscere Ivo. Scendiamo dall'auto di Michele Vasilj, lo troviamo nel suo giardino e ci accoglie offrendoci da bere. La figura di questo gigante croato non può passare inosservata neppure agli occhi della persona più distratta del mondo: ex atleta alto due metri, grande come un orso delle foreste slovene, ma gentile, cordiale e ospitale come pochi. E poi il suo volto, uno sguardo sereno che, nonostante le gravi difficoltà della vita, l'amputazione della gamba e la lotta contro il tumore, esprime un'infinita bontà. Tutte queste difficoltà non gli hanno impedito di avere una bellissima famiglia: nel 1983, a due anni dalla prima apparizione e a tre dall'intervento, ha sposato Zdenka, una bella signora dai capelli castani, sorella della veggente Vicka, e hanno avuto una figlia che si chiama Marija.

L'intervista si svolge attorno al tavolo tondo del giardino dove Michele Vasilj svolge il ruolo d'interprete ma devo dire che Ivo è in grado di capire abbastanza bene l'italiano.

All'inizio il nostro amico croato ci spiega che tutto comincia durante una delle prime apparizioni nel luglio e poi anche nell'agosto del 1981, quando la Madonna dice a Vicka che a un ragazzo a cui è stata amputata la gamba poi la gamba ricrescerà. Questo sarebbe il primo caso di guarigione fisica preannunciato senza nessuna condizione richiesta dalla Madonna, fatta salva l'attesa per la realizzazione del terzo segreto di Medjugorje, cioè il grande Segno sulla montagna. Quando questo terzo segreto si realizzerà, apparirà un fenomeno materiale, indistruttibile e visibile a tutti sulla collina del Podbrdo. Da quel momento, nel giro di poco tempo la gamba di quel ragazzo ricrescerà.

La Madonna, in quella circostanza, parlò anche di un ragazzino, Daniel Setka abitante a Krivodo. In quel caso la Madonna ha richiesto invece la preghiera e il digiuno ai genitori di Daniel come condizione necessaria per la sua guarigione.

A questo punto, dopo avere chiarito le premesse di questa strabiliante vicenda, cominciamo l'intervista vera e propria:

In quale anno e in quale occasione esattamente la Madonna ha dato queste informazioni così precise a Vicka?

Nei primi mesi e in più apparizioni, dai primi di luglio sino alla fine dell'agosto del 1981, la Madonna ha spiegato tutte queste cose che riguardano la mia vita e la mia persona fisica.

Si possono sapere esattamente le parole che la Madonna ha detto a Vicka?

La Madonna ha detto che: «Ci sarà un ragazzo senza una gamba che guarirà e per quella guarigione non chiedo nessuna condizione».

Infatti – prosegue Ivo – non mi ha chiesto né di cambiare vita né di fare altre cose per Lei o per me. Invece per un altro ragazzo malato, Daniel Setka, residente a Krivodo, venuto lì da pochi giorni, la Madonna ha detto: «I suoi genitori devono tanto pregare e digiunare e avere fede per la guarigione del figlio».

Invece per me – continua a spiegare Ivo – non ha posto nessuna condizione per la mia guarigione. La Madonna ha detto, secondo quanto Vicka mi ha riferito: «Ivo diventerà il mio vero segno sulla terra».

Juricic prosegue l'intervista sostenendo che i veggenti e, soprattutto la Vicka, gli hanno detto che la Madonna ha riferito precisamente queste altre notizie: *«In tanti guariranno ma Ivo, in particolare, sarà un mio figlio prediletto».*

Questo è chiaramente un messaggio privato per te. Qual era il clima che si viveva intorno alle prime apparizioni?

Voi dovete tornare indietro di trent'anni per capire come era allora la situazione. I primi sette giorni delle apparizioni sulla montagna del Podbrdo, tutti andavano là. Il quinto giorno la polizia ha seguito i veggenti e loro dovevano scappare per incontrare segretamente la Madonna all'ora prestabilita. I sei ragazzi facevano filtrare le notizie attraverso il passaparola, per esempio parlando di nascosto ai cugini, ai parenti e agli amici degli amici, fornendo loro le indicazioni sul luogo preciso e l'ora dove si sarebbero verificate le apparizioni.

Questa era la situazione durante i primi tre, quattro mesi del 1981.

Qual era la tua situazione personale e psicologica quando i medici ti hanno messo al corrente della gravità della malattia?

I medici mi avevano detto che avevo un anno, un anno e mezzo di vita. Ero appena diciannovenne e andavo tutte le sere a bere e a divertirmi con gli amici e le ragazze perché sapevo che, comunque, ero condannato a morte. Fu allora che mio padre e mio zio mi dissero di andare da Vicka a chiederle aiuto perché volevano salvarmi a tutti i costi. Erano molto preoccupati per il mio comportamento e per la gravità della situazione. Alla fine mi hanno convinto e, la prima volta che sono andato a casa di Vicka, è apparsa la Madonna che ha consegnato alla veggente un messaggio personale. Da quel giorno ho continuato a frequentare assiduamente la casa di Vicka. Terminata l'apparizione quotidiana portavo i sei ragazzi alla Santa Messa con la mia auto. Ricordo molto bene quanti problemi ho cominciato ad avere con la polizia. Avrei potuto lavorare in banca perché, come invalido, avevo la priorità, ma gli agenti della polizia politica mi dissero: «Se vuoi avere il posto sicuro non andare a Medjugorje. Se vai a Medjugorje non lavorerai mai più».

Ivo poi racconta com'è cambiata la sua vita: «Prima dell'apparizione, quando i medici mi avevano detto che avrei avuto ancora poco da vivere, ero disperato, non avevo voglia di far nulla fino a che non c'è stata l'apparizione con il messaggio dedicato a me».

Una volta, nel 1981, poco prima del Natale, la Madonna ha mostrato nella visione, la mia gamba sinistra malata, poi ha preso la protesi di plastica che ho sopra il ginocchio e quindi ha fatto vedere alla Vicka la gamba ricresciuta al posto di quella malata. Insomma, mi sono spiegato? Le ha fatto vedere la gamba guarita, così come ha profetizzato che avverrà.

Durante quell'apparizione ho sentito come se qualcuno mi toccasse la testa e ho avvertito una sensazione tattile, fisica, come se una persona mi sfiorasse i peli delle braccia. Vicka parlava con la Madonna di me, ma erano presenti anche tutti gli altri veggenti. Durante l'apparizione Vicka ha visto la Madonna vicino a me e io ero tutto coperto da un cono di luce. Non mi rendevo conto di tutto questo, ma, alla fine, ho raccontato che nel corso di questa apparizione ho provato qualcosa di molto simile alla corrente elettrica, come una scossa che andava verso la gamba che mi era stata tagliata.

Scusa Ivo, mi puoi spiegare meglio? Stai parlando della gamba che non c'è più, che ti hanno tolto in sala operatoria oppure stai parlando di quella che hai ancora?

No, hai capito bene, io sto parlando del pezzo di gamba che non c'è più e ho avvertito dei brividi come se ce l'avessi avuta in quel momento, durante l'apparizione del 1981.

Quando ricrescerà la gamba?

La Madonna ha detto che mi ricrescerà dopo che Lei avrà lasciato il segno sulla collina. Ha detto che mi guarirà e lo farà quando sarà trascorso un po' di tempo dopo il segno. Questa è una notizia precisa che mi è stata riferita nel corso di un'apparizione del luglio del 1982.

Come potevi sentire i brividi sopra il ginocchio, nella parte della gamba che non hai più?

Ora te lo ripeto: io sentivo i brividi nella gamba, come se l'avessi avuta tutta intera. È chiaro?

Ivo, tu sei una persona speciale protetta dalla Madonna. Mi puoi dire quali tipi di controlli medici hai fatto dopo queste rivelazioni?

Guarda, ti posso dire che ormai sono trent'anni che non sono più entrato né in una clinica né in un ospedale. Non solo, non sono mai più andato neppure dal medico generico. Pensa che dopo l'intervento chirurgico con il professor Peter Nolo, dell'ospedale di Zagabria, ogni tre mesi dovevo fare un controllo. Poi, da quando Vicka mi ha informato del messaggio della Gospa, con il quale ho saputo che guarirò e che sarò il suo grande segno sulla terra, ecco, da quel momento ho smesso di fare qualsiasi tipo di controllo medico.

Come ti venivano comunicati i messaggi della Madonna al termine di ogni apparizione?

Sono tutte cose che Vicka mi ha detto, le stesse cose che la Madonna ha detto a Vicka. E poi lei, ogni volta, me le riferiva.

Dunque, si può affermare che la Madonna ha parlato di te più volte nelle sue apparizioni dal 1981?

Dopo ogni apparizione, la veggente Vicka mi raccontava cosa la Madonna le avesse detto. Quindi, più volte Vicka ha ricevuto messaggi riguardanti la mia salute fisica e la mia persona.

Negli ultimi dieci anni ci sono stati altri messaggi della Madonna per te?

Tutto il 1981 e fino a metà del 1982 ha parlato di me, poi non più perché mi aveva ormai detto tutto.

I messaggi riguardano anche la tua famiglia o soltanto la tua situazione?

Soltanto la mia vita e la mia guarigione.

Nel terzo segreto, con il segno che apparirà sulla montagna, la Madonna farà riferimento di nuovo al tuo caso?

L'ultima volta, a metà del 1982, Vicka ha detto che la Madonna le ha indicato che guarirò subito dopo il terzo segreto, tre ore o un giorno, un mese, due mesi o tre mesi, non so.

Ultime domande. Come ci si sente a essere una persona prescelta da Dio, come segno per l'umanità?

Sono contento perché adesso ho una seconda vita.

Che seconda vita è? Hai mai più avuto febbre, mal di denti o bronchite?

No, neanche un mal di testa. E se non mi sento bene bevo un bicchiere di vino rosso e mi passa tutto.

Mi puoi parlare dell'ultimo messaggio che la Madonna ha lasciato per te? Qual è il contenuto?

Ivo risponde con reticenza e aggiunge: «Non vi posso dire nulla riguardo a quest'ultimo messaggio, al momento giusto saprò dirti altre cose importanti che mi ha detto la Madonna».

Questa è l'intervista fatta a Ivo il 3 giugno 2010 iniziata alle ore 18.53. Qualche istante dopo aver finito le domande siamo stati sommersi da una pioggia fortissima, un acquazzone violento che ha fatto scendere dalla montagna un torrente di acqua rossastra, tanto colorata di rosso da apparire sangue. Mezz'ora dopo, verso le 20.15, si sono squarciate le nuvole nere ed è spuntato fuori qualche tratto di celeste con i raggi del sole che bucavano le coltri del cielo e, fuoriuscivano tagliandole, come raggi laser. Parevano i raggi di sangue e acqua, blu e celeste, dell'immagine di Gesù della Divina Misericordia. Un'immagine impressionante. In questo scenario ha fatto capolino l'ultimo sole prima del tramonto e l'effetto è stato meraviglioso: un arcobaleno immenso faceva da ponte tra il Podbrdo e il Krizevac e l'arco è iniziato proprio dove sorge la statua della Madonna sulla cima della collina. Prima di lasciare la villetta di Juricic, il nostro amico si è raccomandato a Michele di aiutarci a trovare un libro molto importante, dei primi anni Ottanta, scritto da un frate croato, padre Janko Bubalo, tradotto in tiratura limitatissima in italiano.

Tornando in albergo mi sono fermato nell'ufficio di padre Milenko e gli ho chiesto se mi potesse indicare dove trovare quel libro che ci avrebbe completato definitivamente il racconto di Ivo Juricic. Infatti si trattava di un'intervista che la veggente Vicka aveva rilasciato a padre Janko subito dopo l'ultima apparizione che parlava del caso di Ivo. Per noi trovare questa intervista tradotta in italiano avrebbe dato un valore aggiunto alla nostra ricerca, completandola a trecentosessanta gradi. Grazie alle preziosissime guide, Mirela Sego e Michele Vasilj, siamo riusciti a trovarlo solo nell'edizione in lingua croata, lo abbiamo tradotto a tempo di record e ve lo proponiamo così come è stato scritto da padre Janko Bubalo, all'epoca appartenente al convento di Jelsa sull'isola di Hvar, che ha intervistato Vicka nei primi due anni delle apparizioni, nel 1981 e nel 1982.

Fra Janko – Mi hai parlato di quando la Madonna ti ha detto di un ragazzo che sarebbe guarito senza che dovesse fare niente in cambio.

Vicka – E a chi l'ho detto? Non mi ricordo.

J – Hai parlato di un ragazzo che zoppicava perché aveva perso la gamba sinistra al disopra del ginocchio.

V – E cosa ti ho detto?

J – Mi hai raccontato che la Madonna l'avrebbe fatto guarire senza condizioni in seguito alla manifestazione di un segno promesso

V – Ah, sì hai ragione, è vero. Nel suo messaggio la Madonna annunciava la guarigione di molti ma di quel ragazzo ha parlato con parole dolci e affettuose.

J – Come mai?

V – Lui partecipava ogni giorno alle apparizioni della Madonna. Lei aveva un affetto speciale per lui...

J – Allora raccontami...

V – Ti racconterò tutto. Una volta, intorno alla veglia del Natale del primo anno, la Madonna ci ha fatto vedere la gamba malata di quel ragazzo dalla quale aveva tolto la protesi di plastica mostrandola completamente sana.

J – Perché l'ha fatto?

V – Che ne so! Forse la Madonna voleva dirgli che l'avrebbe guarito.

J – E lui, come si sentiva in quel momento?

V – Lui ci ha raccontato di aver avuto la sensazione che qualcuno gli toccasse la testa.

J – Bene. Però la Madonna non gli ha detto che lo avrebbe guarito.

V – Aspetta, non ho ancora finito con la storia. Dopo due o tre giorni un gruppo di giovani è venuto a trovarci. Si cantava e si ballava... E c'era anche il giovane che zoppicava...

J – E allora?

V – Questa volta la Madonna è apparsa un po' prima del solito, accompagnata dal giovane zoppo che era circondato da una luce stupenda. Lui non ne era cosciente perché dopo l'apparizione ci ha raccontato di aver avuto l'impressione che, improvvisamente, la gamba avesse ancora sensibilità...

J – Quale gamba?

V – Quella malata!

J – E allora?

V – E allora... ti ho raccontato tutto.

J – Ma non mi hai detto se quella gamba fosse guarita o no!

V – La Madonna ha detto di sì. Però l'ha detto dopo.

J – Quando dopo?

V – Ci ha detto che lui sarebbe guarito completamente dopo il suo segno sulla montagna. Ce l'ha detto nel corso del 1982.

J – A chi l'ha rivelato la Madonna? A lui o a voi?

V – A noi. E poi gliel'abbiamo detto.

J – Ti ricordi quando la Madonna ve lo ha detto?

V – No, non mi ricordo. Devi domandare a lui. Lui lo sa sicuramente.

J – Va bene. Ma lui ci crede ancora oggi?

V – Eccome se ci crede. Lo so bene perché lui è ancora vicino a noi. Anche tu lo sai!

J – Sì, sì lo so. Chi sa aspettare, poi ottiene. Però dimmi se la Madonna ha rivelato in anticipo di non voler guarire qualcuno?

V – D'abitudine non lo dice mai. Non me ne ricordo bene, però sono sicura che per un malato ha detto che sarebbe deceduto presto.

J – Dunque, secondo te e la Madonna, per la guarigione sono necessari la forte fede, il digiuno, l'assiduo pregare e altre beneficenze?

V – È evidente che Dio possa guarire chi vuole senza di ciò, però normalmente tutte queste pratiche sono importanti.

J – E la Madonna a chi lo richiede?

V – Prima al malato, poi ai suoi familiari, amici, conoscenti e a tutti coloro che pregano per lui.

J – E come si fa se il malato è tanto debole che non può pregare?

V – Almeno può, se è cosciente, credere. E di seguito i suoi devono credere ancora più forte e pregare assiduamente. Così dice la Madonna!

Però non mi hai detto ancora quanti casi di guarigione sono avvenuti a Medjugorje.

J – Non lo so esattamente. Alcuni mesi fa la cifra superava i 220 casi. Questo è quanto sappiamo adesso. Si deve ancora vedere e verificare perché sono sicuro che ce ne sono ancora molti non dichiarati.

V – Ciò non è tanto importante. Dio e la Madonna sanno cosa fanno.

Prima di partire da Medjugorje per rientrare in Italia, passo a salutare Ivo e lui, questa volta, mi spiega che cosa fa oggi mostrandomi il suo laboratorio: una vera e propria bottega di artigianato, tutto rigorosamente fatto a mano, per la realizzazione di rosari, braccialetti, statuette sacre, lavorate con i sassi originali della collina del Podbrdo e del Krizevac e benedetti dalla Gospa nel corso delle apparizioni e anche dai frati bosniaci. Dice Ivo: «*Non sono andato a lavorare in banca né in altri posti, anche se mi spettava come invalido. Ho deciso di seguire le indicazioni del cielo. Nelle apparizioni la Madonna ci ha spiegato come vivere, con la preghiera lo Spirito Santo mi ha indicato che cosa fare: creare la famiglia, questo tipo di lavoro che mi dà tante soddisfazioni e in ogni momento della giornata mi riporta col pensiero alla Gospa. Non solo, attendo fiducioso la Sua profezia ma nel contempo ogni volta che mi alzo e inizio la giornata, ringrazio Iddio di avermi ridonato la vita, bloccando e sanando un tumore senza speranza*».

Ivo mi regala diversi braccialetti e, ancora oggi, li porto con gioia perché sono anch'essi testimoni di una giornata importante per me, come uomo e come giornalista, per aver raccolto due notizie speciali, cadute dal cielo: i rosari della Madonna di Franjo e mamma Zlata e la vicenda di Ivo Juricic. Lo saluto con affetto non prima di aver scattato con lui delle belle fotografie accanto a quella statuetta della Madonnina che tiene, guarda caso, vicino a degli arbusti fioriti di lavanda, proprio davanti all'ingresso di casa.

Salgo sull'auto di Michele perché di lì a poco partiranno gli autobus davanti al piazzale della chiesa per rientrare a Spalato. Il pellegrinaggio del 2 giugno 2010 è finito, il 4 mattina, quando ci sveglieremo, saremo già in Italia. Mentre ripercorro la stradina che da Bijakovici porta a Medjugorje, ripenso a questa vicenda di Ivo Juricic. Quante volte tornerò qua a trovarlo? Credo che Ivo rappresenti per me qualche cosa di più di una sia pur straordinaria notizia di cronaca. Non penso che il mio rapporto di conoscenza possa fermarsi in questo caso alla semplice informazione professionale. La sua vicenda mi ha commosso per la rilevanza e lo spessore di umanità che ho visto nella sua persona: tanta serenità, fiducia e convinzione di dedicare la sua laboriosità professionale al servizio della Madonna. Ivo non aveva mai realizzato o avuto a che fare con i rosari o con le catenine lavorate con le pietre della collina. Si è affidato completamente a questo servizio, quasi una missione, che gli ha permesso di avere un'attività di rilievo rimanendo vicino alla Madonna e seguendone i consigli. Oggi sento che ogni pellegrinaggio mi porterà da lui per sapere come sta, per essere informato degli sviluppi dei segreti e perché spero che un giorno possa "accamparmi" davanti a casa sua per assistere al momento della guarigione più incredibile che si sia mai vista nella storia.

E allora mi sento di dire "forza Ivo", tu sei il grande segno della Madonna per tutti noi ma sei anche, nello stesso tempo, un modello di fiducia e di grande Fede che tutti dovremmo avere. Una fede forte come la tua in Dio che ti ha permesso, contro tutte le avversità, di migliorare le condizioni della tua esistenza facendoti bastare tutto quello che hai per avere una bella famiglia, una bella moglie e una bella casa.

Cari amici lettori questa, in effetti, è l'ultima pagina che posso scrivere. Perché altre non si possono aggiungere, purtroppo. Tuttavia, credetemi, di storie belle da raccontarvi ne ho ancora molte. La vicenda di Ivo non finisce qui perché sarà quella che prima o poi diventerà la storia ideale di tutte le storie da scrivere e raccontare.

Ecco perché "continua", sarà la parola giusta che posso scrivere per ultima, perché le altre storie incalzano, vi attendono a braccia aperte per farvi conoscere le ultime novità che arrivano dal cielo.

Ringraziamenti e informazioni utili

Se volete saperne di più su notizie, fotografie, video, aggiornamenti sui pellegrinaggi e sulle mie testimonianze in giro per l'Italia o all'estero, sulle partecipazioni televisive e radiofoniche, sulle interviste della carta stampata, sui video di repertorio della mia vita andate su:

SITO INTERNET: www.paolobrosio.it

FACEBOOK: http://www.facebook.com/pages/Paolo-Brosio/106736036034405

CANALE YOUTUBE: http://www.youtube.com/user/StaffBrosio

Se volete scrivermi cercando di essere molto sintetici e di avere pazienza per le risposte, vista la straordinaria affluenza, questa è la mail:

paolobrosio@paolobrosio.com

Se volete andare a Medjugorje anche voi,
cari amici lettori...

Devo un ringraziamento speciale alle guide croate che parlano italiano e che mi hanno sempre accolto nei viaggi a Medjugorje: sono loro, insieme ai veggenti e ai frati della parrocchia di San Giacomo che, con la loro esperienza, mi hanno permesso di vivere nel migliore dei modi i pellegrinaggi in Bosnia-Erzegovina che così tanto hanno inciso nella mia vita. Se pertanto desiderate anche voi recarvi dalla Regina della Pace, non esitate a contattarli ricordandovi sempre, onde evitare fraintendimenti, che *le guide devono essere pagate dai pellegrini secondo onorari e tariffe stabilite* dalla parrocchia di San Giacomo che li accredita dopo averli sottoposti a corsi di tirocinio storico, teologico e spirituale. Le guide croate di Bosnia-Erzegovina che parlano italiano sono in tutto una decina circa. Io ne conosco personalmente tre ma tutte sono altrettanto brave e preparate. Per contattarle potete comunque chiamare l'*ufficio informazioni della parrocchia di San Giacomo* a Medjugorje. Questo è il recapito telefonico:

Ufficio Informazioni – Parrocchia San Giacomo
Telefono 00387-36653316

Le guide di mia conoscenza:

MICHELE VASILJ – Michele.Vasilj@gmail.com
tel. 00387-63360960

MIRELA SEGO TORTORICCI – Mirela@tel.net.ba
tel. 00387-63323245

SILVANA PIVAC – silvana.pivac@tel.net.ba
tel. 00387-63415043

Se volete aiutare
anche voi suor Kornelya...

Cari amici, se volete sostenere con me il progetto Nonni e Nipoti di suor Kornelya, potete fare le vostre offerte tramite il seguente conto corrente:

OLIMPIADI DEL CUORE ASSOCIAZIONE ONLUS
Iban – IT 19 I 01030 01656 000002272778

Causale bonifico:
Donazione pro suor Kornelya orfani dei Balcani Progetto Nonni e Nipoti, Medjugorje – Vionica – Bosnia-Erzegovina.

Se volete filmati o foto professionali
a Medjugorje, andate da...

Damir Ivankovic di Medjugorje, titolare dello studio di comunicazione Digital Foto Video Dani
E-MAIL: foto.djani.ivankovic@tel.net.ba

Se volete partecipare ai pellegrinaggi organizzati dalla fondazione Olimpiadi del Cuore per aiutare la Bosnia-Erzegovina e tutti gli altri progetti di sostegno che fanno riferimento alla nostra onlus, contattate direttamente i volontari che assistono gratuitamente l'associazione e i nostri collaboratori che seguono i progetti:

1) *Gianni Gemignani*: pellegrinaggi (consulente tecnico e produttivo la Green Center Tour operator di Perugia).
CELLULARE: 338-7428498
UFFICIO: 0584-752757
FAX: 0584-753519
E-MAIL: pellegrinaggi@paolobrosio.it

2) *Sergio Paradiso*: casi di cronaca, archivio fotografie, video, documenti di testimonianze. Per contattarlo:
CELLULARE: 345-8007618
UFFICIO: 0584-752757
FAX: 0584-753519
E-MAIL: redazionetvlibri@paolobrosio.it

3) *Simona Amabene*, Testimonianze, incontri e presentazione libri.
CELLULARE: 328-4339218
UFFICIO: 0584-752757
FAX: 0584-753519
E-MAIL: testimonianze@paolobrosio.it

4) *Alessandro Bonocore*.
SITO INTERNET: www.paolobrosio.it
Per suggerimenti o invio materiale scrivere a:
internet@paolobrosio.it

5) *Aldo Innocenti*: curatore libri, pubblicazioni cartacee ed elettroniche.
E-MAIL: curatore@paolobrosio.it

Se volete fare una donazione alla onlus Olimpiadi del Cuore potete farlo accreditando la vostra offerta, con apposito bollettino, sul conto corrente postale n. 1199820. Grazie.

6) *Nicola Ughi*: fotografo, titolare della Olivia Photofactory e responsabile in Italia della sezione fotografica originale di tutti i miei libri. Assistente *Matteo Pizzi*.
E-MAIL OLIVIA PHOTOFACTORY
www.nicolaughiphoto.it
www.oliviapf.com
n.ughi@oliviapf.it
mat.pizzi@gmail.com

Ufficio Stampa Milano
UFFICIO: 02-42107422
FAX: 02-42108228
info@communicationjuice.com
ufficiostampa@communicationjuice.com

7) *Agenzia Damir Ivankovic* di Medjugorje, titolare dello studio di comunicazione Digital Foto Video Dani
E-MAIL: foto.djani.ivankovic@tel.net.ba
Damir è un caro amico che collabora dalla Bosnia per i servizi videotelevisivi e quelli del mio sito ed è anche assistente per i servizi fotografici per le cronache più importanti di Medjugorje durante l'anno.

8) Consulenze giuridiche della onlus Olimpiadi del Cuore: avvocato *Vittorio Gatti*, penalista, presidente della onlus Olimpiadi del Cuore, anno 2009-2010.
STUDIO LEGALE: Alessandria, via Trotti 58.
TELEFONO: 0131-253744
www.studiolegalegatti.com
info@studiolegalegatti.com

Indice

Stampa: Mondadori Printing S.p.A. - Stabilimento NSM - Cles (Trento)